現代社会と福祉

Contemporary society and welfare

【監修】
川村匡由

【編著者】
佐橋克彦
島津　淳
西﨑　緑

電気書院

刊行へのことば

「社会福祉士とは、社会福祉士登録簿への登録を受け、社会福祉士の名称を用いて、専門的知識及び技術をもって、身体上若しくは精神上の障害があること又は環境上の理由により日常生活を営むのに支障がある者の福祉に関する相談に応じ、助言、指導、福祉サービスを提供する者又は医師その他の保健医療サービスを提供する者その他の関係者との連携及び調整その他の援助を行うことを業とする者をいう。」

歳月が流れるのは早いもので、社会福祉士及び介護福祉士法第2条において、このように定義された社会福祉士の制度が1987（昭和62）年に創設されてから30余年経った。

この制度は1968（昭和43）年、イギリスにおける「シーボーム報告」を受けたコミュニティケア改革、およびソーシャルワーカーの制度化を参考に、多様な福祉ニーズを持った利用者に対し、必要、かつ十分なサービスを提供すべく、福祉系大学などの一般養成施設、および短期養成施設の社会福祉士養成課程において教育カリキュラムを定め、指定科目を履修した者に対し、社会福祉士国家試験の受験資格を与え、合格してその登録を終えた場合、社会福祉士の名称を用いて所定の業務に就くことを認める国家資格である。以来、数多くの養成施設が整備され、2016（平成28）年4月現在、20万4,399人が国家試験に合格し、うち、20万0,262人が社会福祉士として登録し、さまざまな領域で活躍している。

しかし、この間、本格的な少子高齢社会を迎える一方、バブル崩壊や経済のグローバル化、行財政改革、地方分権化、IT（情報技術）化のなか、高齢者や障害者、児童など、すべての国民を対象に、社会福祉サービスの充実が一層求められるようになった。

とりわけ、社会福祉士は、2000（平成12）年の介護保険法の施行や社会福祉法の改称・改正、支援費制度に引き続く、2006（平成18）年の障害者自立支援法（現障害者総合支援法）の制定など、措置制度から契約制度への転換に伴い、利用者の相談やサービスの利用、あるいはその能力に応じ、地域における自立生活への支援のため、関係機関や団体、担当者への橋渡し、総合的、かつ包括的な援助、および当該地域の課題の把握や社会資源の調整・開発、ネットワークの形成など、地域福祉の推進を担う専門職としての重責を担うことになった。このため、2007（平成19）年12月、社会福祉士及び介護福祉士法が改正され、従来、社会福祉士国家試験の受験資格を取得する際、指定科目とされた13科目の名称および内容を抜本的に見直す一方、新たに「相談援助の基盤と専門職」や「福祉行財政と福祉計画」、「保健医療サービス」、「福祉サービスの組織と経営」、「更生保護制度」、「就労支援サービス」などを加えて計22科目にするとともに、授業時間も福祉系大学など一般養成施設は1,050時間から1,200時間へ、短期養成施設は600時間から660時間への延長、実習演習担当教員の要件の強化、協力実習施設および養成課程情報の開示など、新たな教育内容などの見直しを受けた「大学等に

おいて開講する社会福祉に関する科目の確認に係る科目の確認に関する指針」にもとづき、新カリキュラムが2009（平成21）年度から適用されることになった。

そこで、全国の研究者や実務者にその執筆へのご協力をお願いし、総力をあげて刊行することになったのがこの「現代社会と福祉」である。

具体的には、現在、社会福祉士養成課程においてその教育・研究の第一線で活躍している中堅、あるいは今後、学界を背負っていくべき研究者および実務者を執筆者として迎え、これまでの社会福祉士養成課程における教育・研究の実績や経験、知見を意見交換し合った結果、利用者の尊厳を保持し、かつその自立支援および自己実現を図るため、社会福祉士を養成すべく、学生はもとより、彼らを教授する教員にとっても、隣接領域の学問に配慮した授業計画の進展の一助となるよう、その「学び方」、また、各章および各節に「この章で学ぶこと」や「学びへの誘い」を掲げ、履修の心得や達成目標を示した。

そして、授業は30回（通年）で終え、かつ本文は6～8頁の見開きで完結するよう、編集した。さらに、重要なキーワードはゴチックで表したり、「側注」で詳述したりしたほか、執筆者の私見は「column」にするなど、社会福祉士国家試験の「出題基準」に準じながらも、社会福祉の理論と実践を基本としたテキストづくりに徹した。

いずれにしても、先の見直しでは社会福祉士の名称独占資格から業務独占資格への移行、および社会福祉主事任用資格との整合性などの課題は持ち越されたが、今後、少子高齢社会や人口減少がさらに進むため、政府は2018（平成30）年度以降、「地域共生社会の実現」を掲げ、社会福祉サービスのさらなる拡充をめざしているなか、本書が社会福祉士、さらには精神保健福祉士や医療ソーシャルワーカーをめざす学生はもとより、彼らを教授する教員各位、また、社会福祉に関心を持つ多くの関係者に広く活用していただければこれにまさる喜びはない。

最後に、本書の刊行にあたり編集作業に多大な労をおかけした、大塚真須美氏、編著者ならびに執筆者の各位に厚く御礼を申し上げたい。

2018（平成30）年　早春
監　修
武蔵野大学名誉教授
川村　匡由

「現代社会と福祉」の学び方

　「現代社会と福祉」は、従来の「社会福祉原論」に代わる科目だが、社会福祉の理論を学び、その実践に生かすうえで履修しなければならない基礎科目であるとともに、「社会保障」や「地域福祉の理論と方法」、「相談援助の基盤と専門職」、「相談援助の理論と方法」などとともに基幹科目でもある。

　この「社会福祉原論」では、社会福祉の原理や概念、思想、歴史、社会福祉援助の対象、福祉ニーズの概念やその把握法を学んだ。そのうえで、社会福祉に関わる制度・政策、民間の福祉事業や活動の現状、また、その方法と展開過程、組織と運営、従事者と資格、およびその動向と当面の展望を学んだ。このため、多くの養成施設の福祉系大学では1年次に割り当てていたが、一部では同じ基礎科目で、かつ専門科目でもある「老人福祉論」や「障害者福祉論」、「児童福祉論」を1～2年次で学んだのち、3年次に履修し、総括していたところもあった。

　いずれにしても、このように「社会福祉原論」は、単に社会福祉士国家試験の受験資格を取得するための指定科目の1つとして位置づけられていただけでなく、理論を学び、その理論を社会福祉専門職として実践に生かすために欠かせない科目であった。

　しかし、このような「社会福祉原論」も、近年の少子高齢化の進展や地域社会の変化、国民の福祉ニーズの多様化、施設から在宅へ、福祉サービスの供給主体の多元化、措置制度から契約制度へ、さらには地方分権化、また、社会福祉基礎構造改革により、現代社会における福祉政策、および地域福祉に視点を置いた学習内容が求められることになった。

　そこで、2007（平成19）年、社会福祉士及び介護福祉士法が20年ぶりに改正され、「社会福祉原論」は「現代社会と福祉」と改められ、2009（平成21）年度、名実ともに装いも新たに再スタートすることになったのである。

　具体的には、これまでと同様、社会福祉の原理や概念、思想、歴史、および社会福祉援助の対象、福祉ニーズの概念やその把握法を学ぶ。そのうえで、社会福祉に関わる制度・政策の法制度、体系、行財政、民間部門の福祉事業・活動の現状、さらにはその方法と展開過程および組織と運営、従事者と資格、その動向と当面の展望を学ぶだけでなく、新たに福祉政策の論点や福祉政策における政府、市場、国民の役割、およびその手法と政策決定過程、政策評価、福祉供給部門・過程、福祉利用過程からなる福祉政策の構成要素、また、教育・住宅・労働政策からなる関連政策を学ぶことになった。

　したがって、新カリキュラムにおける「現代社会と福祉」の履修にあたっては、このような福祉政策や地域福祉を見据え、広角的、かつ実践的に学ぶことが望まれる。

2018（平成30）年　早春
監　修
武蔵野大学名誉教授
川村　匡由

目 次

第1章　現代社会における福祉制度と福祉政策
- 第1回　わが国における福祉制度の概念と理念 —— 10
- 第2回　福祉政策の概念と理念 —— 18
- 第3回　福祉制度と福祉政策の関係 —— 28
- 第4回　福祉政策と政治の関係 —— 34
- 第5回　福祉政策の主体と対象 —— 42

第2章　福祉の原理をめぐる理論と哲学
- 第6回　福祉の原理をめぐる理論 —— 48
- 第7回　福祉の原理をめぐる哲学と倫理 —— 54

第3章　福祉制度の発達過程
- 第8回　前近代社会と福祉 —— 62
- 第9回　近代社会と福祉 —— 74
- 第10回　現代社会と福祉Ⅰ（欧米） —— 84
- 第11回　現代社会と福祉Ⅱ（日本） —— 94

第4章　福祉政策におけるニーズと資源
- 第12回　需要とニーズの概念 —— 106
- 第13回　社会資源の概念 —— 116

第5章　福祉政策の課題

第14回　福祉政策と社会問題Ⅰ ──────────────── 124
第15回　福祉政策と社会問題Ⅱ ──────────────── 132
第16回　福祉政策の現代的課題 ──────────────── 140
第17回　福祉政策の課題と国際比較 ─────────────── 148

第6章　福祉政策の構成要素

第18回　福祉政策の論点Ⅰ ─────────────────── 160
第19回　福祉政策の論点Ⅱ ─────────────────── 170
第20回　福祉政策における政府の役割 ──────────────── 178
第21回　福祉政策における市場の役割 ──────────────── 188
第22回　福祉政策における国民の役割 ──────────────── 198
第23回　福祉政策の手法と政策決定過程と政策評価 ────────── 208
第24回　福祉供給部門 ──────────────────── 218
第25回　福祉供給過程 ──────────────────── 228
第26回　福祉利用過程 ──────────────────── 240

第7章　福祉政策と関連政策

第27回　福祉政策と教育政策 ───────────────── 254
第28回　福祉政策と住宅政策 ───────────────── 260
第29回　福祉政策と労働政策 ───────────────── 272

第8章　相談援助活動と福祉政策の関係
　　　　福祉供給の政策過程と実施過程

第30回　相談援助活動と福祉政策の関係 ──────────── 284
　　索　引 ────────────────────── 298

第1章
現代社会における福祉制度と福祉政策

この章で学ぶこと

　近年のわが国社会は複雑化の一途をたどっている。過去においては「福祉六法体制」に代表されるような対象者別による固定的な制度・政策が展開され、税を財源とした措置制度にもとづき、社会福祉法人がその中心を担ってきた。しかし、社会福祉基礎構造改革により、一部の領域を除いて契約制度へと転換し、民間事業者の参入が認められた。このような変化は、「措置から契約へ」に集約される。

　さて、民主国家・法治国家における福祉制度と福祉政策を理解するには政治システム、行政システムの特徴を把握する必要がある。それだけではない。社会福祉に対する古典的なアプローチは「社会権」の具体化であった。

　しかし、現代社会においては「個人としてどう生きるか」(どのような生を選択するか)といった点に重点がおかれるようになった。以上を踏まえれば、福祉制度・福祉政策の理解にはその理念、目的、趣旨の理解が必要である。

　そこで、本章では第1回でわが国における福祉制度の概念と理念を整理する。第2回では福祉政策について制度との異同を踏まえつつ、わが国における特徴を述べる。第3回では福祉制度と福祉政策の関係について整理する。第4回では福祉政策の形成について政治との関係で述べる。国・都道府県・市町村と重層的な関係の中に成立している点に注意しよう。そして、第5回では福祉政策の主体と対象は何かについて述べ、わが国においてどのような福祉ニーズがどのように充足されるのか明らかにする。

　一般的に制度や政策はその社会における主要な価値観の反映である。われわれが暮らしている社会そのものへの理解を深めることも重要である。

第1章　現代社会における福祉制度と福祉政策

第1回：わが国における福祉制度の概念と理念

学びへの誘い

わが国には多種多様な社会福祉制度が存在している。これらは第2次世界大戦後に徐々に整備されてきたものであるが、1990年代半ばごろから見直しが行われ、現在にいたる。各法はもとより、提供体制をも含めた制度改革の概要を理解しよう。

今回は、福祉サービス提供体制の変化、制度の概要および動向について概説する。詳細は各論に譲るが、今回の概説により、わが国の福祉サービスの全体像を把握してほしい。以下の内容はわが国の社会福祉制度を理解するのに必要な基礎知識である。

1．制度と福祉

制度そのものに関する統一的な社会学的定義はない。もっとも、一般的には「社会的行動様式・社会規範などが、一定の組織的形態をとったもの。慣習・伝統・因習・規則・法律やさまざまの社会的仕組みなど」[1]とされる。

これに従えば、福祉制度とは福祉ニーズを持つ国民に対し、福祉サービスを組織的に提供する種々の社会的仕組みであり、その中心は法的に規定されたものといえよう。

わが国の社会福祉を規定する社会福祉法（2000（平成12）年制定）では、福祉制度についての全体的な理念と概念が示されている。

社会福祉法の前身は、社会福祉事業法（1951（昭和26）年制定）であった。第2次世界大戦後まもなく制定されたこの法律は、わが国の社会福祉のあり方をおよそ半世紀にわたって規定してきた。その最大の特徴は、国家による後見主義的な「措置（委託）制度」により、福祉サービスを提供しようとした点にある。これは戦後の混乱の最中、優先的にサービスを提供する必要があり、なかでも貧困対策に力が注がれた。

その後の高度経済成長時代から低成長時代を経ても、この措置制度は堅持されてきた。すなわち、サービス提供に関し、行政が直接的な役割を果たすことで公的責任が維持される、という考えである。

2．措置から契約へ

　措置制度の基本的な考え方は国家による福祉サービスの提供であり、それは対象者・利用者の側から見て、**反射的利益**（権利としては認められない利益）にしかすぎないものとされた。

　措置制度では、サービスの利用を希望する者は行政機関（たとえば福祉事務所）に対し、サービス利用の可否について申請を行う。次に、申請を受理した行政庁はサービス利用についての審査・判定を行う。その結果、サービスが必要と判断されれば行政処分として施設入所などの「措置」が行われる。

　ここでは、希望者がサービス（内容および提供者）を選択できないということと、希望者とサービス提供者が直接対峙していない点に注意しよう。

　つまり、措置制度は、一方で公的責任を担保するものと評価することもできるが、他方では利用者にサービスの選択権がない、あるいはサービス提供体制が硬直的で画一的なものとなってしまう、という短所をも持ち合わせていた。

　これらについては、1990年代後半以降の社会保障構造改革、および社会福祉基礎構造改革において見直しが図られた。つまり、契約制の導入である。それは利用者の選択権を認め、従来の措置費による事業者補助方式から利用者補助方式へと転換し、サービス提供者には契約による競争原理を通じて、サービスの質を高めることが意図された。そのうえで、国は2000（平成12）年に社会福祉事業法を抜本的に改正し、12章からなる社会福祉法を制定した。同法は、現代におけるわが国社会福祉の基盤を定めたものである。

> 反射的利益
> より具体的にいえば、法が何らかの利益の実現をめざし、ある行為を命令したり制限したりする「結果として」私人が受ける事実上の利益。

3．社会福祉法の内容
（1）総則

　第1条では、「福祉サービスの利用者の利益の保護及び地域における社会福祉（地域福祉）の推進」がうたわれている。これは第8章の「福祉サービスの適切な利用」、ならびに第10章の「地域福祉の推進」に対応するものである。

　さらに、第3条では福祉サービスの基本的理念として、個人の尊厳

の保持を旨とすることを述べ、その内容は、**自立支援**を図るため、「良質かつ適切なものでなければならない」としている。これは利用者のQOL（Quality of Life；生活の質）を高めることのみならず、利用者主体の原則に立ち、自立を支援することを意味する。

第4条では地域住民による地域福祉の推進について述べている。地域住民、福祉サービス提供者等は「相互に協力し」、「あらゆる分野の活動に参加する機会が確保されるように地域福祉の推進に努めなければならない」としている。つまり、地域を中心として展開し、基礎自治体である市町村の役割が大きくなっている。

さらに、第5条では福祉サービス提供の原則として、「利用者の意向を十分に尊重し」連携を図り、実施されなければならないと明確にしている。これは契約制度への転換に伴って、利用者の希望するサービスが適切に提供されなければならない、という原則を定めたものと解することができる。

（2）社会福祉法の各章

第2章には地方社会福祉審議会に関する規定がおかれている。都道府県、指定都市、中核市が対象である。専門分科会（民生委員、身体障害者福祉、老人福祉、児童福祉および精神障害者福祉）をおき、またはおくことができる。

第3章では福祉事務所に関する規定が置かれている。都道府県と市では必置となっており（第14条）、町村では任意となっている。職員は指導監督を行う職員、現業を行う職員（主に生活保護業務にあたるケースワーカーが相当する）、事務を行う職員から構成される。

第4章は社会福祉主事に関する規定である。福祉事務所に置かれる社会福祉主事は都道府県、または市町村長の補助機関、20歳以上で、「人格が高潔で思慮が円熟し、社会福祉の増進に熱意があり」、かつ一定の規定を満たしたものでなければならないとされている。

第5章には知事、市町村長による職員に対する指導監督、および訓練に関する事項が定められている。

第6章は社会福祉法人についてである。第1節では名称使用制限（23条）、経営の原則（24条）、公益事業と収益事業に関すること（第26条）、利害関係者への特別の利益の供与の禁止（27条）、第2節では設立に

自立支援
自立とは、単に経済的自立や身体的自立を意味するものではなく、各人が自分にとって必要な社会資源を活用しつつ、生活を営んでいくという、いわば「依存的自立」の考え方に立脚することが重要である。

当たって必要となる事項や評議員、役員、会計、合併・解散などに関する事項が定められているほか、社会福祉充実計画の策定（第7節）、社会福祉法人に対する助成監督に関する規定（第8節）がおかれている。

第7章は社会福祉事業に関する規定がおかれている。第1種社会福祉事業の経営主体に関する規定（第60条）、事業経営の準則（第61条）のほか、第2種社会福祉事業についての規定（第69条）がおかれている。

第8章には福祉サービスの適切な利用について、情報の提供等に関する事項（第75〜79条）、利用援助（第80条〜87条）がおかれている。

第9章は従事者の確保についての規定がおかれている。

第10章は地域福祉の推進に関する事項である。第一に地域福祉計画の策定（第1節）、第二に社会福祉協議会に関する事項（第2節）、第三に共同募金（第3節）に関することなどが定められている。

以上は、わが国における社会福祉の基盤的共通事項を定めたものであるから、その正確な理解が望まれる。

4．福祉6法の概念と理念

上記のような社会福祉法の理念に照らし、以下、福祉6法における概念と理念をみていくことにしよう。

（1）生活保護法（1950（昭和25）年制定）

生活保護法は、日本国憲法第25条の理念を具現化した人たる生活を守るための「最後の切り札」、すなわち、**ナショナルミニマム**を確保し、生活に困窮するすべての国民に対し、その程度に応じた保護を行う。具体的には最低生活を営むに必要な金銭給付、および被保護者の自立助長を促すケースワークの2本柱からなっている。その動向は景気に左右され、一般に好況時には受給者が減り、不況時には増えるという傾向を持つ。バブル経済の崩壊やリーマンショックの影響もあり、1996（平成8）年以降、保護率は上昇傾向にあり、さらに高齢化の進行とともに受給期間が長期化している。

扶助の種類は生活扶助、教育扶助、住宅扶助、医療扶助、介護扶助、出産扶助、生業扶助、葬祭扶助の8種類に分かれており、単給もしく

> **ナショナルミニマム**
> 国などが国民に対し、保障する必要最低限度の生活水準。

は併給として行われている。
　また、関連する法律に生活困窮者自立支援法（2015年度）などがある。

（2）児童福祉法（1947（昭和22）年制定）

　児童福祉法は、その第1条で「児童の権利に関する条約の精神にのっとり、適切に養育されること、その生活を保障されること、愛され、保護されること、その心身の健やかな成長及び発達並びにその自立が図られること、その他の福祉を等しく保障される権利を有する」と原理を明らかにしている。

　児童福祉法制定の背景には、第2次世界大戦後の戦災孤児対策がある。当初は戦争で親を失った子どもたちを対象として、制定されたものである。現代においては、18歳未満のすべての児童を対象とした施策が展開されている。児童の育成について、第2条ではその保護者が第一義的責任を負うものとされているが、すべての国民も児童の最善の利益を優先して考慮するよう努めることとされている。

　同法における児童とは第4条で以下の通り規定されている。
　①乳児とは満1歳に満たない者
　②幼児とは満1歳から小学校就学の始期に達するまでの者
　③少年とは小学校就学の始期から、満18歳に達するまでの者
　④障害児とは身体、知的、精神に障害のある児童（発達障害児を含む）

　また、専門機関として児童相談所があり、都道府県に必ず置かれている。ここでは相談・判定・一時保護及び施設への措置などを行う。児童相談所には所長以下、さまざまな職種が置かれているが、第一線で業務（児童の福祉に関する事務を司る職員）を行う者として、児童福祉司があるが、必ずしも社会福祉士でなくともよい。

　児童福祉に関わる施設への入所は措置により提供されるが、保育所の入所（保護者に保育所の選択権が認められた）と、障害児に対するサービスの提供（障害者総合支援法）は契約方式にもとづく。

(3) 身体障害者福祉法（1949（昭和24）年制定）

身体障害者福祉法も児童福祉法と同様、第2次世界大戦後の混乱のなかで生まれた。戦争で身体に障害を負った者（傷痍軍人など）に対する施策を実施するため制定された。当初の対象は18歳以上の身体障害者（視覚障害、言語障害、運動障害）であったが、その後、内部障害を持つ者も対象となった。

同法では当初、職業リハビリテーションによる社会復帰が目的とされたが、近年では自立と社会参加の理念が重視されている。その背景には**IL運動**や**ノーマライゼーション**の理念の浸透がある。現在では「身体障害者の自立と社会経済活動への参加を促進するため、身体障害者を援助し、及び必要に応じて保護」（第1条）することとなっている。これは、2012（平成24）年に制定された障害者総合支援法においても障害者の地域生活と就労の促進、という形で反映されている。

更生援護の実施者は市町村・特別区で、とくに医学的、心理学的および職能的判定を必要とする場合、都道府県が業務に当たる（第10条）。

なお、都道府県が設置する身体障害者更生相談所には身体障害者福祉司が置かれることとなっている（第11条の2）。

なお、サービスは障害の種別を問わず、提供者との契約にもとづく。もっとも、障害児については在宅サービスに限られる。

(4) 知的障害者福祉法（1960（昭和35）年制定）

知的障害者福祉法は、児童福祉法の対象とならない成人の知的障害者を対象として制定された。これにより、児童から成人に至るまで一貫したサービスの提供が可能となった。1998（平成10）年、名称が差別的、侮蔑的であるとして、精神薄弱者福祉法から知的障害者福祉法へと改められた。

また、障害者総合支援法の導入により、自立と社会経済活動への参加を促進するための支援が展開されるようになった。サービスの利用方式は契約方式で、更生援護の実施者は市町村である。都道府県は知的障害者更生相談所を設置しなければならず、知的障害者福祉司を中心として連絡調整及び専門的な知識・技術が必要な相談・指導を行う。知的障害者福祉司も必ずしも社会福祉士でなくともよい。

IL運動
Independent Living Movement：自立生活運動。1970年代にアメリカで展開された障害者運動。隔離された生活からの解放と地域社会への参加を目指し障害者自らが新しい自立観の確立を訴えた。

ノーマライゼーション
障害のある者も、ない者もともに暮らす社会こそがノーマル（正常）とする考え方。

（5）老人福祉法（1963（昭和38）年制定）

　戦後間もないころは、（新）生活保護法にもとづく養老施設などへの収容、保護が行われてきたが、高齢化の進展や社会的扶養の必要性の増加、経済的ニーズのみならず、身体的ニーズの高まりなどから、1963（昭和38）年に老人福祉法が制定された。当初は一部を除き、措置によりサービスが提供されていたが、2000（平成12）年に施行された介護保険法では介護サービスを社会保険・契約方式にもとづくものとした。このため、同法は介護保険法との連絡・調整に努めるほか、介護保険で対応できない**高齢者**（急迫時の対応、低所得者など）に対するサービスを規定している。

　同法の理念は、高齢者に対し、「豊富な知識と経験を有する者として敬愛されるとともに、生きがいを持てる」（第2条）ような生活を保障するとともに、社会参加の機会が与えられるものとされている。対象は、65歳以上の者およびその者を現に養護する者とされる。

　なお、市町村が実施者で、福祉サービスの量、その確保のための方策などを盛り込んだ市町村老人福祉計画（第20条の8）を策定しなければならない。

（6）母子及び寡婦福祉法（1964（昭和39）年制定）

　元来、母子福祉対策は戦争犠牲者遺族を中心に行われてきたが、その発生の要因が死別や離婚など多様化してきたため、制定された。1981（昭和56）年には**寡婦**も対象とされ、名称も「母子及び寡婦福祉法」（現・母子及び父子並びに寡婦福祉法）となった。さらに、2002（平成14）年には父子家庭も対象とする改正が行われた。

　同法の理念は、第2条で「児童が、その置かれている環境にかかわらず、心身ともに健やかに育成されるために必要な諸条件とその母等の健康で文化的な生活とが保障されるもの」と定めている。

　なお、同法における「児童」とは20歳未満の者である（第6条3）。

　以上、福祉6法における概念と理念を概観してきたが、これらは基本法である社会福祉法、ひいては日本国憲法との関係で理解する必要がある。このため、各法で保障される福祉施策の理解と人間の尊厳、さらに、**基本的人権**（生存権、幸福追求権に限らない）の尊重が社会福祉従事者に求められる姿勢の大前提である。

高齢者
老人福祉法において、高齢者とは何歳からという規定はない。これは加齢に伴う老化には個人差があることからである。一般には65歳以上からとされ、75歳以上を後期高齢者と呼ぶ。

寡婦
配偶者のない女子で、かつて児童を扶養していたことのあるものをいう（母子父子・寡婦福祉法第6条の4）。

基本的人権
すべての国民に保障される、自由権、平等権、社会権、参政権、請求権、幸福追求権、新しい権利など。

注

1）梅棹忠夫・金田一春彦・阪倉篤義・日野原重明『日本語大辞典』講談社、1989 年、p.1073

さらに深く学ぶために

1）古川孝順『福祉ってなんだ』岩波書店、2012 年
2）大山博『福祉政策の形成と国家の役割』ミネルヴァ書房、2013 年

社会福祉実践との関連を考えるために

1）自分の家族や親戚がどのような福祉サービスを利用しているのか、調べて下さい。
2）自分の住んでいるまちの市町村地域福祉計画を調べて下さい。

参考文献

1）原田克己・大和田猛・島津淳『福祉政策論』医歯薬出版、2003 年
2）島津淳『介護保険制度と政策形成過程』久美出版、2008 年
3）佐橋克彦『福祉サービスの準市場化』ミネルヴァ書房、2006 年
4）社会保障入門編集委員会編『社会保障入門』中央法規出版、2008 年

column

　社会福祉事業法が制定されたのは 1951（昭和 26）年のことであった。それ以降、およそ戦後 50 年間にわたり、わが国の社会福祉は同法によって規定されてきた。いわゆる福祉サービスの種類や範囲、措置（委託）制度や社会福祉法人、についての規定が詳細に述べられていた。
　しかしながら、経済の成熟、少子高齢化の進展、福祉ニーズの多様化、高度化に伴い、次第に社会福祉事業法の限界が露呈し始めた。そこで、措置から契約へと移行することを踏まえ、2000（平成 12）年に社会福祉法へとその姿を変えた。社会福祉法では従来使用されていなかった「福祉サービス」、「利用者」といった文言が使用され、さらには「地域福祉の推進」がその中核に据えられた。これらの変化はサービス提供体制の分権化、提供チャンネルの多様化を伴うものであった。後述される「福祉ミックス論」を理解しておくことが、21 世紀のわが国の社会福祉を理解するために重要である。福祉ミックス論はある社会における福祉を数量的に把握し、その全体量で福祉の充実度を測ろうとするものである。この福祉ミックスの考え方は多くの国々で支持されているが、その限界にも留意しなければならない。

第1章　現代社会における福祉制度と福祉政策

第2回：福祉政策の概念と理念

学びへの誘い

福祉政策の動向は、その時々の経済情勢や政治情勢、社会情勢に左右される。わが国においては戦後の混乱期、高度経済成長期、低成長期、構造改革期の各段階を経て現在に至っている。その方向性は決して直線的なものではなく、各時代の特徴によって変化している。

第2回では、政策理念の変化を時代ごとに追って概観する。政策理念の変化と政策動向がどのように関係しているかに着目し、理解してもらいたい。

1．政策の定義

第1回の「制度」と同様、政策とは何かについて定義するのは難しい。『広辞苑』によれば、①政治の方策、政略、②政府・政党などの方策、ないし施政の方針を指すとされる。古来、政治は「政」（まつりごと）といわれ、人々を統治する手段として存在した。こうしてみると、政策とはある一定の政治的立場、あるいは政治思想にもとづいて展開される諸施策、ということができる。

ただし、第1回で述べた「制度」と異なる点は、それがいわば「入れ物」であるのに対し、政策はその時代によって変化する「中身」であり、より実践的なレベルに近いと考えられる点である。

また、城山英明と鈴木寛によれば、政策形成過程をみていく際には2つの視角[1]が必要であるという。第1は「行政における意思一般ではなく、その環境諸条件またはその対象集団の行動に何らかの変更を加えようとする意図を持つ新しい**イニシアティブに焦点**」を当てるものであり、「様々な社会的組織的諸力が交錯する中で形成されてくる」ものであるという。第2に、政策は「政策立案、政策決定、政策実施というサイクル」を持つということである。

イニシアティブ
Initiative：「主導権」。

2．福祉政策とは

では、福祉政策とは何であろうか。先行研究では、必ずしもそれが明確になっているとはいいがたい。「制度」に関しての研究であったり、

「法律」に関しての研究であったりする。つまり、明確な概念規定を避け、自明のごとく「福祉政策」という用語が使用されていることが多い。

しかし、原田は、「福祉政策とはなにか」[2]において、社会福祉を社会的実体として国民的基盤を不動のものとして位置づけ、政治的争点の1つとしてみている[3]。そのうえで、「根本的には社会福祉は政治問題」[4]であることを意識しなければならないという。さらに、「価値の配分をめぐる意思の形成過程が問題」であるとするならば、「個人の生活問題に直結する社会福祉問題は党派性と不可分の関係を持つ」とし[5]、社会福祉政策の形成プロセスを社会福祉政策論として体系化しようとする試みは、「社会福祉の政治学」への構想でもあるとしている[6]。

以上を踏まえ、現代のわが国における福祉政策とは何かを考えたとき、それは法的に規定された福祉制度を突き動かす政治的ダイナミクスであるといえよう。これは必ずしも政府・国会によるものだけとは限らず、国民や当事者、家族などからの運動からも影響を受ける。

（1）福祉政策の当初理念

次に、福祉政策の理念について考えてみよう。

具体的には、わが国においては戦後の混乱期、高度経済成長期、低成長期、構造改革期、それぞれの段階において福祉政策の理念の変化がみられる。戦後の混乱期、1950（昭和25）年に社会保障制度審議会が「社会保障制度に関する勧告（50年勧告）」を答申した。

この「50年勧告」では、「社会福祉とは、国家扶助の適用を受けているもの（…略…）が自立してその能力を発揮できるような必要な生活指導（…略…）を行うことを言う」とし、社会福祉の中核に貧困層への施策が位置づけられ、その受給者は「生活指導」の対象とされた。

高度経済成長期においては、1962（昭和37）年8月、「社会保障制度の総合調整に関する基本方策についての答申、および社会保障制度の推進に関する勧告（62年勧告）」が答申された。同勧告では社会保障制度は国民生活を安定させ、かつ所得再分配機能を持つだけでなく、景気調整の機能にも着目した。つまり、社会保障制度の資本主義経済

における**ビルト・イン・スタビライザー**としての機能を明確にした。

同勧告は、第1に、低所得者対策に関し、従来の社会保障制度が医療保険を中心とし、かつ主な対象が被用者であった点をとらえ、「産業の二重構造」の視点から「力の強いものの属する制度はますます発展し、力の弱い階層に対する制度は低い水準に取り残される結果となって社会保障の均衡の取れた発展が期待できない」[7]ため、貧困・低所得層に重点をおいた制度の再編成を説いた。また、権利性の確保と費用の行政負担の必要性を述べ、「今後しばらくの間、この方面（＝貧困・低所得層）に対する施策に税金を重点的に投入すべき」[8]こととした。

第2に、わが国の社会保障の水準の到達目標の設定についても、「今後10年の間に、日本はこの制度が比較的に完備している自由主義諸国の現在の割合を、少なくとも下回らない程度にまで（社会保障費を）引き上げること」[9]とした。さらに、1970（昭和45）年、厚生大臣官房企画室から『厚生行政の長期構想』[10]が公表された。その第5節では「社会福祉施設の整備」、第6節では「福祉サービスの充実」がそれぞれ取り上げられている。

まず社会福祉施設の整備の立ち遅れについて、『構想』はその原因を「施設整備のための資金供給が著しく不足していたことによる」[11]と指摘し、1975（昭和50）年度までの5年間に総額約3,500億円の資本投下を行う整備計画を示した。

また、1973（昭和48）年、国は老人医療費の一部負担金を公費により負担する**老人医療費支給制度**（70歳以上の老人医療費無料化）を老人福祉法の一部改正によって成立させた。さらに、同年、医療保険の家族給付率の7割への引き上げ、高額療養費給付制度の創設、国民年金水準の引き上げ、物価スライド制の導入、児童手当制度が新設され、この年は「福祉元年」といわれた。

（2）低成長期における福祉政策の理念

しかし、**石油危機**を契機に低成長期に入ると、「福祉見直し」が始まった。1975（昭和50）年の『厚生白書』は、社会保障の現状に関する国際比較を行った。そこでは「わが国の社会保障は、制度的に見ると欧米諸国と比べても遜色のない状況にあるといえるが、現実の給

ビルト・イン・スタビライザー
（経済の）自動安定化装置。景気変動を緩和する効果がある。

老人医療費支給制度
本人や扶養義務者の所得が一定以下の70歳以上の高齢者に対し、健康保険、国民健康保険、その他の医療保険の一部負担金を無料とし、その費用は国が6分の4、6分の1ずつを都道府県と市町村が負担する。ところが、初年度の動向をみると、老人医療対象者は6％にもかかわらず、その療養給付費は総額の2割を占めた。また、1人当たりの医療費でみると、高齢者分は他の3.7倍に相当し、受診率は2倍となった。この結果、その年の国民医療費は国民所得の4.46％と過去最高を記録した。

石油危機
1973〜74（昭和48〜49）年にかけ、中東地域で勃発した戦争により、原油価格が高騰した。これによって物価が上昇し、不景気に陥った。

付規模の比較を社会保障給付比の国民所得に対する比率で行ってみると、いまだ及ばない」（p.7）としつつも、「我が国の年金制度がすでに制度的には西欧諸国のそれと比肩しうるとなっていることを物語るものであるといえよう」（p.12）と述べ、わが国の社会保障制度は一定の水準に達した。すなわち、西欧水準へのキャッチアップが達成されたという主張が展開された。そこで、わが国独自の政策展開の必要性が強調されるようになった。

1976（昭和51）年、神奈川県の長洲一二知事などが今までの場当たり的な福祉施策を見直し、「国のあり方全体を福祉優先にかえていくことが重要」として、「福祉見直し論」を唱えた[12]。もっとも、これは政府によって反福祉的な意味に解釈されていった。

1977（昭和52）年版の『厚生白書』の序文では、「従来、欧米の社会保障は、いろいろな形でモデルとされることが多かったが、昨今の不況により欧米においても社会保障財政が楽観を許さなくなるなどの事情を背景として、高負担路線に対しても疑問が投げかけられる場面も生じている」が、「高福祉・高負担の国々の抱える問題を探ること、また、すでに人口構造の老齢化を経験済みの国々がその過程においてとった対応を明らかにすることが、わが国における社会保障の論議に具体性を与えることになる」として、国際比較を行った。

それによると、わが国における社会保障の費用負担の特徴の第1は、国庫負担の割合が高いこと、第2は、年金制度、医療制度については諸外国と比べて遜色がないこととされた。もっとも、医療費の伸びに対応する財政政策が必要と主張し、その給付水準を維持するための財源と負担の問題を前面に押し出すようになった。

1978（昭和53）年には、デイサービス、ショートステイ事業の実施とベビーホテルの問題が顕在化し、在宅福祉施策への注目が高まった。その一方で、財政危機論が主張されるようになり、将来における社会保障費用の増大を、そのまま「働く世代（生産年齢人口）の負担増とみなし、『このままでは社会保障が危ない』と主張する」[13]高齢化社会＝危機論が台頭するようになる。それは、やがて自由市場経済への回帰を目標とする、「**小さな政府**」論の強調へと進化するものであった。

小さな政府
政府などの公的部門はできるだけ国民生活に介入せず、必要最低限度のことだけを行おうとする国家の形態。

具体的には「日本型福祉社会論」の登場である。これは欧米型福祉国家からの脱却をめざすもので、経済効率の重視と国民の自助努力を強調した。つまり、「小さな政府」をめざし、日本人の「長所」を強調することで、自助と相互扶助を基盤において福祉を推進していこうとするものであった。

　そして、これは1979（昭和54）年の『新経済社会7ヵ年計画』[14]に引きつがれた。『計画』の基礎を安定成長路線の追求や適正な経済成長の維持に置き、自由経済社会の創造的活力や自助努力、地域連帯、適正な公的福祉を要件とした「均整のとれた経済社会」を目標像としたのであった。

　したがって、1970年代後半の社会保障関係費当初予算と内訳をみても、1977（昭和52）年度以降、対予算構成比は20％前後で横ばいに転じ、内訳についても高齢化に伴う社会保険支出の増がみられるものの、生活保護費や社会福祉費は減少、あるいは横ばいにとどまったのであった[15]。1980年代の「増税なき財政再建」に象徴される臨調・行革路線では、補助金見直しを含む財政支出の一層の削減が指向された。

　1980（昭和55）年の『厚生白書』では、1970年代の社会保障を振り返りながら、給付と負担の動向を国際比較した。第1に、給付の推移では、給付費の伸びが西欧先進諸国に比べて高水準にあり、とくに現金給付の伸びが著しいことが指摘された。第2に、財源の推移では収入総額と支出総額の差の縮小が指摘された。こうして高齢化の加速を背景にし、給付と負担のあり方に一石が投じられた。

　まず、1973（昭和48）年以来の老人医療費支給制度は1982（昭和57）年の**老人保健法**の制定によって廃止され、受益者負担が導入された。

　次に、中央社会福祉審議会合同企画分科会による『今後の社会福祉の在り方について』[16]（1989年）では、「急激な高齢化、平均寿命の伸長」が社会保障制度に対して影響を与え、従来、地域社会や家族が持っていたとされる「福祉的機能」が脆弱化しているとも指摘した。それを踏まえ、福祉サービスの「一般化・普遍化・施策の総合化・体系化」の推進や利用者の選択を実現すべく、第1に市町村の役割重視、第2

老人保健法
40歳以上の国民を対象にした老人保健事業、および70歳以上の老人医療について定めた法律。2008（平成20）年、改正法の施行により「高齢者医療の確保に関する法律」に改称された。

に在宅福祉の充実、第3に民間福祉サービスの健全育成、第4に福祉と保健・医療の連携強化・総合化、第5に福祉マンパワーの確保、そして、最後にサービスの総合化・効率化を図るための福祉情報提供体制の整備が必要であるとした。

これらを受け、同年に「高齢者保健福祉推進10か年戦略（ゴールドプラン）」[17]が公表され、個別的な施策の目標数値が掲げられた。

1990（平成2）年には社会福祉関係8法が改正された（福祉関係8法改正）[18]。これは在宅福祉サービスと施設福祉サービスを市町村が責任主体として、一元的、計画的に提供することであった。また、在宅福祉事業（ホームヘルプサービス、デイサービス、ショートステイ）は第2種社会福祉事業として位置づけられ、民間事業者を含む多様な提供者に事業を委託する道を開いた。さらに、入所措置事務の町村移譲が行われたが、これによって小規模町村の財政負担は大きくなった。

（3）近年の日本における福祉政策の理念

社会保障制度審議会の「社会保障体制の再構築（95年勧告）」では、「子育てや高齢者の介護などについては、個人の自立や家族の支えあいによって行われている部分は依然として大きい。もっとも、今後は、家族規模の縮小、共働き世帯の増加などに起因して、公的部門によって担っていかなければならない部分が多くなっていくことは確実である。」と述べ、「公的介護保険構想」へとつながった。さらに、社会保障推進の原則[19]として、①「生活困難を起こしそうな事態にしっかり対応できる」制度を確立するための「普遍性の原則」、②給付と負担の両面でより公平な制度にしていこうとする「公平性の原則」、③今日のニードが日常的なニードに変化してきていると主張し、医療・保健・福祉システムが同時並行的に個人の生活を支援することを求める「総合性の原則」、④介護保険制度の導入とも対応し、利用者の選択性を今後の課題としてとらえる「権利性の原則」、⑤医療・保健・福祉分野での市町村の役割強化、国民が社会保障政策の決定過程に積極的に関わっていくことの必要性を強調し、社会保障政策の対費用効果を高めようとする「有効性の原則」をあげている。

これを受け、1996（平成8）年には社会保障構造改革が展開され、

その「基本的方向」は、第1に、各分野において重複、隙間、無駄がないか点検し、医療と年金を中心とする効率化、適正化に取り組むこと、第2に、世代間や制度間等における公平の確保を図ること、第3に、利用者の立場に立った効率的なサービスの確立をめざし、個人の自立を支援し、かつサービスを選択可能にし、情報開示を進めることとされた。さらに、公私の適切な役割分担と民間活力導入の促進を図るため、市町村の役割を強化し、NPO、企業など民間事業者、ボランティアと連携を進めていくこと、加えて規制緩和により民間活力を高め、競争を通じて質の高いサービスを提供できるような体制を構築することとされた[20]。

NPO
Non-Profit Organization: 広義には、生協や農協などの非営利組織。

1997（平成9）年11月には、「社会福祉事業等のあり方に関する検討会」が「社会福祉の基盤となる制度のあり方について議論を行って」、『社会福祉の基礎構造改革について（主要な論点）』と題する報告書を橋本首相に提出した。これは福祉需要の増大、多様化に対応したサービスの質の確保と効率化の必要性を述べ、「社会福祉の基礎構造を抜本的に改革」しなければならないとした（社会福祉基礎構造改革）。それはサービス利用者と提供者の対等な関係を確立し、質と効率性を確保しながら、提供者の参入促進をねらいとするものであった。同年には児童福祉法の改正ならびに介護保険法が成立し、年金制度についても厚生省が「5つの選択肢」を提示し、社会保障・社会福祉をめぐる動きがあわただしくなった。

こうして2000（平成12）年、措置から契約への転換を主眼とした介護保険法と社会福祉法が施行された。また、2003（平成15）年には障害児者に対する支援費制度が導入された。しかし、同制度は財政的な破綻に瀕し、2005（平成17）年には応益負担制を導入した障害者自立支援法に転換した。

これにより総費用の抑制が進んだが、一方で「自立」に向かってサービスを利用すればするほど金銭的負担が増加し、「自立」につながらないという問題点があった。一方、対象者を従来の身体障害、知的障害に加え、精神障害者も含めることとし、いわゆる「三障害」に関わるサービス提供体制が確立された。

2012（平成24）年には、障がい者制度改革推進本部等における検

討を踏まえ、地域社会における共生の実現に向け、新たな障害保健福祉施策を講ずるため、「障害者の日常生活及び社会生活を総合的に支援するための法律」（障害者総合支援法）が制定された。同法では「個人の尊厳」と「地域生活支援」をうたい（第1条）、地域社会における共生を目的としている。

また、負担については、「家計の負担能力」などをしん酌した額（第29条3の二）という規定となった。

注

1) 城山英明・鈴木寛「序章 本書の目的と方法」、城山英明・鈴木寛・細野助博『中央省庁の政策形成過程－日本官僚制の解剖－』中央大学出版部、1999年、p.3
2) 原田克己「福祉政策とはなにか」、原田克己・大和田猛・島津淳編『福祉政策論』医歯薬出版、2003年、pp.1－11
3) 同上書、p.1
4) 同上書、pp.1－2
5) 同上書、p.3
6) 同上
7) 社会保障研究所編『戦後の社会保障〔資料編〕』至誠堂、1968年、p.252
8) 同上書、p.256
9) 同上書、p.251
10) 社会保障研究所編『日本社会保障資料Ⅱ』、1970年を参照。
11) 同上書、p.60
12) 長洲一二「福祉の科学と哲学を」『社会福祉研究』20、鉄道弘済会、1977年、p.25
13) 宮田和明『現代日本社会福祉政策論』ミネルヴァ書房、1996年、p.75
14) 経済企画庁編『新経済社会7ヵ年計画』大蔵省印刷局、1979年
15) 財政調査会編『国の予算』ならびに社会保障制度審議会事務局編『社会保障統計年報（各年版）』を参照。
16) 全国社会福祉協議会編『社会福祉関係施策資料集9』、pp.39－40
17) 厚生省「『高齢者保健福祉推進十ヵ年戦略』について」『月刊福祉』

全国社会福祉協議会、1990年4月号、p.120
18）厚生省社会局・大臣官房老人保健福祉部・児童家庭局監修『社会福祉八法改正のポイント』 第一法規出版、1990年、p. 4
19）一圓光彌「日本の社会保障の歩みと新しい社会保障の課題」、『社会保障研究』65号、国立社会保障・人口問題研究所、1996年、pp.14 － 18
20）首相官邸ホームページ
http://www.kantei.go.jp/jp/kaikaku/pamphlet/p19.html

さらに深く学ぶために

1）右田紀久惠『自治型地域福祉の理論』ミネルヴァ書房、2005年
2）新藤宗幸『行政ってなんだろう』岩波書店、2008年
3）伊藤周平『医療・福祉政策のゆくえを読む－高齢者医療・介護制度／障害者自立支援法／子ども・子育て新システム』新日本出版社、2010年

社会福祉実践との関連を考えるために

1）福祉サービスの提供主体の1つにNPOがあるが、その特徴について調べて下さい。
2）社会福祉基礎構造改革の特徴をまとめて下さい。

参考文献

1）真田是『新版　社会福祉の今日と明日』かもがわ出版、2003年
2）浅井春夫『新自由主義と非福祉国家への道』あけび書房、2000年

column

　わが国における戦後の社会保障・社会福祉は国家を中心とした提供体制からスタートした。それは一面で国民の生存権を確保するのに役立ったといえようが、戦後50年を経てその硬直性、画一性が問題視されるようになった。それゆえ、社会福祉基礎構造改革が行われたのである。「社会福祉の基礎構造」とは、いわゆる措置制度を基軸に据えるものであり、利用者の選択権の不在やサービス提供主体間での競争が行われない図式を指し、その構造を「改革」することが21世紀に求められた課題であった。

　しかし、これらの「改革」が利用者や当事者に与えた負の影響は決して小さなものではない。とりわけ、利用料の徴収においては逆進性を持つ応益負担化が拡大したことに留意が必要である。地域生活の継続が本来の福祉サービス提供の目的であり、また、それが基本的人権の保障の一環であるなら、利用抑制や費用の削減を狙いとした安易な応益負担化は避けなければならないのではないだろうか。

第3回：福祉制度と福祉政策の関係

学びへの誘い

　福祉制度と福祉政策の関係はかなりダイナミック（動態的）で、かつ密接な関係を持つ。例として保育制度と保育政策の関係をあげる。保育制度自体は児童福祉法に規定されているが、児童福祉施設最低基準の改正や通知、指針による柔軟な対応がなされている点に着目してみる必要がある。これらは実践をも規定するもので、サービスを提供していくうえで精通しておかなければならない。

１．現代保育における制度と政策

　第１回と第２回でみたように、福祉制度と福祉政策は「入れ物」と「中身」の関係にも似て、相互に依存するものである。さらにいえば、福祉制度を福祉実践に転化させる媒介項としても、福祉政策が位置づけられる。もっとも、その関係は現代においてはきわめて動態的である。

　今回では、その１つの例として、現代における保育制度と保育政策の関係を取り上げてみよう。

　厚生労働省発表「平成27年社会福祉施設等調査」（2016（平成28）年９月）によれば、保育所の定員は約248万人を数え、一方で、待機児童は減少しつつあるとはいえ、約２万６千人となっている（平成29年４月現在）。

　さて、保育所は、社会福祉法第２条３項２号に規定される第２種社会福祉事業である。さらに、具体的・詳細な規定を置いているのが児童福祉法である。同法第７条で、保育所は児童福祉施設と規定されている。同法第24条で保育の実施について述べられており、保育は「保護者の労働又は疾病その他の事由により、その監護すべき乳児、幼児その他の児童について保育を必要とする場合」において市町村は行わなければならないとされている（第24条）。また、保育は保育所だけでなく、認定こども園、家庭的保育事業などによっても実施されることになっている（同条②③④）。さらに、同法第39条では保育所そのものを「保育を必要とする乳児・幼児を日々保護者の下から通わせて保育を行うことを目的とする施設」、と規定している。

次に、保育所の利用方法の変化であるが、1997（平成9）年の児童福祉法改正により、第1は同法第24条からの「措置」の文言が削除され、「契約入所方式」[1]が導入された。これは保護者による保育所の選択権の明確化を意味する。すなわち、"選ばれる保育所"づくりが求められるようになった。同時に、保護者の選択に資するため、市町村や保育所は情報提供義務を負うことになった。

その**情報**とは、名称等、施設・設備状況、入所定員、開（閉）所時間、保育の方針、日課・行事予定等、保育料、待機児童数などである。これらにより、保護者の保育所選択権と入所申請権が確立した[2]。

第2は、保育料の徴収に関する見直しである。従来の**応能負担方式**から、保育サービスの費用を基礎として「家計に与える影響」を考慮した均一的な負担方式へと見直しが図られた[3]。これは保育サービスの対価として、年齢別での均一料金を負担する定額制の考え方の導入であった[4]。このため、保育料徴収基準額は10段階から7段階へと簡素化され、最高階層に対する徴収額についても限度額が設定された。

利用手続きは、まず保護者は事業主体としての市町村に対し、希望する入所先を申し込む（保護者の選択権）。次に、市町村は保育要件の事実確認と入所を応諾する（保育所の応諾義務）。この際、希望者が定員を超える場合には調整を行う。これを受け、運営主体である保育所に入所できる。保育にかかわる費用は、市町村が保育費用に要する経費の支弁を行い、市町村は保護者から費用徴収を行う、という構図になっている。

さて、以上のような保育制度は実際にどのように運営されているであろうか。すなわち、制度の枠内で実施されてきた保育政策はどのような展開をみせたのであろうか。

まず1997（平成9）年の第1次児童福祉法の改正では、第1に、乳児保育指定保育所制度を廃止し、乳児保育を一般化した。それにあわせて児童福祉施設最低基準が改正され、乳児に対する保育士の配置基準が6対1から3対1へと引き上げられた。

第2は、一定の要件を満たした場合、短時間勤務保育士の導入が容認されたことである。「短時間勤務」とは、1日の勤務時間が6時間未満であるか、1か月の勤務日数が20日未満である保育士をいう[5]。

情報
『児童福祉法等の一部を改正する法律の施行に伴う関係政令の整備に関する政令等の施行について』Ⅱ-4に規定されている。

応能負担方式
支払能力に応じた費用負担方法。高額所得者にとっては不利となる。

応益負担
利用したサービス量、あるいはその費用について所得や資産の多寡にかかわらず、均一に負担を課す方法。支払能力が低くなればなるほど負担（感）が増加し、逆進性を持つ。

ただし、①常勤保育士数が最低基準の8割以上であること（2002（平成14）年度より規制緩和されて撤廃）、②各組等において常勤保育士を1人以上配置すること、③短時間勤務保育士の勤務時間が常勤の時間数を上回ることが要件となっている。

第3は、給食調理の業務委託である。調理室は引き続き必置とし、調理員を置くことを原則とするが、調理業務の全部を委託する施設にあっては調理員を置かないことができる。

第4は、開所時間の弾力化である。改正以前は通常の保育時間として7時から18時までが設定されていたが、保育所ごとで自由に設定できるようになった。たとえば、延長保育や夜間保育の実施など、地域の実情や保護者のニーズに合わせた保育の実施が可能となった。

そして、第5は、分園方式の導入である。認可保育所の設置が困難な場合、常時2人以上の保育士を配置すれば分園設置が認められた。

そして、最後は待機児童対策としての定員の弾力化である。**待機児童**がいる場合、定員の15～25％の範囲で**待機児童**を受け入れてもよいとされた。

さらに、1999（平成11）年の法改正では、保育所設置主体制限が撤廃され、社会福祉法人以外でもその実施が可能とされた。

とは言え、2015（平成27）年10月現在、株式会社による保育所は1,051ヶ所（全体の4.1％）にとどまっている。

2．規制緩和と供給主体の多様化

過去においては保育の質の確保・サービスの安定性の確保の観点から、原則として地方公共団体、または社会福祉法人による運営が求められていた。つまり、法文上は第2種社会福祉事業でありながら、第1種社会福祉事業に準じた扱いを受けてきたのであった（1963（昭和38）年、児発第271号）。

しかし、2000（平成12）年3月30日付児発第295号『保育所の設置認可等について』（厚生省児童家庭局通知）により、待機児童の解消を主目的とした規制の緩和が行われた。これにより、社会福祉法人以外の保育所設置認可申請が認められ、企業など民間事業者による**駅前保育所**など企業主導型保育所や病院内保育所の設置などが可能に

待機児童
4月は定員プラス15％まで、翌5月以降は同25％まで、10月以降は保育士数や部屋面積の基準内で、定員と関わりなく受け入れを許容。

駅前保育所
鉄道駅などの近辺に開設される保育所。保護者の出・退勤時間に合わせ、児童を預けることが可能になる。

なった。もっとも、この場合の認可要件は当該地域において乳児を中心とした待機児童の解消が目的となっていることが必要である。

第2は、小規模保育所の定員要件を30人から20人へ引き下げ、その設置を容易にさせたことがあげられる。

第3は、保育所の不動産所有に関わる規制緩和である。従来は自己所有であることが求められた不動産について、借地での設置を認めるほか、園庭は付近の広場や公園で代用可とするなど、主に土地の取得が困難である都市部で保育所の設置の推進が図られた。これらの認可基準の緩和を通じた改正により、認可保育所の増加に加え、保育所の多様化がもたらされた。

さらに、2001（平成13）年の法改正では**無認可保育所**に対する監督が強化された。届出制を導入し、その設置状況を把握することとした。また、「認可外保育施設指導監督の指針」を定め、運営状況を定期的に報告させ、必要に応じて改善勧告を行えるようにした。

上記に加え、悪質な施設の排除を目的とした情報提供が行われるようになった。この場合、事業者自身による情報提供だけでなく、都道府県知事も行うこととされた。

このほか、保育所の整備・促進のため、公有財産の貸付を通じた、いわゆる **PFI**（Private Finance Initiative）方式を活用し、公設民営型の保育所の設置を推進することとされた。

2008（平成20）年には文部科学省と厚生労働省とが連携し、「認定こども園」が設置された（「就学前の子どもに関する教育、保育等の総合的な提供の推進に関する法律（2006（平成18）年法律第77号）」）。これは保護者の就労の有無を問わず、待機児童の解消を念頭に設置されたものである。2017（平成29）年4月時点では認定件数は5,081件におよび、このうち、幼保連携型が3,618件とその大半を占める。利用方法は保護者と園の直接契約にもとづき、利用料は直接施設に支払う。就学前のこどもに幼児教育と保育を提供し、さらに地域における子育て支援を行う。認定は都道府県知事が行う。これは既存の保育所や幼稚園を補完する役割を担っている。

以上、保育制度を例にとって政策との関係をみてきたが、上位概念である制度のもと、政策は社会情勢の変化やそのほか、必要な状況に

無認可保育所
いわゆる無認可保育所に対しても指導・監督が行われることになっているが、これは劣悪な施設を排除するためのもので、無認可保育所では児童福祉施設最低基準を遵守することが望ましい、とされている。

PFI
公的部門が直接に施設整備をせず、民間資金（Private Finance）の活用によって施設整備と公的サービスを提供させる方法である。これにより費用対効果の視点から効率性が向上するとされる。

対し、補完的、あるいは応急的に行われる場合もあることがわかる。規制緩和を通じ、機動的な対策が講じられることもある。

ただし、規制緩和は必ずしもよい側面だけを持っているわけではなく、同時に、負の側面をも持ち合わせていることにも留意しなければならない。

たとえば、認可保育所におけるサービスや質に関する積極的な規制はほとんどみられない。質の切り下げを伴う認可基準の緩和による認可保育所の量産は、質とコストをめぐる競争への発展を困難にする。それは無認可保育所との質的境界を曖昧にし、保育サービスを単なる"児童を預かる場"にしかねない。さらに、保育ニーズが保護者の就労によって発生し、その就労が私的な選択である、という点から応益負担化に転じるとすれば、普遍的な育児支援策としても、また、児童自身の発達にも好ましからざる影響を与えることになる。

2012（平成24）年には「子ども・子育て支援給付その他の子ども及び子どもを養育している者に必要な支援を行い、もって一人一人の子どもが健やかに成長することができる社会の実現に寄与することを目的」（第1条）とした「子ども・子育て支援法」が制定され、子どものための現金給付（第9条）、子どものための教育・保育給付（第11条）、市町村子ども・子育て支援事業計画（第5章）の策定が求められているほか、保育サービス供給主体の一層の多様化を促進する内容となっている。

ただし、その一方で「子ども・子育て支援は、父母その他の保護者が子育てについての第一義的責任を有するという基本的認識」（第2条）を持つこととされ、依然として子育てはまず家族が対応すべきものであるという伝統的な日本的認識にとどまっていることにも留意が必要である。

注

1）佐藤進『社会保障と社会福祉の法と法政策（第5版）』誠信書房、1998年、p.236
2）田村和之「1997年児童福祉法改正について」『総合社会福祉研究』17号、総合社会福祉研究所、2000年、p.73

3）厚生統計協会編『国民の福祉の動向（2002年版）』厚生統計協会、p.115
4）高田清恵「保育費用負担額の決定－清水訴訟」佐藤進、西原道雄他編「社会保障判例百選（第3版）」別冊ジュリスト153号、有斐閣、2000年、p.213
5）「児発第85号、児童家庭局長通知」1998年2月18日

さらに深く学ぶために
1）高山静子『学びを支える保育環境づくり：幼稚園・保育園・認定こども園の環境構成』小学館、2017年
2）汐見稔幸・無藤隆『〈平成30年施行〉保育所保育指針　幼稚園教育要領　幼保連携型認定こども園教育・保育要領　解説とポイント』ミネルヴァ書房、2018年

社会福祉実践との関連を考えるために
1）福祉分野における規制緩和の例を探して下さい。
2）自分の街の保育サービスについて調べて下さい。
3）幼保一元化問題について調べて下さい。

参考文献
1）佐橋克彦『福祉サービスの準市場化』ミネルヴァ書房、2006年
2）二宮厚美『構造改革と保育のゆくえ』青木書店、2003年
3）垣内国光・桜谷真理子『子育て支援の現在』ミネルヴァ書房、2006年

第1章 現代社会における福祉制度と福祉政策

第4回：福祉政策と政治の関係

学びへの誘い

福祉政策と政治の関係はきわめて興味深い。なぜなら、その時代背景にもとづいた政権により、政策の変化がみられるからである。今回は、一連の構造改革が福祉政策にいかなる影響を与えてきたか、についてみてみることとする。

1．現代における福祉政策と政治の関係

「聖域なき見直し」をキャッチフレーズにした小泉純一郎内閣（2001～2006年）の構造改革路線は、わが国の福祉政策に大きな影響を与えたといえる。あるいは「骨太の方針」にみられるような「福祉の市場化」も興味深い動向である。この政権における構造改革はトップダウン・丸投げ方式である点に特徴があった。

今回は、これらの動きを年代を追ってみてみることとする。これを通じ、現代における福祉政策と政治との関係はいかなるものかを理解しよう。構造改革は、バブル経済崩壊以後のわが国を支えるシステムを抜本的に見直すものだったからである。

2．財政構造改革の変遷

橋本龍太郎内閣（1996～1997年）におけるの財政構造改革では、その一環として社会保障構造改革が進められた。

1996（平成8）年2月、財政制度審議会に財政構造改革特別部会が設置され、同部会は7月、『財政構造改革を考える』、『財政構造改革に向けての中間報告』、10月、『海外調査報告』をそれぞれ発表し、12月には『財政構造改革特別部会報告（最終報告）』[1]を公表し、社会保障支出の増大がもたらす**財政赤字**の問題点について、第1に世代間の不公平、第2に経済発展の阻害を指摘した。ここでいう世代間の不公平とは、将来世代に負担を先送りすることと、建設国債による社会資本整備は将来世代に効用を与えるが、その内容を決定できない、という財政民主主義の観点から見た問題のことである。

一方、経済発展の阻害とは、金利上昇と**クラウディング・アウト**、

財政赤字
税収以上に政府支出が多くなった状態。これを補うため、国債などが発行される。一般に財政赤字が拡大すれば、国債依存度も高くなる。大きな成長が見込めない状態で財政赤字を放置しておくと、将来への負担が増し、財政が逼迫するおそれがある。

クラウディング・アウト
政府が資金需要を賄うため、大量の国債を発行すると、それによって市中の金利が上昇するため、民間の資金需要が抑制されること。

財政硬直化による財政の対応力の喪失、財政政策に対する内外の信用の失墜、インフレ、為替への悪影響のことであるとされた[2]。そのうえで、「財政構造改革の最大のねらい」は国際的な「大競争」時代を乗り切り、「アジアの中でのリーディング・カントリーとしての地位を維持し、国民の生活水準を高く保つため」であり、「規制緩和と並んで財政構造改革を、果敢に推進することが不可欠」[3]と述べた。

具体的には、社会保障分野にも自己責任、市場原理の活用といった理念を反映させることが必要であるとした[4]。このように財政構造改革には経済のグローバル化に伴う「大競争」への対応、という側面があった。この点が1980年代の財政再建との大きな差である。そして、以下のような財政健全化目標が閣議決定された[5]。

3．財政健全化への課題

第1は、2005（平成17）年度までに財政赤字の対GDP（国内総生産）比を3％以下とすること、第2は、国債費を除く歳出を租税収入の範囲とすること、第3は、公債依存度の引下げを図ること、第4は、歳出全般についての「聖域なき見直し」[6]を行うこと、第5は、一般歳出の伸び率を名目経済成長率よりも相当低く押さえることであった。

橋本首相は1997（平成9）年度を「財政構造改革元年」とし、財政再建を内政の重要課題として位置づけた。1997（平成9）年1月21日、政府・与党の「財政構造改革会議」（議長：橋本首相）を設置し、政府は財政再建法案を秋に提出した。その原則の第1は、一般歳出全体の伸び率に上限を設定すること、第2は、個別歳出分野ごとに削減目標を設定すること、第3は、社会保障などでは給付水準などについて細かな目標を設定すること、そして、最後は歳出増を伴う新政策の実施には同額の歳出削減策を義務づけることとした。

しかし、こういった対策は効を奏せず、21世紀に突入した。そして、小泉内閣では2つの会議体によって構造改革が進められることになった。

その1つは総合規制改革推進会議の規制改革推進3カ年計画であり、もう1つは経済財政諮問会議の『経済財政運営と構造改革に関する基本方針』（「骨太の方針」）である。

まず、総合規制改革推進会議における議論の概要をみてみよう[7]。

2001（平成13）年3月に閣議決定された規制改革推進3か年計画（3か年計画）は、改革における重要な視点として、①企業や個人の選択を重視し、競争や挑戦を通じ、創意や努力が報われる社会の実現、②医療・福祉、雇用・労働、教育等の社会システムの活性化、③**事後監視・救済型社会への移行**などに置いた。

事後監視・救済型社会への移行
行政指導などの事前規制・調整型社会から国民が透明・公正なルールのもと、自己責任原則によって自由に行動し、さまざまな構造改革を進めること。

また、2003（平成15）年度までの規制の見直しにあたっては、経済的規制の原則自由化と社会的規制の必要最小限化、不合理な規制の是正による社会的公正の確保などに視点を置くこととした。とりわけ、社会福祉については少子高齢化の進展に対応するため、多様な事業者の参入、競争を通じた利用者の選択の拡大を進めるとされた。

4．福祉サービスにおける「規制改革」

具体的には、介護サービスと保育サービスが主な対象とされ、サービスの標準化や監視体制の構築などの介護サービスの提供体制の改善、**ホテルコスト**の徴収や、ケアハウスの企業など民間事業者による運営の検討を通じた介護サービスの競争の促進、保育サービスについては公立保育所の民間委託や短時間勤務保育士に関わる規制改革によるサービスの多様化、質の向上が重点事項とされた。

ホテルコスト
家賃や食費、光熱水費など、介護や支援と直接かかわりのない費用。

2001（平成13）年7月には、「重点6分野に関する中間とりまとめ」（中間とりまとめ）が発表された。同報告書は規制改革を「供給主体間の競争やイノベーションを通じ、生活者・消費者が安価で質の高い多様な財・サービスを享受することを可能にするもの」として位置づけ、経済的分野と社会的分野における規制改革について述べている。

とくに社会的分野は「『生活者向けサービス』が『非収益的な慈善サービス』と性格づけられてきた」ため、公的部門による市場管理がなされてきたことをあげている。そのうえで、これらの分野は需要と雇用の拡大の余地が高い分野であるため、「起業家精神の旺盛な個人による」事業の展開が期待され、新規産業・雇用の創出と同時に国民生活の質の向上が見込まれるとした。

イコールフッティング
競争条件の対等化。

具体的には、福祉・保育等分野で、①介護施設における**イコールフッティング**、②保育サービスの拡充と質的向上、③社会福祉法人に関す

る規制の見直しが求められた。

　2002（平成14）年3月には規制改革推進3か年計画は改定され（改定3か年計画）、その重点に「生活者・消費者が安価で質の高い多様な財・サービスを享受することを可能にする経済社会システムの実現」が加えられた。

　さらに、同年7月には改定3か年計画に対する「中間とりまとめ」が公表された。審議会は「厳しい経済情勢にかんがみ、『経済の活性化』を統一テーマとして」、「民間参入・移管拡大による**官製市場**の見直し」を明確に打ち出した。すなわち、市場競争の促進策として株式会社の活用を打ち出す一方、政府部門の役割を、競争の監視と促進に転換すべきであるとした。

官製市場
運営主体の制限を行うなど、公的関与の強い市場および公共サービス分野。

5．官から民へ

　具体的には「消費者主権に立脚した株式会社の市場参入・拡大」、「官民役割分担の再構築」、「利用者選択の拡大」がある。その結果、2002（平成14）年12月の「規制改革の推進に関する第2次答申」で、医療、福祉、教育、農業を「官製市場」とし、株式会社などの民間への全面開放の必要性を訴えている。

　興味深いのは、こうした官製市場を「本来の健全な市場経済に移行させ、わが国に潜在する巨大な需要と雇用を掘り起こすため」であり、「本来、財・サービスの供給は市場における民間活動によることが基本である」とした。つまり、社会的分野はその目的を需要と雇用の創出に置き、経済的分野と同列に論じられることになった。

　そして、2003（平成15）年3月、規制改革推進3か年計画（再改定）（再改定3か年計画）が閣議決定された。

　総合規制改革推進会議における審議と答申、そして、3度にわたる規制改革推進3か年計画の特徴は、社会的分野と経済的分野が同列に論じられ、最終的な目標としての社会的市場への株式会社の積極的参入、そして「生活者・消費者」という表現にみられるよう、その利用者を財やサービスの購入者としてみなすものであった。

6．経済財政改革の基本方針

次に、**経済財政諮問会議**による『経済財政運営と構造改革に関する基本方針』、(「骨太の方針」)についてみてみよう[8]。

2001（平成13）年6月、初の「骨太の方針」(「今後の経済財政運営および経済社会の構造改革に関する基本方針」)が公表される（2007年版においては、2006（平成18）年まで使用した「経済財政運営と構造改革に関する基本方針」の名称を簡略にし、「経済財政改革の基本方針」と変更している）。構造改革が持続的成長をもたらすとの前提に立ち、規制改革を通じた民間活力の発揮と支出の効率化や透明性の追求、競争原理の活用が全体を通して強調されている。

第1章では、規制改革と競争政策、制度改革について論じられており、第2章では、公共事業に関する費用対効果分析の必要性が指摘されている。第3章の社会保障分野についても、「制度の『効率性』、『公平性』、『持続性』が十分に担保されたものでなければならない」とし、「自助と自立」、「活力ある『共助』の社会の構築」をうたっている。こうした考えは、第4章の地方財政問題においても援用され、「個性と自律」、あるいは「地方の自律的判断の確立」として述べている。つまり、政府部門は個人や地方、さらには企業など民間事業者に対してもその関与の度合いを低めるとした。そのうえで、「歳出全般について聖域なく、厳しく見直す」とした。

2002（平成14）年の「骨太の方針」では、目標の第1に「すべての人が参画し負担しあう公正な社会」の構築、第2に「質の高い小さな政府」の実現、第3に「**デフレの克服**」が設定された。さらに、「長期に持続可能な財政構造と社会保障制度を構築する」ため、「広く、薄く、簡素な税制を構築する」税制改革の基本方針や歳出主要分野における構造改革が論じられ、とくに社会保障制度改革と国と地方の関係の見直しの必要性が強調された。

また、2003（平成15）年の「骨太の方針」では、構造改革の基本方針が①内需主導型の「経済活性化」、②社会保障制度改革の実施による「国民の『安心』の確保」、③**潜在的国民負担率**を50％程度に止めるような「将来世代に責任が持てる財政の確立」とされた。

「経済財政運営と構造改革に関する基本方針2004」（基本方針2004）

経済財政諮問会議
内閣府に設置された合議制機関。経済財政政策に関し、有識者の意見を反映させ、経済全般の運営の基本方針、財政運営の方針、予算編成の基本方針、その他の経済財政政策に関する事項について調査・審議をする。

デフレ
物価が持続的に下落していく経済現象。

潜在的国民負担率
租税と社会保険料に財政赤字を加えた額が、国民所得に占める比率。2017（平成29）年度で49.4％となっている。

では、第1に地方へ3兆円分の税源を移譲すること、第2に社会保障制度の見直し開始、第3にデフレからの脱却を確実なものとするとされた。2005（平成17）年の「方針」では、とくに市場化テストの本格的な導入があげられた。2006（平成18）年の「方針」では、2011（平成23）年度における国・地方のプライマリーバランスの黒字化が目標として設定された。2007（平成19）年の「方針」では、『「美しい国」へのシナリオ』というサブタイトルが付けられた。それには人口減少下における成長の実現、戦後レジームからの脱却、新たな国家イメージ（「美しい国」）が提示された。2007（平成19）年10月には、「医療・介護給付の水準を維持するためには2025（平成37）年度に約14兆～31兆円分の増税が必要となり、消費税でまかなうなら11～17%まで税率を引き上げる必要がある」との試算を公表した。

そして、「経済財政改革の基本方針2008」では、生活の根底を支える"セーフティネット（安全網）"を全面的に点検し直し、すきまのない社会保障制度をつくること、政策全般にわたり、政策の受け手の立場に立って取り組むこと、すなわち、生活者や消費者が主役の政府をつくることとした。とりわけ、保育サービスの飛躍的拡大で待機児童をゼロにすること、社会保障の供給体制についてムダや非効率がないのか、全般にわたる見直しを行うこと、少子化対策の重要課題に対して必要な取組を実施するとした。

具体的には、2007（平成19）年に策定された「医療・介護サービスの質向上・効率化プログラム」に沿い、供給コストを最大限低減する努力を行うこととされた。また、介護・福祉サービスを支える人材の確保のため、介護従事者等について、キャリアアップの仕組みの導入や資格・経験を踏まえた適切な評価などにより、処遇の改善に取り組むこととされた。

一方、少子化対策として、保育サービスや放課後対策などの子育て支援の拡充、および仕事と生活の調和（ワーク・ライフ・バランス）実現を車の両輪として、少子化対策を行うこととした。

また、障害者の生活支援や就労支援・雇用促進等を進めるとともに、**障害者自立支援法**について、障害児支援のあり方など制度全般にわたる抜本的な見直しを行うとした。このほか、発達障害児者に対する支

障害者自立支援法
2003（平成15）年より開始された支援費制度はその財源が枯渇したこともあり、2005（平成17）年、障害者自立支援法へと衣替えされた。3障害（身体、知的、精神）を一本化し、その対象とした。当初は1割負担であったが、のちに応能負担方式になった。

援や精神障害者の地域移行を推進することとした。2011（平成23）年、障害者基本法の改正にともなって、障害者福祉は自立支援から「基本的人権を享有する個人としての尊厳」を理念とすることにより、その対象に難病を加えることで、同法は、2012（平成24）年にいわゆる「障害者総合支援法」へと改正された。

　1990年代後半以降の構造改革に端を発した一連の社会保障・社会福祉政策の見直しは各種諮問機関を活用した強力な政治主導の下で展開された。個人、企業に対する規制改革及び地方の役割の見直し（地方分権化）がその特徴である。なお、2009（平成21）年から2012（平成24）年までは過度な市場原理の活用に批判的な民主党（＝当時）が政権を担い、公共事業の見直しや事業仕分けなどを行う一方で、確たる財源の見通しも乏しい中、子ども手当の創設などを行った。加えて国内外の情勢の劇的な変化に直面し（在日米軍問題をふくむ北東アジア政策、東日本大震災および原発災害など）、国民の支持を次第に失い、与党の座から転落した。

　その後、社会保障と税の一体改革、成長戦略、特区構想を前面に押し出した自由民主党の第2次安倍内閣が成立、いわゆる「アベノミクス」が登場した。また成長と分配の好循環をねらいとする「一億総活躍」をうたい、**共生社会**の実現に取り組むとしている。この「共生社会」がどのように具体化されるか、成り行きが注目されるところである。

共生社会
国民一人一人が豊かな人間性を育み生きる力を身に付けていくとともに、国民皆で子供や若者を育成・支援し、年齢や障害の有無等にかかわりなく安全に安心して暮らせる社会（内閣府ホームページ）、とされる。

注

1）石弘光『財政構造改革白書』東洋経済新報社、1996年、pp.393 － 439
2）前掲書、pp.40 － 42
3）同上書、p.60
4）同上書、pp.58 － 59
5）石弘光監修『財政構造改革の条件』東洋経済新報社、1997年、pp.79 － 80
6）文教科学費、社会保障費など、国民生活に直結する支出についても削減の方向で見直しを図るということ。

7）内閣府総合規制改革会議ホームページ。
8）内閣府経済財政諮問会議ホームページ。

さらに深く学ぶために
1）福祉社会学会編集『福祉社会学ハンドブック』中央法規出版、2013 年
2）徳永俊明『国家とわれわれ：いま、抵抗のとき』合同フォレスト、2013 年

社会福祉実践との関連を考えるために
1）規制緩和が社会福祉実践に与える影響を考えて下さい。
2）介護ビジネスと資格制度の関係について考えて下さい。

参考文献
1）石弘光『財政構造改革白書』東洋経済新報社、1996 年
2）石弘光監修『財政構造改革の条件』東洋経済新報社、1997 年
3）新しい霞ヶ関を創る若手の会『霞ヶ関構造改革　プロジェクト K』東洋経済新報社、2005 年

第5回：福祉政策の主体と対象

学びへの誘い

　第5回は、実際に福祉サービスに直接的に関係する福祉政策の主体と対象について概観する。専門的な相談機関については、実際に支援を行うにあたってよく理解しておかなければならないものである。また、市町村の役割も大きい。これらを総合的、体系的に把握することが重要である。

　地域福祉の推進（社会福祉法第1条および4条）が強調されている今、住み慣れた地域で最期まで暮らすためにはどのような支援が必要なのかを考えなければならない。

1．国や都道府県・市町村との関わり

　今までみてきたように、福祉政策は国民の代表の集合体である国会、および行政府である政府を頂点とし、厚生労働省、都道府県、市町村といった**ヒエラルキー**によって展開されている。とはいえ、地方分権化により市町村の果たす役割は大きくなっている。

> **ヒエラルキー**
> 一般的に上下の支配・被支配のピラミッド型の秩序。

　政府・厚生労働省は主に政策を立案し、国会に諮る。時には大臣が社会保障審議会に諮問を行い、答申にもとづいた政策を展開する場合もある。政策の理念・概念を規定し、それにもとづいて対象者の範囲を定め、必要な財源の調達およびその方法などを定める。また、都道府県、市町村及び当事者・国民の果たすべき責務についても定める。

　都道府県（政令指定都市・中核市）は、社会福祉法人に対して認可・監督を行う。また、社会福祉施設の設置認可や監督、保育所を除く児童福祉施設の入所事務も行う。介護保険制度や障害者総合支援制度においては、広域的な観点から連絡調整、情報提供、さらに、関係行政機関および市町村への指導なども行う。

　都道府県が設置しなければならない専門的な機関には以下のものがある。

（1）身体障害者更生相談所（身体障害者福祉法第11条）

　「身体障害者の更生援護の利便のため、及び市町村の援護の適切な

実施の支援」のために設けられる。ここでいう身体障害者とは視覚障害、聴覚・平衡機能障害、音声・言語・そしゃく機能障害、肢体不自由、内部障害を持つ18歳以上で、都道府県知事から身体障害者手帳の交付を受けた者である。

身体障害者更生相談所の主要な業務は、第1に、専門的な知識および技術を必要とする相談および指導を行うこと、第2に、身体障害者の医学的、心理学的、および職能的判定を行うこと、第3に、必要に応じ、補装具の処方および適合判定を行うことである（身体障害者福祉法第10条の2のハ、ニ）。また、身体障害者福祉司を置かなければならない（第11条の2）。

(2) 知的障害者更生相談所（知的障害者福祉法第12条）

専門的な知識や技術を必要とする相談および指導（専門的相談指導）を行うこと、18歳以上の知的障害者の医学的、心理学的、および職能的判定を行うことが主な業務である（知的障害者福祉法第11条2のロ、ハ）。また、知的障害者福祉司が置かれる。

なお、「知的障害」について法文上明確な規定はなく、療育手帳の判定で、日常生活における要援護度を基礎に「重度」と「その他」に区分している[1]。

(3) 児童相談所（児童福祉法第12条）

都道府県が必ず設置し、18歳未満の児童を対象に業務を行う。

具体的には、第1に、児童に関する家庭、その他からの相談のうち、専門的な知識および技術を必要とするものに応ずること、第2に、児童およびその家庭につき、必要な調査ならびに医学的、心理学的、教育学的、社会学的および精神保健上の判定を行うこと、第3に、児童およびその保護者につき、前記の調査、または判定にもとづいて必要な指導を行うこと、第4に、児童の一時保護を行うこと（児童福祉法第11条2のハ、ニ、ホ）がある。

なお、児童相談所には児童福祉司を置き（児童福祉法第13条）、または法律に関する専門的知識経験をもつ弁護士（又はこれに準ずるもの）を配置する措置を行うこととなっている（12条③）。また、児童

福祉施設（保育所を除く）入所措置のほか、**里親・保護受託者委託**などの業務も行っている。

（4）婦人相談所（売春防止法第34条）

　その業務は、性行、または環境に照らし、売春を行うおそれのある女子（以下、要保護女子という）に対し、第1に、要保護女子からの相談に応ずること、第2に、要保護女子およびその家庭につき、必要な調査ならびに医学的、心理学的、および職能的判定を行い、ならびに必要な指導を行うこと、第3に、要保護女子の一時保護を行うことである。

　また、配偶者間暴力（Domestic Violence）の増加に伴い、2001（平成13）年4月に成立した配偶者暴力防止法により、配偶者暴力支援センターの機能を担う施設の1つとして位置付けられた。

（5）福祉事務所（社会福祉法第14条）

　町村部で福祉事務所を設置しない場合、都道府県が設置しなければならない。その業務には生活保護の実施、高齢者福祉サービス、身体・知的障害者福祉サービスに関する広域的調整、助産施設、母子生活支援施設への入所事務、母子家庭に対する相談、調査、指導などがあげられる。

　都道府県レベルでは、第1に、行政権限を行使するものとしてサービス事業者に対する監督がある。第2に、とりわけ、社会的に不利をこうむりやすいとされる障害者や児童、女性を対象とした専門的相談機関を設置し、その対応に当たっている。第3に、各相談所の機能が市町村相互間の連絡・調整、市町村に対する情報提供などに特化し、また、その範囲も広域化しているので、具体的なサービスの提供に関する機能は縮小している。

　次に市町村レベルでみてみよう。

　まず、市は福祉事務所を設置しなければならない（必置規制）。市福祉事務所では生活保護の実施、助産施設、母子生活支援施設、保育所への入所事務、母子家庭等の相談、調査、指導など行っている。

　2016（平成28）年、福祉事務所人員体制調査によれば、全国の福

里親
通常の親権を有しない者で、児童を養育する者。わが国では行政が要保護児童をあらかじめ認定・登録された者に委託し、養育することになっている。

祉事務所数は1,247か所である。内訳は、都道府県が設置する福祉事務所数（必置）が208か所、市が設置する福祉事務所数（必置）が1,039か所、町村が任意で設置しているのが43か所となっている。福祉事務所の主要な業務である生活保護の実施に当たる職員数は、査察指導員が3,120人、現業員が18,183人となっている。このうち社会福祉主事の資格を有している職員が8割以上であるが、社会福祉士の資格を有する者は査察指導員で8.7％、現業員が13.5％となっている。ただし、2009（平成21）年調査時に比べると大幅に増加している。

また、老人福祉指導主事（主事資格に加え、「老人福祉行政推進の中核となるに相応しい者」）、そして知的障害者福祉司、身体障害者福祉司がおかれ、これらは社会福祉士の資格を活用できる。

注
1）硯川眞旬監修『国民福祉辞典（第2版）』金芳堂、2006年、p.280

さらに深く学ぶために
1）内閣府経済財政諮問会議ホームページ
　　http://www.keizai-shimon.go.jp/index.html
2）内閣府規制改革会議ホームページ
　　http://www8.cao.go.jp/kisei-kaikaku/publication/index.html
3）社会福祉法人日本保育協会ホームページ：
　　http://www.nippo.or.jp/
4）総務省法令データ提供システム：
　　http://law.e-gov.go.jp/cgi-bin/idxsearch.cgi

社会福祉実践との関連を考えるために
1）自分の住んでいるまちの福祉資源について調べ、整理して下さい。
2）保育とはどのようなことであろうか。ただ、子どもを預かるだけなのであろうか。これらに対する意見を述べて下さい。
3）政治家は福祉をどのようにとらえているのであろうか。各政党のマニフェストなどを読んでまとめて下さい。

参考文献

1）社会保障総合研究センター『「福死国家」に立ち向かう』新日本出版社、2005年
2）久塚純一・山田省三『社会保障法解体新書』法律文化社、2005年
3）神野直彦・金子勝『「福祉政府」への提言』岩波書店、1999年

---

column

　まさに福祉の第一線でサービスを提供するのが市町村である。いわゆる社会福祉主事がその任に当たることが多いが、「3科目主事」ともいわれるように専門性には疑問符がつく。今後、公務員の採用などでも福祉専門職で採用されるようになることが望ましい。
　また、各相談所等に配属になった場合、高度な専門的知識が求められる。いずれにせよ、利用者本位のサービスを提供するためには、たゆまぬ自己研鑽が必要である。

第2章
福祉の原理をめぐる理論と哲学

この章で学ぶこと

　本章では、社会福祉を価値的、理念的に根拠づける理論と哲学について学ぶ。社会福祉をめぐる理論と哲学の源流をたどれば宗教による慈善活動に行き着くが、本章では現代における社会福祉理論と哲学について学ぶ。

　社会福祉をどのようにとらえるのかは論者によってさまざまであるが、その根底にあるものは生存権（憲法第25条）と幸福追求権（憲法第13条）の保障である。

　社会福祉を学ぶ者にとって、この2つの概念は非常に重要である。基本的人権は、社会権（「〜への自由」）に属する、人間として生きるにあたって必要最低限の保障と、自由権（「〜からの自由」）に属する自らの幸福の追求の権利が公共の福祉に反しない限り保障されている。社会福祉実践はこれが基本となり、展開される。

　また、本章では、社会福祉実践者に要求される倫理についても言及するが、社会福祉に携わる人間には高度の倫理が求められる。それはいうまでもなく、実践者はクライエントの人生に深く関わるからである。このため、サービスの提供にあたり、専門職としての知識や技術の活用はもとより、その根底には哲学的人間観が価値理念として存在しなければならない。「実践なき理論は空虚であり、理論なき実践は無謀である」（P.ドラッカー）という言葉にもあり、常に自己の実践を理論化、体系化し、それをフィードバックして新たな実践につなげる必要がある。

第2章 福祉の原理をめぐる理論と哲学

第6回：福祉の原理をめぐる理論

学びへの誘い

　社会福祉とは何かをめぐっては古くから議論があった。とくに、わが国においては近代化が進み、資本主義の進展につれて社会問題も顕在化するようになった。

　ここではわが国における戦前、戦後の社会福祉研究とその到達点を示すことにより、社会福祉の性格の変化と限界も明らかにする。何らかの生活上の諸困難を属人的・個人的問題として捉えるのではなく、その人の上に「あらわれた」問題として社会的な文脈から把握することが、社会福祉を学ぶうえで重要な視点である。

1．戦前における社会福祉研究と到達点

　わが国は明治維新以後、急速に欧米化が進んだと同時に、資本主義経済の浸透により貧民に代表されるような貧困問題が出現した。

　その実態を明らかにした代表的なものは、横山源之助によるルポルタージュ『日本之下層社会』（1899（明治32）年）、農商務省による日本資本主義の原生的労働関係の状態を明らかにした『職工事情』（1903（明治36）年）がある。さらに、貧困層の居住する地域（貧民窟、スラム街とも呼ばれる）を研究した賀川豊彦による『貧民心理の研究』（1915（大正4）年）、河上肇・東京帝国大学教授による新聞記事の連載をまとめた『貧乏物語』（1917（大正6）年）、工場労働に従事する女工の悲惨な生活を明らかにした細井和喜蔵による『女工哀史』（1925（大正14）年）などがある。

　このような貧民への対応策として、すでに恤救規則（1874（明治7）年）が、その救済についての研究も進んだ。たとえば、日露戦争以後の国家体制の強化に主眼を置きつつ、救済に関する要点をまとめた井上友一による『救済制度要義』（1909（明治42）年）、あるいは方面委員制度（現・民生委員制度）創設に携わることになる小河滋次郎による『社会問題　救恤十訓』といった救貧事業論が展開された。内務省を中心とした救貧対策は治安維持の側面もあったことから、救貧はあくまでも制限的に行い、また、感化することが重要とされた。また、

「日本資本主義の父」ともいわれる渋沢栄一は、1908（明治41）年、現在の全国社会福祉協議会の前身である「中央慈善協会」を設立し、翌年より機関誌『慈善』を発行した。

また、大正後期には、海外から社会事業活動や援助理論が紹介されるようになった。三好豊太郎によるリッチモンドのケースワーク理論の紹介、セツルメント運動の第一人者であったジェーン・アダムスの来日に触発されて、大林宗嗣が『セツルメントの研究』（1926（昭和元）年）を著した。さらに、大学においても社会事業教育が展開されるようになった。

具体的には、渡辺海旭らによって宗教大学（現・大正大学）に1918年に社会事業研究室が設けられ、生江孝之は日本女子大学で児童・女工に関する講義を行った（のちに児童保全科、女工保全科となる）。また、翌年には富士川游らによって東洋大学に感化救済科が設置された。

一方、工場労働者の広範化・増加に伴い、ドイツ流社会政策の考え方も流入した。大河内一男は『わが国における社会事業の現在及び将来』（1938（昭和13）年）で、社会政策の観点から疾病や障害などで労働不能になる労働力を「経済秩序外的存在」として位置づけ、資本主義経済との関係から問題提起を行った。しかし、これは労働者に焦点化したもので、家族の生活までは範疇に入らず、あくまでも労働力の問題として論じた点に特徴がある。

以上のように、戦前期においては感化救済・社会事業としての位置づけが強く、その研究も①社会問題に関する調査研究、②天皇制のもとでの救貧対策のあり方について、③慈善救済事業の実践記録が主なものとなった。また、戦争が近づくにつれ、「社会事業」という言葉は不適切であるとみなされるようになり（「社会主義」を連想させる）、健兵健民政策を推進する「厚生事業」へと姿を変えていった。

2．戦後の社会福祉研究（1）－科学としての社会福祉の誕生－

第二次世界大戦後、わが国は大きな価値観の転換を迎えた。また、思想統制もなくなり、社会科学としての社会福祉学が芽生えることになった。それまでの慈恵的・恩恵的な位置づけから、社会問題の発

生の原因や科学的援助論にもとづくアプローチで社会福祉を説明する時代が到来した。ここでは、マルクス主義経済学にもとづいて説明しようとした孝橋正一による社会福祉理論、アメリカ社会学の流れを汲む岡村重夫による社会福祉理論、竹内愛二を代表とする技術論的アプローチ、竹中勝男に代表される統合論的アプローチの要点について説明する。

(1) マルクス主義経済学に基づくアプローチ

孝橋正一は『社会事業の基本問題』(1953（昭和28）年）で、社会的問題を私有財産制と賃労働に由来する「資本主義制度の構造的必然の所産である」とし、その対象を「労働者＝国民大衆における社会的必要の欠乏」にあると説いた。孝橋は本質的基礎的な問題を社会問題とし、これには社会政策が対応するとした。そのうえで、そこから関係的派生的に生じる問題を「社会的問題」と位置づけ、「社会事業」がその解決に当たるものであるとした。つまり、資本主義体制において必然とされた無産階級の窮乏化（窮乏化法則ともいう）に対し、社会政策の補充・代替策として社会事業を位置づけた。このような考え方は「政策論」といわれる。

(2) アメリカ社会学に基づくアプローチ

機能主義の立場から社会福祉の「固有性」を明らかにしたのが岡村重夫である。岡村は、『社会福祉学（総論）』(1956（昭和31）年）で社会で生活する個人とその制度との関係に着目した。個人の客体的側面を社会からの役割期待とし、個人の主体的側面を社会への適応行為であると位置づけた。そのうえで、岡村は後者の主体的側面を重視し、それへの着目こそが社会福祉の固有性であるとした。ここからさらに主体的個人の社会関係調整のための方法こそが社会福祉援助の原理であるとした。岡村は「社会福祉自身がより有効な、またより合理的な援助原則を求めてきた自己改造の過程」[1]が社会福祉の歴史的展開として位置づけられ、それゆえ「救貧─保護─福祉国家─現代の社会福祉＝地域福祉」とみる。

このような文脈から社会福祉は「主体的社会関係の全体的統一性を

保持しながら、生活上の要求を充足できるように」援助し、「各制度の関係者に個人の社会関係の全体性を理解させて」援助する「固有の共同的行為と制度である」[2]としている。

(3) 技術論的アプローチ

人間関係の調整技法や専門職業的援助過程の知見を応用し、社会福祉の本質に迫ろうとしたのが技術論と呼ばれる系譜のものである。代表的な論者には竹内愛二があげられる。『専門社会事業研究』(1959(昭和34)年)において、社会事業が特定の科学の応用科学的専門職業によるものであるという指摘がなされた。心理学や社会学を基盤とした人間関係調整論的アプローチであることも、この立場の特徴である。

(4) 統合論的アプローチ

政策論と技術論の対立関係を乗り越え、統合論として把握するよう努めたのが、この統合論的アプローチである。代表的な論者には竹中勝男と嶋田啓一郎がいる。

竹中勝男は『社会福祉研究』(1950(昭和25)年)のなかで、個人の社会的調整と同時に、全体としての社会の健全な発展が求められるとして社会政策、社会事業の上位概念、かつ目的概念として社会福祉の概念を位置づけた[3]。

嶋田啓一郎は『社会福祉体系論』において価値と科学の統合の必要性を述べ、前述の竹中理論を基礎にした力動的統合理論を展開した。

以上のように、終戦直後におけるわが国における社会福祉理論の出発は、社会経済体制にその根源を求めるもの、社会学的、心理学的基礎に求め、そこに社会福祉の固有性があると位置づけたもの、そして、それらの止揚を試みた統合論的立場とが存在したといえよう。

3．戦後の社会福祉研究と到達点（2）－高度経済成長期以後の社会福祉理論－

戦争による痛手から立ち直り、わが国が高度経済成長時代に突入すると国民生活は豊かになったかにみえた。しかし、それは経済成長と

いう側面であり、個々の国民の生活を見た場合、それまでとは異なった複雑な問題が発生し、また、その解決が迫られるようになった。とくに公害問題を端緒とした「成長から福祉へ」といった視点が、この時代の社会福祉理論に大きな特徴を与えている。

まず、代表的なものとして「運動論」と呼ばれる立場からの社会福祉理論がある。論者には、一番ケ瀬康子や真田是、高島進らがあげられる。運動論は当時盛んであった社会運動の系譜に属するもので、既存の政策を批判的に捉え返し、新しい可能性を開こうとするものであった。一番ケ瀬康子は、社会福祉学を「政策批判、（政策）形成の学」として位置づけ、国家独占資本主義期（独占資本のために国家が経済・その他諸関係に介入する時代）における、国民無産大衆の生活問題に対する「生活権保障」としての政策であるとした[4]。

真田是は、社会福祉の内容と水準は客観法則を通じて決定されてくるとし、社会問題と政策主体と社会運動の三元構造論を展開、それらの相互作用や関連から、社会福祉労働と社会運動の重要性を主張した[5]。

高島進は、国家独占資本主義段階において、社会福祉は「人民への譲歩と支配の体系（政策・制度・事業）」であるとした[6]。

以上のように、高度経済成長期においては、当時盛んであった社会運動を背景に持ちつつ、その果実の分配をも視野に含んだ点に特徴がある。確かに、資本による支配と馴化、階級闘争という枠組みはこの時代において有効であったものの、以後の低成長期においては階級という枠組みは急速に薄れていった。

低成長期においては、政治的には新自由主義にもとづく「日本型福祉社会論」などが登場した。また、高齢化の進展、低成長下での財政的制約から新たな新説もみられるようになった。要救護性の社会的認識を出発点とし、社会福祉の対象から理論化を試みた三浦文夫は、金銭（貨幣）給付によって解消されるニーズを「貨幣的ニーズ」、具体的なサービス提供によって解消しうるニーズを「非貨幣的ニーズ」とし、経済社会の成熟とともに貨幣的ニーズから非貨幣的ニーズへと比重を移していくことになると述べた[7]。三浦の所説の特徴は、どのようなニーズが高まってきているのかに着目し、それに対応するのは対

人援助・対人福祉サービスが中心になるということを明らかにした点にあり、効果的、かつ効率的なサービス提供体制や利用者負担のあり方などについての議論をひらくきっかけともなった。

　現代における社会福祉理論研究では、社会、経済体制との関連から福祉問題を把握する研究は限定されがちである。むしろ、そのような価値判断を必ずしも伴わない「いま・ここで」の観点から生活問題を把握するようになってきている。社会福祉（士）の「社会」という言葉の意味を吟味する時期にきている。

注
1）岡村重夫『社会福祉原論』全国社会福祉協議会、1983年、p. 3
2）岡村重夫「社会福祉の概念」仲村優一・岡村重夫・阿部志郎ほか編『現代社会福祉事典』全国社会福祉協議会、1982年、p. 3
3）竹中勝男「社会福祉研究」一番ヶ瀬康子、井岡勉、遠藤興一編『戦後社会福祉基本文献集2』日本図書センター、2000年、p.16
4）一番ヶ瀬康子『現代社会福祉論』時流社、1971年、p.57
5）一番ヶ瀬康子・真田是編『社会福祉論（新版）』有斐閣、1975年、p.124
6）高島進『現代の社会福祉理論』ミネルヴァ書房、1973年、p.11
7）三浦文夫『社会福祉経営論序説』碩文社、1980年、p.71

さらに深く学ぶために
1）吉田久一『社会事業理論の歴史』一粒社、1974年

社会福祉実践との関連を考えるために
1）社会関係とは何か，社会福祉の必要性との関係から考えてみよう。
2）豊かな時代における貧困問題の特徴について考えてみよう。
3）社会福祉理論を学ぶことの意味を考えてみよう。

第7回：福祉の原理をめぐる哲学と倫理

学びへの誘い

　私たちが福祉問題を考えるとき、あるいは何かしらの生活上の困難を抱えている人に対面したとき、ともすればすぐに解決策を考えがちである。確かに、それは当然のことでもあるが、何を根本にすえるのかも問われる。

　昨今、福祉サービスがサービス業の一種としてとらえられる場合も散見される。そうであれば、支援は他のサービス業と変わりない「人を相手にしたお仕事」である。しかし、果たしてそうだろうか。

　そこで、ここでは人権アプローチと、社会福祉実践における理念、そして専門職倫理について述べる。

1．わが国における基本的人権と社会福祉

　国民主権のもと、国の最高法規たる日本国憲法（以下、憲法）（1946（昭和21）年）は、前文で国政の「福利は国民がこれを享受する。これは人類普遍の原理」であるとし、この憲法に反する法律は一切無効とされる。

　さて、われわれが日本国民として持つ権利は基本的人権として位置づけられる。人権の概念については近代ヨーロッパにおいて支配―被支配の関係の中から、支配者（政府や権力者）の恣意的な搾取や横暴を拘束するものとして発展してきた近代的な概念である。憲法では現在のみならず、将来にわたって国民に対して保障され（11条）、一方で不断の努力によって保持されなければならないとしている（12条）。社会的に不利な立場に立たされている人の側に立ち、福祉を考えるとき、この観点はきわめて重要である。人権は人間であることにより当然に有する権利であるという「固有性」、人権が公権力によって侵されないとする「不可侵性」、人種や性、身分に関係なく有するという「普遍性」という3つの要素を基底に持っており[1]、憲法13条では「すべて国民は、個人として尊重される」とうたわれている。

　基本的人権は一般的には自由権、社会権、参政権とに大別されるが、このうち、自由権と社会権についてみていこう。もちろん、参政権が

軽んじられてよいということではない。

（1）自由権としての基本的人権

　自由権とは「国家が個人の領域に対して権力的に介入することを排除して、個人の自由な意思決定と活動とを保障する人権」で、「国家からの自由」を意味するものである[2]。

　憲法では第13条で個人の尊重と生命・自由・幸福追求の自由が、第18条では奴隷的拘束および苦役からの自由が、第19条では思想および良心の自由が、第20条では信教の自由が、第21条では集会結社の自由、表現の自由が、検閲禁止、通信の秘密の保障、第22条では居住移転、職業選択の自由が、そして、第23条では学問の自由がそれぞれうたわれている。また、個人の尊厳と両性の本質的平等を示した第24条がある。さらに、個人の財産権を認めている第29条、法定手続きによらず生命や自由を奪うことを禁止する第31条、正当な理由なしで拘禁されないことを保障する第34条がある。

　これを具体的な場面で想定してみると、たとえば、自分が望むサービスを選択すること（幸福追求の自由）、労働を強制されたり、居室に閉じ込められたり、ベッドに縛りつけられないこと（奴隷的拘束からの自由、拘禁に対する保障）などが想定されよう。

（2）社会権

　社会権とは「社会的・経済的弱者が『人間に値する生活』を営むことができるよう、国家の積極的な配慮を求めることのできる権利」であるが、憲法の規定のみを根拠として実現を求めることのできる具体的権利ではない[3]。

　一方、社会権の代表的なものは第25条の「生存権」規定である。同条は「すべて国民は、健康で文化的な最低限度の生活を営む権利を有する」のであり、「国は、すべての生活部面において…（略）…向上および増進に努めなければならない」としている。さらに、第26条では教育を受ける権利の規定が、第27条では勤労の権利と義務、児童酷使の禁止が規定されている。具体的には、生活の維持が困難になった場合の生活保護制度の受給（生存権）、児童養護施設等の入所

児に対する教育の保障（教育を受ける権利）、勤労の権利と職業選択の自由の両者を具体化するための公共職業安定所（ハローワーク）などが考えられる。

以上のような基本的人権は十分に理解しておくことが社会福祉に携わるものに求められる。人間として生きる権利、そして、「ありたい自分」に向かって自由に生きる権利、この両者の実現を視野に入れた実践が求められる。

2．国際条約における人権と社会福祉

条約とは国家間で締結されるものであり、憲法と法律の中間に位置するものである。国際連合による「世界人権宣言」（1948（昭和23）年採択）では「すべての人民とすべての国が達成すべき共通の基準」としての人権を示している。

人権に関する条約では、「国際人権規約」（A規約：社会権規約、B規約：自由権規約）が1966（昭和41）年に採択されたものの、わが国がそれに批准したのは13年後の1979（昭和54）年のことであった。また、「児童の権利に関する条約」は1989（平成元）年に採択されたが、わが国が批准したのは1994（平成6）年のことであった。

なお、この内容がわが国の児童福祉法へ反映されるのは2016（平成28）年のことであった。このように世界的にみて合意の得られているような条約であっても、国内事情からわが国がそれに批准するのは常に後手に回っている。

3．実践における理念－生活、社会生活、自立－

かつて福祉サービスは施設をつくり、そこへ隔離収容するという方法がとられることが多かった。そのなかで入所者の生活は制限され、また、集団生活による個人の自由の制限が多くみられた。

そのようななかから、デンマークの行政官であったN. E. バンク‐ミケルセン（N. E. Bank-Mikkelsenn）が1976（昭和51）年、ノーマライゼーションの理念を提唱した。それは「（知的障害者を）いわゆるノーマルな人にすることを目的としているのではなく、その障害をともに受容することであり、彼らにノーマルな生活を提供すること」[4]

という考えであった。

これに先立ち、スウェーデンのベンクト・ニイリエ（B.Nirje）は1969（昭和44）年に「ノーマライゼーションの原理とその人間的処遇とのかかわり合い」[5]という論文で、以下の8つの基本的な枠組みを示した。

①1日のノーマルなリズム
②1週間のノーマルなリズム
③1年間のノーマルなリズム
④ライフサイクルにおけるノーマルな発達的経験
⑤ノーマルな個人の尊厳と自己決定権
⑥その文化におけるノーマルな性的関係
⑦その社会におけるノーマルな経済的水準とそれを得る権利
⑧その地域におけるノーマルな環境形態と水準

アメリカではヴォルフェンスベルガー（W. Wolfensberger）が、ノーマライゼーションを「可能な限り文化的に通常である身体的な行動や特徴を確立するか、あるいは維持するために、文化的に標準になっている手段を可能な限り利用すること」とまとめ上げた。

以上のように、バンク-ミケルセンとニイリエの立場は施設収容主義に対する批判、ヴォルフェンスベルガーの主張は社会的標準への同調、ないしは適応に重点をおいている。

いずれにしても、この考えは世界的な潮流となり、国連の「精神薄弱者の権利宣言」（1974（昭和46）年）、「障害者の権利宣言」（1975（昭和50）年）、1981（昭和56）年の「完全参加と平等」をテーマとした「国際障害者年」（IYDP）へと結実した。

これらのことを契機として、社会のバリアフリー化が進み、現代ではユニバーサルデザインといった「誰もが社会で暮らしやすくなる」ための取り組みがみられるようになった。しかしながら、障害や疾病に対する偏見がまだまだ残っているのも事実である。「病院や施設は必要だと思うが、自宅のそばには作ってほしくない」として、往々にして建設反対運動が起こることもある（ニンビズムと呼ばれる）。このような現実への対応も求められている。

さらに、施設から地域、あるいは在宅福祉の推進といった趨勢のも

とで、地域で暮らすことと自立生活の関係が次第にクローズアップされてきている。旧来の古典的救済観からすれば、福祉の対象となることは社会からの落伍を意味し、それゆえ劣等処遇の原則によって対応されてきた過去があった。しかし、(低水準で)保護されるべき対象という位置づけは主体性や自己の尊厳といった観点から批判されることになり、社会生活における自己決定を通じた自立への要求が高まった。

その代表的なものは、アメリカで1970年代に始まった自立生活運動（Independent Living Movement）であった。この運動は脱施設＝地域での自立生活の可能性を開き、自立生活センター（Center for Independent Living）の設置にいたる。これは当時盛んだった社会運動（公民権運動や反戦運動など）を背景に拡大し、古典的な自立観（自己の能力による自己の生活の維持）ではなく、依存的自立、すなわち、サービスを利用したうえで、自分の生活を変えていくことを目指すことになり、その過程でいわゆる生活の質（QOL）にも注目されるようになった。

上記を考えるとき、2つの重要な概念に気づく。それは自らのありようを自らで決める、という意味での自己決定であり、今一つはありようの一形態としての社会参加である。その実現のためには十分なサービスの種類や量が用意され、無料もしくは低額で利用でき、社会から疎外されることのない環境を整えることが重要である。

4．社会福祉専門職の倫理

倫理とは、何がどのような理由で善とされ、正義にかなうとされるかを問うものである[6]。社会福祉専門職が個人に体現されているか否かに関わらず、福祉問題を認識するとき、そこには専門職としての価値判断があり、それにもとづいた行動がある。その根本が専門職倫理である。

たとえば、医学の世界での「ヒポクラテスの誓い」や「傷つけることなかれ」（Do not harm）があるからこそ、安楽死のような行為は非難される。看護の世界では有名なナイチンゲールに敬意を表した誓詞の一節、「わが手に託されたる人々の幸のために身を捧げん」が有

名である。

　それでは社会福祉専門職の倫理は、わが国ではどのように位置づけられているだろうか。ここでは日本社会福祉士会の倫理綱領を概観し、その意義について述べる。

　2005（平成17）年に採択された「社会福祉士の倫理綱領」は、前文とソーシャルワークの定義、そして、①社会福祉士が拠って立つ「価値と原則」として、人間の尊厳と社会正義、貢献責務、誠実義務、専門的力量の涵養がうたわれ、②「倫理基準」では利用者に対する倫理責任、実践現場における倫理責任、社会に対する倫理責任、専門職としての倫理責任が述べられている。詳細は他に譲るが、専門職として社会一般に認知され、信頼を得るためにはこのような高度の専門職倫理の保持が求められているのである。

　したがって、専門職としての実践にあたってはこの倫理綱領はきわめて有用である。熟読し、体得することが社会福祉専門職を志すものには求められる。

注

1) 芦部信喜・高橋和之補訂『憲法　第5版』岩波書店、2011年、pp.80 - 82
2) 同上書、p.83
3) 同上書、p.84
4) N. E. バンク−ミケルセン原著・中園康夫訳「ノーマリゼーションの原理」『四国学院大学論集』42号、1978年、p.146
5) ベンクト・ニィリエ著・河東田博・橋本由紀子・杉田穏子訳編『ノーマライゼーション原理―普遍化と社会改革を求めて』現代書館、1998、pp.23 - 28
6) 思想の科学研究会『新版哲学・論理用語辞典』三一書房、1995年、p.392

さらに深く学ぶために

1) 糸賀一男『この子らを世の光に』柏樹社、1965年
2) 糸賀一男『福祉の思想』日本放送協会出版、1968年

3）糸賀一男『愛と共感の教育』柏樹社、1972 年

社会福祉実践との関連を深めるために

1）M. メイヤロフ、田村真・向野宣之訳『ケアの本質 生きることの意味』ゆみる出版、2003 年
2）川本隆志編『ケアの社会倫理学』有斐閣、2005 年
3）片山容一編『岩波講座コミュニケーションの認知科学 5　自立と支援』岩波書店、2014 年

---

column

知識・技術・経験と「社会福祉学を学ぶ」ということ

　知識、それは図書館へ行けば無尽蔵に取り込むことができる（かもしれない）。
　技術、それは訓練を何度もすればできるようになる（かもしれない）。
　経験、それは武者修行でも行って、数々の経験を積み重ねれば自分のものとすることができる（かもしれない）。
　しかし、ちょっと待ってほしい。その知識や技術は「対象者・利用者」のために使われる保障はあるのか？経験は、失敗と成功の積み重ねである。自分のためになれば、自分の成長のためであれば失敗＝相手に不利益を与えることが許されるのだろうか？
　社会福祉学を学ぶとは、まさにその学問的立場から社会や人間に関する理解を深め、安易な経験主義に陥らないための理性的・科学的取り組みの流れである。社会福祉専門職としてのミニマム・スタンダード（必要最低限の基準）を確保するため、座学と演習、実習（指導）がある。仮にこのようなものが不要であるとするならば、それは自らの専門性を放棄するに等しい行為である。学ぶことの意味を深く考えてほしい。

第3章
福祉制度の発達過程

この章で学ぶこと

　学生諸君は、年配の人々が「昔はよかった…」と懐かしさに哀愁を加えた目で語ることを聞いたことがあるのではないか。そのときの「昔」は貧しいけれども人情にあふれ、家族や近所の人々が助け合いの美徳を持っていた時代のことを指している。

　しかし、その一方で、「昔は大変だったのよ…」と交通の不便さや家事の大変さ、仕事の厳しさを語る年配者もいる。この本に学ぶ若い人々は当然のことながら実際に「昔」を経験することはできないため、一体、今は「昔」に比べてよいのか、悪いのか、確かめるすべがないのだから、判断に迷うところであろう。

　ただし、1つだけ確かなことは、私たちの毎日の生活は過去から未来に続く人間の営みのなかにある、ということである。古の人々も日々の生活のなかで楽しさに出会ったり、悩み苦しんだりしてきた。そして、そのなかから生き抜くための解決方法を見出してきた。

　そこで、本章では、そうした人々の努力の積み重ねとして社会福祉制度がこの社会に芽生え、定着していった様子をたどっていく。

　ところで、社会福祉を学ぶ人々は何らかの形で他者の手助けをしたい、と考えている人々であろう。しかし、それを実行するためには手助けをする自分と手助けをされる他者との関係を明確に整理しておかなければならない。とくに社会福祉の対象となる人々がどのようにして生活困難に陥ったのか、なぜ、家族や友人、知人の手助けを得られない状況にあるのか、ということについて理解を深めることが必要である。このため、歴史をひもときながら、どのようにして社会福祉の対象となる人々が生み出されてくるのかを理解してもらいたい。

　そこで、本章は、社会福祉制度が比較的早くから発達した欧米の社会の歩みと、日本社会の歩みの両方を学習する。学習を進めるにあたってはさまざまな国の社会福祉の歩みをその背景とともに、十分に比較して学んでほしい。単に制度の比較ではなく、なぜ、その当時の人々がそのような選択をしたのか、あるいはそのような選択をせざるを得なかったのか、人々の意識を支えていた思想や、人々が置かれていた立場を考えてほしい。そして、社会福祉の対象者（利用者）が社会のなかでどのようにとらえられ、どのように取り扱われてきたのか、現在の社会福祉制度にどのように結びついているのか、歴史的な経緯を理解するように努めてほしい。

第8回：前近代社会と福祉

学びへの誘い
　社会福祉という言葉が定着している現代においても、その理念や目的は問われ続けている。そこで、第8回では、社会福祉の源流にさかのぼり、地域・時代・社会的背景によって対象者への救済の考え方がどのように異なるのか考えてみる。そして、社会福祉の本質とは何かを話し合ってみよう。

1．欧米における福祉の始まり
（1）欧米における慈善と博愛
①キリスト教における慈善
　欧米の福祉思想の源流をさかのぼると、西洋の精神的な支えであったキリスト教における慈善（charity）という宗教的な価値観にたどりつく。慈善とは、キリスト教における「無私の愛」を意味する。これは見返りを求める愛ではなく、他者への無条件の愛である。使徒パウロは、慈善という言葉で「隣人愛」を説いた。
　中世のヨーロッパでは、キリスト教が一般の人々に広まっていた。このころになると、慈善は、本来の「無私の愛」という宗教的な価値観というよりも実践として理解されるようになる。キリスト教では「原罪」という原理的な考え方があり、人々は信仰によって救いを求めていた。原罪を背負っている限り、死後に天国に召されることはない。すなわち、「罪障消滅思想」に基づいて①ざんげ（告白すること）、②祈祷（祈ること）、③施与（貧しい人を助けたり、教会に寄付したりすること）、④断食（食事や飲酒を断つこと）の4つの実践が求められた。
　このなかでもとくに③施与は具体的な「慈善の実践」として重要なものであると説かれ、やがて、慈善とは「自分が天国にいくため、他者に善い行いをすること」、という意味に変化していった。

②ルターの宗教改革
　中世末期になると、罪の消滅（免罪）のために金銭を要求する免罪符制度が教会によって広まっていった。この免罪符制度により、教会

や修道院は富を蓄え、国家にまさる権力を獲得する。

　しかし、神学者の**ルター**は、宗教事業と信仰とは別物で、こうした「自己救済のための施与」は信仰の結果としての慈善ではないと批判した。本来、慈善とは「無私の愛」であり、「自分が天国にいくこと」と、「他人に善い行いをすること」とは直接には無関係であると主張したのである。だれもが平等であるという教会本来の意義を説き、宗教改革以降は教会の権力ではなく、税によって支えられる地域社会の民を主体とした慈善事業が広がっていった。

　このように慈善という考え方は、時代の経緯のなかで変化しつつも市民生活のなかで基本的な考え方として定着し、この思想を底流として市民的なボランタリズムが芽生えていった。

③慈善事業と博愛事業

　ところで、信仰に根ざした愛他的行為を慈善事業というとすると、信仰とは無関係にヒューマニズムに根ざした愛他的行為を博愛事業として区別して考えることがある。教会を中心として行われていたキリスト教的慈善事業は、やがて、慈善事業から脱皮し、博愛事業として発展していく。その過程のなかで、救う者と救われる者の立場は、信仰を軸とする施与的な関係よりも、共同体意識を軸とする平等な関係が強調されるようになり、救う者の主観にもとづく実践から社会問題の実態を的確にとらえた客観的な動機にもとづく実践へと変化していった。そして、欧米文化におけるキリスト教的慈善や博愛の概念は、のちの福祉施策や福祉活動の展開にも大きく影響していくことになった。

（2）救貧法の成立〜イギリスの福祉の始まり〜

①救貧法成立の背景

　イギリスでは、世界に先駆けて初めて国家的な貧困対策が打ち立てられた。すなわち、エリザベス救貧法（1601年）である。当時、イギリスでは囲い込み運動、農奴制度の廃止などが実施され、耕す土地や仕える領主を失った貧民たちが路頭にあふれていた。封建制度の領主－農奴という二者関係において、奴隷的であるにせよ、その生活を保障されてきた農奴は一変して浮浪者とならざるを得なかった。また、

ルター
(Martin Luther, 1483 － 1546)
1517年、カトリック教会に対して95条の公開質問を行い、免罪符制度により、善行・慈善と修道院における宗教事業が一体となっていることを批判した。信仰の結果としての慈善行為という解釈を提示し、宗教事業から「慈善」を独立させることを模索した。この宗教改革によりプロテスタントが出現した。

この時期、伝染病の流行や飢饉、戦乱などによって社会は不安定になっていた。

このような状況に対し、国家は当初、貧民の救済、就労の強制、浮浪者の排除を目的とした諸制度を実施した。浮浪者に**スティグマ**を付与する**1547年法**は有名である。しかし、生きるために盗みをする以外になかった浮浪者たちがヘンリー8世の治世に7万人以上も処刑され、貧困問題は広がる一方となり、もはや対応しきれない状況となっていた。それまでの教区での救済では間に合わなくなり、国家的な貧困対策を講じる必要が生じたのである。

その後、王位を受け継いだ**エリザベス女王**による絶対王政時代において、社会秩序と国家権力を維持するためにも国家的対策が急務になっていった。

②エリザベス救貧法の制定

1601年、世界初となる国家的貧困対策としてのエリザベス救貧法が制定された。救貧法の特徴は、①政府による組織的統一的対策であること、②教会とは離れた世俗行政であること、③宗教的義務にもとづく施与を推奨しなかったこと、④救貧費用が自発的な寄付や施与ではなく、税金から支出されるようになったことである。

このなかで貧民は3つに分類される。すなわち、働くことのできる貧民、高齢者や病人など働くことができない貧民、年少の子どもの3つである。働くことのできる貧民は**ワークハウス**へ連行し、紡績工場や製鉄所などで強制的に労働させた。働くことのできない貧民や子どもは、例外として限定的に保護された。この法律は、根本的な考え方として救済によって「惰民」を生み出すことを「悪」としていたため、救済の権利を保障するのではなく、労働義務を課すことが前提とされていた。

③新救貧法の成立

その後、イギリスでは清教徒革命（1641－49年）や、名誉革命（1688－89年）、産業革命（蒸気機関の発明）の大革命が起こり、これまでにも増して失業や低賃金・長時間労働などの貧困問題が出現するようになった。そこで、エリザベス救貧法を補完するためのワークハウステスト法、ギルバート法など、いくつかの法律が制定されたが、貧困

スティグマ（stigma：烙印）
焼きゴテで烙印を押すこと。転じて、比喩として差別的なレッテルや処遇を付与することを指す。

1547年法
浮浪者には胸にVの烙印（スティグマ）を押して2年間、強制奴隷とし、逃亡すれば額に「S」の烙印を押して終身奴隷とする。さらに、逃亡すれば死刑とするという厳しい内容の貧民取締法であった。

エリザベス女王（Elizabeth Ⅰ, 1533－1603）
イギリス女王で、1558年に即位。スペインによる侵攻を退け、当時、弱小であったイギリス王国の独立を維持した。

ワークハウス（work house、労役場）
教区に労役場をつくり、救済を求める貧民を収容した。高齢者や障害者、病人、子どもを無差別に混合収容し、過酷な強制労働をさせたため、「第2の牢獄」とも呼ばれ、その生活は悲惨であった。

者が限りなく蔓延（まんえん）する状況には対応しきれなかった。

そこで、エリザベス救貧法は1834年、新救貧法として改正された。ここでは、①教区ごとの救済基準ではなく、全国統一された救済基準の徹底、②ワークハウスへの収容の強化、③**劣等処遇の原則**の貫徹など、旧救貧法よりもさらに厳しい内容となっていた。貧困・窮乏を個人の責任として、受救を自助の努力の失敗、ないし不足という罪ととらえ、懲罰と見せしめにするため、救貧の対象となることを恥とする政策が採られたのである。

このような考え方の背景には当時の自由放任主義（レッセ・フェール）といわれる思想が横たわっている。経済の動きや国民生活にむやみに国が関与しない方が自由経済に活力を与え、国家の繁栄につながるという考え方である。

しかし、19世紀末になって**ブース**や**ラウントリー**らによって行われた社会調査では、「貧困は個人の怠惰によるものではなく、社会的要因によるものである」ということが客観的に証明された。イギリスでは、その後、社会保障制度の拡充など国家的な福祉政策に重点を置くことになる。

（3）COS運動とセツルメント運動〜アメリカの福祉の始まり〜
①民間慈善事業の起こり

アメリカでは20世紀初頭、民間における2つの社会運動が巻き起こった。COS運動とセツルメント運動である。実は、これらは元々イギリスで誕生したものである。自由放任主義や劣等処遇にもとづいた救貧法からは多くの貧民たちが援助からこぼれ落ちていた。その受け皿となったのが、個人のボランタリズムにもとづいた慈善事業である。**チャルマーズ**の隣友運動、**ブース**の救世軍は有名である。

個人の慈善家による任意の活躍が盛んになるなか、一方では、慈善活動による救済の手が全く及ばないケース（漏救）が出てきており、もう一方では、慈善家本位のむやみな施与により、自立を阻害されるケース（濫救）が出てきていた。そこで、慈善の漏救・濫救を防いで合理化し、個人の事業を組織化して社会運動に発展させる必要が生じてきた。このような状況のなかで、COS（Charity Organization

---

劣等処遇の原則
保護や救済を受ける者は、最低レベルの労働者の生活より上であってはならないという原則。救済による「惰民」の増加を抑えようと意図する考え方である。

ブース
(Charles Booth, 1840 – 1916)、
ラウントリー
(Seebohm Rowntree, 1874 – 1954)
それぞれロンドン調査、ヨーク調査を実施した社会調査・統計学者。これにより、貧困の社会的原因を証明し、失業などによる貧困は、個人の自助努力では克服不可能であることを科学的に裏付けた。

チャルマーズ
(Tohmas Chalmars, 1780 – 1847)
牧師、神学者。1820年代のグラスゴーで、25教区を対象に無秩序に行われていた慈善活動の組織化などを内容とする隣友運動を展開した。「施与者であるより友であれ」をスローガンに、友愛訪問を行った。COS運動の原型である。

ブース
(William Booth, 1892 – 1912)
救世軍の創始者。貧困や売春、疾病にたいして闘う活動を展開した。山室軍平に影響を与えた。

Society：慈善組織協会）運動、セツルメント（settlement：住み込むこと）運動が出現したのである。

この2つの運動は、その後、アメリカ人によって持ち帰られ、イギリスよりもむしろアメリカの地で発展をみることになった。その要因としては、国家的救済が未整備なアメリカで、これらの運動の慈善の合理化や民間発の社会運動という特色がいわゆる「アメリカ人」のフロンティア・スピリットや自助の精神、プロテスタントにみられる合理的な考え方に合致していたことなどが考えられる。また、社会的な背景としては、科学や学問の進歩により、さまざまな職種で急速に専門職化が進行しつつあったこと、さらに、当時、アメリカでは女性が職につくことを非常に制限していたなか、福祉の仕事が社会的に女性に許される新しい職業として注目されたことなどがあげられる。

② COS（慈善組織協会）運動

アメリカには世界中からの移民労働者が大量に流れ込み、また、南北戦争後の1873年の大恐慌によって不景気が続き、失業が社会問題化していた。

こうしたなか、1877年バッファローで、ガーティン（Gurteen, S. H.）牧師によってイギリスの「COS運動」が紹介された。その後、**リッチモンド**らのリーダーシップにより、COS運動は全米に急速に広まっていった。COSは、ボランティアによる友愛訪問を中心的な活動として公的救済の浪費と非効率を排し、教会や個人の篤志家の私的慈善を組織化して漏救・濫救を科学的に防止しようとするものであり、当初は「施しではなく、友情を」をスローガンに掲げていた。その後、1890年代には友愛訪問員が有給化され、専門知識や技術を学ぶための教育機関が設置されるようになった。このころからスローガンは「施しでもなく、友情でもなく、専門的サービスを」となり、専門職としてのソーシャルワーカーという意識が芽生え始めることになった。

COS運動では、友愛訪問員が貧困家庭を訪問することにより、生活上の問題等を把握したうえで、合理的な救済を与える。友愛訪問員は貧民の言い分を聴き、助言を与えるのみならず、COS本部で情報や救済資源を整理し、多すぎもせず、少なすぎもしない適切な援助や給付を行う。つまり、慈善の合理化・科学化である。しかし、こうし

リッチモンド
（Mary Richmond 1861－1928）
COSで実践活動に従事しながら、その慈善活動の理論化を図り、専門職養成のための教育機関の必要性を訴え、実現させた。『社会的診断』『ソーシャル・ケース・ワークとは何か』を発表することにより、ソーシャルワークの専門職化に貢献した。「ケースワークの母」と呼ばれる。

たCOSの活動は貧民の生活モラルに注意が傾き、社会問題への関心をいくぶん欠く面があったということは否めないが、利用者の個別具体性、（ケース）への着目、および勘や経験から脱皮した科学的援助の模索など、新しい社会福祉援助の進展に寄与したといえる。

③セツルメント運動

一方、同じ時期にセツルメント運動も発展をみた。イギリスでトインビーホールを視察した**アダムズ**が、シカゴにセツルメントの拠点、ハルハウスを創設した。COS運動がどちらかというと極貧ではないが、裕福でもない中産階級の女性たちを担い手としていたのに対し、セツルメント運動では担い手の多くが大学卒の知識人や裕福な上流階級の若者たちであった。上流階級の持てる者と貧民階級の持たざる者が生活をともにし、人格的な交流をすることを通し、当時の社会矛盾や経済格差を社会運動によって改良しようとした。アダムズは、自らの実践を宗教にもとづく慈善事業としてではなく、人間同士の横の連帯による教育的博愛的事業（のちに社会事業）であると位置づけている。こうしてハルハウスでは保育園・児童公園の設置や児童労働保護運動、移民支援、婦人参政権獲得運動などを展開し、移民や女性を含む貧民とともに社会改良運動が進められた。

セツルメント運動は、社会的弱者の立場に置かれている貧民、移民、女性たちの声を代弁することにより、社会の仕組みや法制度の改善を求めようとした。その意味で、のちの私たちにとって社会福祉援助におけるグループやコミュニティの重要性、**アドボカシー**、**ソーシャルアクション**という援助者の役割を自覚させることに貢献している。

④ソーシャルワークの専門職化

こうして慈善による救済は、社会問題を背景とした科学的な援助として思想的にも技術的にも磨かれていった。慈善・博愛事業が専門職としてのソーシャルワークに発展したきっかけとして、1つは、2つの社会運動の相互批判による拮抗があげられる。セツルメント派はCOS派の擬似科学性や社会的視点の欠落を批判し、COS派は母親年金制度をセツルメント派が支持したことについて、道徳的な見地から批判した。すなわち、COS運動では、貧困の原因は個人にあり、解決策としては、その個人の生活を立ち直らせるため、援助者の技術を

アダムズ
(Jane Addams 1860－1935)
1889年、シカゴにハルハウスを設立し、セツルメント運動の中心的な存在を果たした。移民などに対する教育プログラムを通じ、グループワーク活動を行う。また、住民や労働者の組織化を行い、婦人参政権運動や社会改良運動を積極的に推し進めた。反戦平和運動にも携わった。1931年、ノーベル平和賞を受賞し、「アメリカのヒロイン」といわれる。

アドボカシー
(advocacy：代弁)
近年、権利擁護と訳すこともある。利用者の立場に立ち、利用者の希望や主張を代弁し、利用者の生活や人権を守る行為。

ソーシャルアクション (social action：社会活動法)
ニーズに応じた環境や制度などの改変、創造を目的とする社会活動法で、ソーシャルワーカーが果たさなければならない重要な機能の1つである。

第3章 福祉制度の発達過程

もっと洗練させていくべきであると考えた。セツルメント運動では、貧困の原因は社会構造にあり、解決策としては社会の矛盾を是正し正義を全うさせるよう、働きかけるべきと考えた。この貧困をどうとらえるのか、という根本的な考え方の違いは、のちに診断主義学派と機能主義学派での論争にも受け継がれることになる。

もう1つは、フレックスナー症候群と呼ばれる社会現象である。1915年、全米のソーシャルワーカーたちの集いの席上で、フレックスナー（Flexner, A.）が「ソーシャルワーカーはいまだ専門職とはいえない」と発言したことを契機に、社会的に専門職と認められることが過剰に熱望されるようになった。フレックスナーの問いかけに答える形で、リッチモンドは『社会診断』（1917年）を出版し、社会福祉が参考とすべき医学、法学、心理学などあらゆる関連領域の学問をベースとしながら、ソーシャルワークの専門職としてのあり方や個別具体性のみならず、社会性にも目配りした説明を付すことによって広く受け入れられた。また、彼女の『ソーシャル・ケース・ワークとは何か』（1922年）では社会福祉援助の定義を明らかにした。結果的には、事実上、社会福祉援助が専門職に名を連ねることになったのはこれらの著作が世に出された影響が大きかった。

2．わが国における福祉の始まり

（1）古代～封建社会における相互扶助

わが国の古代・中世社会では律令制度のもと、農民を中心に**鰥寡孤独貧窮老疾**の者や飢饉や災害によって生活を奪われた人々を対象に、**四箇院**、**布施屋**のような支配者による救済のほか、仏教思想を中心とした慈悲による救済などが行われたが、その背景には身分制度があった。武家政治による幕藩体制における封建社会となると、幕府や藩による統治が行われ、名君による慈恵政治なども一部でみられた。**小石川養生所**や**人足寄場**、**五人組**など、仏教や儒教による救済活動やイエやムラを基盤とする相互扶助が行われていた。これらは**ゆい**や**もやい**を中心とした集団的な持ちつ持たれつの関係である。

鰥寡孤独貧窮老疾
718年、戸令において、「令義解」の対象を定め、救済した。鰥とは61歳以上の妻のない者、寡とは50歳以上の夫のない者、孤とは16歳以下の父のない子ども、独とは61歳以上の子のない者、貧窮とは貧困者、老とは66歳以上の高齢者、疾とは病人を指す。

四箇院
592年、聖徳太子によって設けられた、わが国で初めての慈善救済のための施設。四天王寺に施薬院、悲田院、療病院、敬田院が設置された。

布施屋
律令制時代に全国各地につくられた旅行者のための一時救護・宿泊施設。仏教寺院の救済事業の一環として設置された。

小石川養生所
1722年、幕府によって設置された救済施設。小石川の医師が貧民のため、施薬院設置を求めた。

人足寄場
1790年、寛政の改革として、石川島に開設された浮浪者、貧民を収容する施設。職業訓練も行った。背景には、農村から都市に流れ込む貧民が増加していたことがあった。

（2）維新後、文明開化期

①恤救（じゅっきゅう）規則の発布

わが国は明治維新後、封建国家から脱皮し、西欧の列強に追いつくことをめざした。それに伴い、封建的な身分制度や藩ごとに行われてきた慈恵的な救貧は廃止された。もっとも、実際には民衆の間では門地などの身分制度やイエ（家）制度などが温存されたため、封建的な風土に大きな変化は起こらなかった。

明治時代の救貧制度として最も重要なものは日本初の公的救済である「恤救規則」（1874（明治7）年）である。政府は救貧を国家の基本的な政治体制や国家財政にも影響する問題であるとして、一貧民の扶助に至るまですべて国家が処遇するものとした。

ただし、その前文では救済は「人民相互の情誼」によるべきものであることが強調され、この規則によって救助するのは他にどうしようもない場合に限るとし、また、本文には極貧、単身者で障害のある者、70歳以上の重病者、病人、13歳以下の子どもで、全く身寄りのない「無告の窮民」に一定の米代を支給すると規定している。このため、この規則は近代的発想に立ち、国の責任において救済を行うというものではなく、救済責任を共同体や家族による共助に代替させるといった性質のものであった。しかも、障害者や高齢者といった社会的弱者に対しては、伝統的な惰民観にもとづく、きわめて制限的な救済でしかなかった。

文明開化以後、多くの工場が生まれ、国家をあげての産業主義化が進行し、公害・労働問題などの社会問題が出現するなか、1889（明治22）年、大日本帝国憲法が制定された。この後、諸外国からの圧力などに対抗するため、天皇を中心とした軍事国家としての帝国主義化が模索されていった。その意味で、恤救規則も帝国における天皇の慈恵的な「仁政」に救貧を委ね、人心の安定化を図る機能を果たした、といえるのかも知れない。

②民間慈善事業・博愛事業の登場

1880年代には本格的な産業革命が進み、都市化とともに失業・労働問題が浮上してきた。また、不況が続き、多くの貧民が生み出されていった。農村では小作人の貧困化が進み、多くの子女たちが「工女」

五人組
江戸時代、5家族ごとの助け合い組織として制度化されたシステム。年貢、治安などに連帯責任を持つとともに、共同体による相互扶助の機能を果たした。近代以降も「隣組」として残存した。町内会の原型といわれる。

ゆい、もやい
ムラにおける共同組織。「講」などとも呼ばれた。労働や生活全般にわたり、相互に助け合う関係を維持した。

や「娼妓（売春婦）」として売られていった。

制限的な恤救規則が対応できない社会問題が顕在化する一方、1890（明治23）年前後になると、民間の宗教者や個人の有志がボランタリズムにもとづき、さまざまな救済活動を展開した。大都市を中心に下層社会が形成され、その周辺でキリスト教や仏教にもとづく慈善・博愛事業がみられた。その多くは救護施設、児童施設、感化院、廃娼事業であった。

石井十次は岡山孤児院を設立（1887（明治20）年）し、多くの身寄りのない子どもたちの養育に当たった。大阪では小橋実之助、**林歌子**らによる博愛社での孤児救済もみられた。**石井亮一**は、アメリカ留学後、滝乃川学園（1891（明治24）年）で、当時、学校教育から疎外されていた知的障害児の専門的療育を実践した。**山室軍平**は、イギリスの救世軍を日本で組織化（1895（明治28）年）し、女性保護、セツルメント、無料宿泊などの援助を展開した。また、社会主義者や女性団体らと協力し、当時、政府によって公認されていた売春制度（公娼制度）を廃止させる運動を行い、底辺にいる女性の人権を擁護した。若いころ、監獄改良事業に情熱を燃やしていた**留岡幸助**は、アメリカに留学後、1899（明治32）年に東京（のちに北海道）に家庭学校を開き、ヒューマニズムにもとづく非行少年たちの感化教育の必要性を訴えた。

（3）大正デモクラシー～昭和初期
①社会事業の開花

第1次大戦において日本はにわかに資本を拡大し、資本主義を確立したものの、戦後は世界恐慌のあおりを受けて不景気に追い込まれ、1918（大正7）年の米騒動以降、労働争議、小作争議など労働運動、社会運動等が激しく展開された。米騒動は、経済変動と貧困とが連動していることを強く印象づけることになった。

この状況下、恤救規則やその他民間の慈善事業ではもはや貧困に対処し得ないことが明白になっていた。政府も社会問題として政治的に対応する必要があることを認め、防貧に重点を置いた社会事業が開始される。防貧事業としての宿泊施設や職業紹介所事業、孤児救済施設

石井十次
（1865－1914）
1887（明治20）年、児童養護施設岡山孤児院を創設した。他府県からの身寄りのない子どもも引き受け、一時は1,200人を収容した。職業訓練も行うとともに、異年齢の子どもたち10人程度を単位とする小舎制や里親制を取り入れ、岡山孤児院十二則によって家庭的養護を模索した。

林歌子
（1864－1946）
私財を投げ出し、博愛社を設立した小橋勝之助、弟の実之助とともに、孤児救済に尽力する一方、日本基督教婦人矯風会にも加わり、女性解放運動にも取り組んだ。

石井亮一
（1867－1937）
わが国で初めて知的障害児のための施設、滝乃川学園を創設。1891（明治24）年の濃尾地震の際、災害孤児たちを引き取ったとき、知的障害児が含まれていたことがきっかけとなった。知的障害児に対し、小舎制を用いて科学的、専門的援助をめざしたことでも知られる。

山室軍平
（1872－1940）
日本救世軍の創始者。禁酒運動や廃娼運動、職業斡旋、児童保護、結核療養、刑期を終えた身寄りのない者の保護など、当時の社会問題に幅広く対応するための活動を行った。

などが整備され、感化救済事業も組織化された。また、1913（大正2）年、政府は貧民調査の結果を「細民調査報告書」としてまとめた。

このころは社会問題が関心を呼んだ時期でもあった。**吉野作造**が民本主義を唱えるなど、社会運動によってデモクラシーの機運とともに生存権の要求を強めていった。同時に、横山源之助『日本之下層社会（1899（明治32）年）』、賀川豊彦『貧民心理の研究（1915（大正4）年）』、河上肇『貧乏物語（1917（大正6）年）』、生江孝之『社会事業綱要（1922（大正11）年）』、細井和喜蔵『女工哀史（1925（大正14）年）』などのルポルタージュやレポートが注目を集めた。

地方では地域における互助活動にも重点を置かれ、1917（大正6）年に岡山県で笠井信一知事により済世顧問制度、1918（大正7）年には大阪府で林市蔵知事により方面委員制度がそれぞれ設置された。方面委員制度は、その後、10年弱の間にほぼすべての都道府県に普及した。これらは現在の**民生委員**制度の源流である。また、1920（大正9）年には内務省のなかに社会局が設置され、政府として治安維持も兼ねた貧困対策に当たることになった。

②救護法の成立

やがて、1929（昭和4）年には50年余り続いた恤救規則に代わり、救護法が成立したが、実施は1932（昭和7）年に延期された。この間、経済恐慌の影響で増大する貧困層の生活実態を知る方面委員や社会事業関係者は、救護法実施が緊急の政策課題であると主張し、早期に実施を求める運動を起こした。その努力は天皇に直訴しかねないまでのものであった。

救護法は慈恵的な恤救規則に代わり、貧民を国の責任として救護する建前をとったが、貧民が保護救済を申し出る権利は与えられていなかった。失業者大量続出の世界恐慌下にもかかわらず、働くことのできる貧民を排除する制限的な性格が維持された。また、家族制度の美風維持の名のもとに、働くことのできる家族がいる場合、救済を受けられなかった。資産調査も厳密に行われたが、救済を受ける人の数やその費用は莫大なものとなっていった。救護法は戦後の1946（昭和21）年、旧生活保護法が制定されるまで続いた。

留岡幸助（1864－1934）
1899（明治32）年、東京・巣鴨に私的感化院、「巣鴨家庭学校」を設立。少年たちの自立のため、労作教育を重視した。1914（大正3）年、分校として「北海道家庭学校」を開設した。

吉野作造（1878－1933）
大正期に活躍した政治学者。わが国ではなじみの薄かった、デモクラシーを「民本主義」と訳して広め、大正デモクラシーを推し進めた。

民生委員
行政からの委嘱ボランティアとして、地域住民の立場に立って相談に応じ、必要な援助を行う。社会福祉協議会と連携し、地域福祉の推進役を果たす重要な存在である。

(4) 戦時体制下における厚生事業

　1930年代に入ると戦時色が濃くなり、社会事業も従来の性格を変えていった。国家による統制が強まり、徴兵や徴用、隣組、配給制度など人々の日常生活は大きく変わっていった。1931 (昭和6) 年の満州事変後は戦時体制のもとで、人的資源の確保や兵力増強という国家目標に沿った厚生事業として、国民総動員体制に必要な兵力となる健常男性、兵力を再生産する子どもや女性 (母性) が優遇された (健兵健民政策)。もはや失業という社会問題は存在せず、すべての国民が戦争への協力に駆り出されるなか、政府は1933 (昭和8) 年、初の公立保健所、1938 (昭和13) 年に厚生省、1939 (昭和14) 年に結核予防会を設置し、厚生事業の急速な拡充を図った。1933 (昭和8) 年に児童虐待防止法・少年教護法、1937 (昭和12) 年に母子保護法、1940 (昭和15) 年に国民優生法、1941 (昭和16) 年に医療保護法が成立するなど、制度改革を行った。

　救済の対象のとらえ方は、救済が戦争目的に転換することによって変化する。戦時厚生事業として、社会事業をこれまでどおり、継続することは困難であった。もっとも、人的資源の面から母性保護、児童愛護、医療保護などの事業や保健婦 (師) などの養成は比較的重視された。一方、高齢者、障害者、病人の救済は軽視され、その生活はますます厳しくなった。そこでは救済の対象者をどうとらえるのか、という理解の仕方に変化が生じていたのである。

　また、植民地・占領地における厚生事業は、**ハンセン病**療養所にみられるように、侵略と表裏一体のものとなり、民衆の教化、支配にも重要な役割を果たした。

> **ハンセン病**
> 末梢神経細胞を侵す「らい菌」により引き起こされる病。特効薬であるプロミンにより、治癒が可能である。しかし、容姿の病変から、断種などの差別や強制隔離収容など、人権を侵害する処遇が長い間続けられてきた。ようやく1996 (平成8) 年になってから、らい予防法は廃止となった。

さらに深く学ぶために

1）一番ヶ瀬康子『アメリカ社会福祉発達史』光生館、1963年
2）吉田久一『新・日本社会事業の歴史』勁草書房、2004年

社会福祉実践との関連を考えるために

1）イギリスにおける救貧法前後の貧困対策において自明とされていた「スティグマ」や「劣等処遇」という考え方は、現代の社会福祉

においては完全に払拭されただろうか。ワーキングプアやホームレス、生活保護受給など今日の貧困問題を例に話し合ってみよう。

2）アメリカにおけるリッチモンドらのCOS運動、アダムズらのセツルメント運動は現代の社会福祉援助の考え方や技術等に大きく寄与している。それぞれどのような影響を及ぼしたといえるか、話し合ってみよう。

3）日本の戦時下における厚生事業では、それまで後回しにされてきた「国民」の健康、子どもや女性の福祉がにわかに進展した。なぜ、これらが重視されたのだろうか。また、このような歴史を振り返ることを通し、社会福祉とは何のために存在するべきなのか、話し合ってみよう。

参考文献

1）木原活信『J.アダムズの社会福祉実践思想の研究』川島書店、1998年
2）小松源助『ソーシャルワーク理論の歴史と展開』川島書店、1993年
3）高島進『社会福祉の歴史』ミネルヴァ書房、1995年
4）室田保夫編『人物でよむ近代日本社会福祉のあゆみ』ミネルヴァ書房、2006年
5）菊池正治・清水教恵・田中和男・永岡正巳・室田保夫編『日本社会福祉の歴史』ミネルヴァ書房、2003年

---

column

　過去の系譜をたどることにより、現代の社会福祉が見えてくる。私たちは今、社会福祉の歴史的な成果や失敗を社会福祉実践にどれほど活かせているだろうか。とくに、「人権」という考え方から歴史を照らすと、新しい時代の福祉を模索する私たちが踏まえるべき多くの課題が浮かび上がってくる。社会福祉実践において援助者はどのような立場であるべきなのか、対象者や利用者をどのようにとらえるべきなのか、歴史的に考察してみよう。

　歴史を学ぶことにより、改めて「社会福祉とは何をすることなのか」「だれのための社会福祉なのか」といった社会福祉の本質（目的や意義）を見極め、今を生きる私たちにとってのよりよい社会福祉のあり方を考える力を身につけてほしい。

第3章　福祉制度の発達過程

第9回：近代社会と福祉

学びへの誘い

第9回では、現在の私たちの社会では当たり前となった社会福祉の制度がどのようにしてできあがってきたのか、を学ぶこととする。国民のだれもが安心して生活できる社会の建設は、20世紀後半から先進各国の課題となった。平和な世界を維持するためには外交とともに、国内的には経済発展と社会保障・社会福祉の充実が共通の課題となったのである。

1．第2次世界大戦後の窮乏社会と福祉

第2次世界大戦は国内の資源を総動員し、国民すべてを巻き込む総力戦であった。このため、戦勝国においても、敗戦国においても戦争終結直後の課題は、まず窮乏化した国民生活への応急的救済策を講じることであった。そして、これと並行するように各国はより普遍的な国民生活の安定をもたらす政策を模索し始める。

（1）「ベヴァリッジ報告」の実現（イギリス）

戦後、イギリスの福祉国家体制は、「**ベヴァリッジ報告**」を青写真として建設された。「ベヴァリッジ報告」は1942年、**ベヴァリッジ**を委員長とする「社会保険と関連制度に関する委員会」が発表した報告書である。この委員会は、社会保険の破綻を認識したうえで制度改革を審議してきた結果、すべての国民に対し、社会保険を中心とした最低生活（ナショナルミニマム）を保障することを提案し、それまでの救貧制度を廃止する方向を拓いた。

1945年の選挙で、アトリー（Attlee,C.）率いる労働党がチャーチル（Churchill,W.）率いる保守党から政権を奪取すると、報告書が本格的に実行に移された。1948年には全国民を対象とした**国民保健サービス（National Health Service）**が開始され、だれもが安心して医療サービスを受けることができるようになった。これを皮切りに、イギリスでは、「ゆりかごから墓場まで」の普遍的な社会保障を基礎とした福祉国家が建設されていった。

ベヴァリッジ報告
1942年、『社会保険及び関連サービス』として公表された報告。総合的な社会保障制度の具体的仕組みとして、全国民を対象とする均一拠出・均一給付の社会保険を基本とし、最低生活保障（ナショナル・ミニマム）を実現する仕組みが提案された報告。

ベヴァリッジ (Beveridge,W.H.)
1879－1963. 経済学者。ロイド・ジョージの国民保険法（1911年）にも大きな影響を与えた。フェビアン協会との親交も厚く、社会改良に熱心であった。

国民保健サービス（NHS：National Health Service）
国民保健法（1946年）にもとづき、イギリスで実施された制度。開業医が地域住民の健康管理を請け負う、という契約を医師会と政府との間で締結する。そのうえで医療が提供されるため、国民医療費の増額を管理しやすくなる。

（2）専門ソーシャルワークの復活（アメリカ）

　国土が戦場にならなかったアメリカでは、第2次世界大戦の終結は平時への回帰を意味した。1950年代には大量消費社会の到来によって経済は順調に発展し、豊かな社会が実現したかにみえた。

　元々、自立と自己責任の考えが支配的なアメリカでは1930年代のニューディール政策は例外中の例外で、ヨーロッパのような面倒見のよい福祉国家は個人の自由を制限するもの、としてとらえられた。

　一方で、ソーシャルワークはこの時期、ますます専門化し、心理学や精神医学的との境界があいまいになった。大学院では専門性の確保が重視され、「ホリス＝テイラー報告（1951年）」以後、標準カリキュラムの整備が進んだ。また、ケースワークにおける**診断主義**と**機能主義**の論争も行われた。

（3）社会保険の復活（ドイツ）

　第2次世界大戦後、ドイツは2つに分割された。今日のドイツ社会福祉の歴史としては、ドイツ連邦共和国（旧・西ドイツ）を扱う。ドイツ連邦共和国では保守派のキリスト教民主・社会同盟政権（CDU／CSU）のもと、まず戦後処理の施策が展開された。1951年の戦死者の遺族や戦傷者のための連邦援護法、1952年の負担調整法（避難民や被追放者の財産的損失を補償し、その自立を助成する）などが制定され、救済が行われた。

　連合国軍による占領が終了したのち、社会経済秩序の復興が図られ、伝統的社会保険が復活した。そして、1951年の社会自治復活法による**社会的パートナーシップ**や1957年の**年金改革**により、勤労者家庭を中心とするドイツ型福祉国家政策が始まった。一方、公的扶助については1962年まで20世紀初めに作られた制度が継続した。

（4）「国民の家」の実施（スウェーデン）

　スウェーデンではその気候の厳しさと資本主義の発達の遅れから、元々、他のヨーロッパ諸国のような労働者と政府との対立がなかった。また、農民の政治参加も早くから実現しており、国民との対話の政治が行われる素地があった。1932年に社会民主党政権が成立し、1936

診断主義
リッチモンドに始まるケースワーク理論。医学モデルに依拠し、調査、診断、処遇の過程を重視する。精神分析の影響を強く受けた。

機能主義
ペンシルベニア大に始まるケースワーク理論。クライエントが最もよく機能できる場をつくることを重視した。ランクの意思心理学の影響を受けた。

社会的パートナーシップ
労使合同協議により、社会保険運営に労働者の生活要求を実現する仕組み。

年金改革
物価スライド制が導入され、大陸の他の国々のモデルとなったドイツの改革。

第3章　福祉制度の発達過程

年の総選挙で政権が安定すると、完全雇用と社会改良を基本とした「**国民の家**」政策が実行されるようになった。

「国民の家」は父親のように頼れる国家が国民全員の生活を保障し、国民は労働で国家を発展させる、という二者間の協調・連帯を基本とする仕組みである。この時期には1941年の国民調査委員会の提案により保育事業に国の助成金が出され、女性の社会進出が促進された。また、1946年の国民年金法改正で高齢者の経済的自立とサービス、およびケアの保障が実施され、社会的扶養が実現した。

（5）わが国における戦後処理と生活保護

敗戦後の最初の課題は、飢餓状態への対応であった。政府は1945（昭和20）年12月、救護法の枠内で**生活困窮者緊急生活援護要綱**を発表し、**無差別平等**を原則とした保護を実施した。1946（昭和21）年には戦後初の公的扶助制度、（旧）生活保護法を制定した。そこには保護の国家責任が明示され、無差別平等の一般扶助原則、最低生活保障（ナショナルミニマム）原則が規定されていた。もっとも、欠格条項（怠惰・素行不良を除く）があり、保護の実施に民生委員が当たるなど、旧来の制度を引き継ぐ面もあった。

そこで、1950（昭和25）年に現行の生活保護法ができた。現生活保護法は、日本国憲法第25条の生存権保障の実質化のため、不服申し立て制度を加え、欠格条項を廃止して自立助長のためのケースワークを行うこととした。また、実施機関を行政機関に限定し、公務員がその事務に当たることになった。

（6）福祉3法体制の確立

福祉3法体制は敗戦直後の状況で最低生活保障を実現するため、最小限の制度体系として生まれた。経済的保障としての生活保護を基礎にして、その特殊性から福祉サービスを補足する必要があった児童（戦災孤児）と、身体障害者（傷痍軍人）への福祉サービスを組み入れたものである。1947（昭和22）年に児童福祉法、1949（昭和24）年に身体障害者福祉法が旧生活保護法に加わり、1950（昭和25）年に現生活保護法が成立したことで完成した。戦後の社会福祉は福祉3法を

国民の家
社会大臣、グスタフ・モェーレル（Gustav Moller）により推進された社会民主党の福祉国家政策。国民生活のあらゆる面において責任を持つのが福祉国家であるとし、労働者災害補償保険法の改正、国民全体を対象とした医療保険、年金保険、失業保険の実現、救貧事業の廃止などが行われた。

生活困窮者緊急生活援護要綱
閣議決定された政府の緊急の予算措置。保護対象の第1に失業者、次に戦災者、海外引揚者、在外者留守家族、傷痍軍人とその家族、遺族をあげた。

無差別平等
SCAPIN775（GHQの指令）により、示された公的扶助3原則の1つ。ほかに国家責任、最低生活保障（保護費制限の禁止）があった。

核に進められ、高度成長期には福祉6法体制へと拡大していった。

(7) 社会福祉事業法

社会福祉制度の実施過程で、行政責任の明確化のためには社会福祉サービスの提供は公費を原則とし、公的機関によって提供されなければならない、というのがGHQの主張であった。もっとも、実際には民間施設の協力なしに社会福祉サービスを展開することはできなかった。そこで、1951（昭和26）年に社会福祉事業法が制定され、諸規定が整備された。

まず**社会福祉事業**は援護や育成、更生の福祉サービスの給付で、社会福祉行政の第一線機関として**福祉事務所**を設置し、専門吏員として社会福祉主事を置くことが定められた。社会福祉事業のために行う公費支出は行政機関が決定する**措置制度**によることとし、社会福祉事業の運営は行政機関か**社会福祉法人**が行うとされた。

また、民間社会事業への補助金廃止に対応して**共同募金**が設置され、運営資金を民間から集められるようになった。民間社会事業は戦前からある程度組織化されていたが、社会福祉協議会が新たに設置され、地域住民を含む地域組織化により"福祉の自治"を実現する仕組みができた。

(8) 社会福祉事業本質論争

戦前から戦後に何を引き継いで何を新しく建設するのか、各自が苦悩するなかで、新しい時代の社会福祉事業のあり方について本質論争が展開された。1952（昭和27）年から翌1953（昭和28）年にかけ、「**社会福祉事業本質論争**」を展開した主な人々と著作を以下に示す。

孝橋正一の『社会事業の基本問題）』（1953（昭和28）年）は、マルクス主義にもとづく社会事業論の代表作である。ヨーロッパ型の社会民主主義にもとづく社会福祉論を展開したのは『社会福祉研究』（1950（昭和25）年）を書いた竹中勝男である。アメリカのソーシャルワークの科学主義を主張したのは、竹内愛二の『科学的社会事業入門』（1950（昭和25）年）である。そして、社会福祉を哲学的に解き明かし、社会福祉の固有性を機能論で説明したのが岡村重夫の『社会

社会福祉事業
第1種社会福祉事業（生活保護、共同募金、入所施設など）と、第2種社会福祉事業（利用施設、通所事業、相談事業など）に分かれる。

福祉事務所
社会福祉の第一線機関。援護、育成、更生の措置を行う。所長、査察指導員、現業員、身体障害者福祉司、知的障害者福祉司が配置されている。

措置制度
行政機関が社会福祉各法にもとづき、行う援護の行政処分。生活保護費の支給、施設入所の決定などがあった。

社会福祉法人
社会福祉事業を行うため、設立された法人。都道府県知事の認可を受けて設立される。役員として理事と監事を置くこと、社会福祉事業のための資産を備える必要があった。

共同募金
共同募金会が都道府県の区域を単位とし、毎年10月から12月末までの間行う寄付金の募集。集めた寄付金は、区域内において社会福祉、更生保護などに使用される。

社会福祉事業本質論争
1952（昭和27）年、『大阪社会福祉研究』の創刊号によって始まった社会福祉事業のあり方についての論争。孝橋正一、竹中勝男、竹内愛二、岡村重夫のほか、田村米三郎、雀部猛利、小倉襄二が参加した。

福祉学（総論）』（1956（昭和31）年）である。

（9）公的扶助サービス論争

生活保護の実施については、厚生省（現厚生労働省）保護課長、小山進次郎の『生活保護の解釈と運用』（1950（昭和25）年）が運用上の指針をまとめたものとして有名である。その後、貧困対策がこの時期の最大の課題で、生存権の保障という基本的な課題であるとの認識から、生活保護のあり方をめぐり、1953（昭和28）年から研究誌『社会事業』で**公的扶助サービス論争**が展開された。

黒木利克の『生活保護制度におけるサービスについての試論』から始まった論争は、社会福祉の民主化を生活保護制度という現実のなかで検討するものであった。また、社会福祉の政策と技術のとらえ方やサービスのあり方、福祉労働のあり方なども論議された。

実際のケースをめぐり、生活保護の適用の仕方が争われたのが1957（昭和32）年から始まる**朝日訴訟**である。この裁判のなかでは現行の生活保護の水準と憲法の生存権をめぐって争われ、その後の社会福祉に大きな影響を与えた。

2．経済成長と福祉

1950年代末から1960年代にかけての世界的な経済成長により、福祉国家も順調に発展した。しかし、その陰で"見えない貧困"の存在が確認され、経済成長の恩恵を受けられない層への関心が高まった。

（1）貧困の再発見（イギリス）

1960年代には、社会全体が豊かになってもその恩恵に浴せない特定の個人やグループが存在することが指摘された。タウンゼント（Townsend, P. B.）らによって問題関心が喚起された「**新しい貧困**」は、他国でも問題になった。こうしたなか、1966年に成立した「社会保障法」は、国民扶助を**補足給付**に置き換え、給付が国民の権利であることを明らかにした。

1968年に出された「**シーボーム報告**」は、自治体の責任において社会福祉関連サービスを一本化すること、およびコミュニティケアを提

公的扶助サービス論争
1953（昭和28）年、『社会事業』誌上で、公的援助をめぐり、展開された論争。黒木利克、木田徹郎、池川清、大原龍子、岡村重夫、小川政亮、田中嘉男が参加した。

朝日訴訟
国立岡山療養所に入院していた結核患者の朝日茂が、生活扶助から支給される日用品費では生存権を保障できていない、として起こした訴訟。原告死亡のため、終結したが、その後、生活保護基準は改善された。

新しい貧困
福祉国家の二重構造が問題となる。全体が豊かになっているので「見えない」が、高齢者や障害者、母子家庭などが相変わらず貧困層に停滞していることが再発見された。

補足給付
補足年金と補足手当からなる給付。簡易調査ののち、最低生活費との差額を支給するため、スティグマが払拭された。

シーボーム報告
1965年、地方自治体の対人社会サービスの組織と責任、家族サービスの効果的実施の保障を検討するため、設立された委員会の報告。

供することを提言した。これを受け、1970年に地方自治体社会サービス法が制定され、**対人社会サービス**（Personal Social Services）が本格的に提供されるようになった。

（2）貧困戦争（アメリカ）

戦後、世界をリードする「**豊かな社会**」のなかで、貧困が忘れられつつあったが、『**もう1つのアメリカ**』により、広範囲に存在する貧困の実態が明らかになった。また、戦前からの公民権運動の結果、1964年に公民権法、翌1965年には投票権法が成立し、法的に保障された黒人の市民権を社会のなかで実現する必要が出てきた。

これに対し、1964年には連邦政府も貧困の存在を認め、ジョンソン政権のもとで**貧困戦争**を始めた。貧困戦争では、地域活動を基本に貧困者の自立を支援する形をとろうとしたが、十分な成果が上がらなかった。

一方、**AFDC**の受給者の半数が黒人である実態から**福祉権運動**が展開され、公的扶助の改革が求められた。同時に、専門ソーシャルワークへの批判も相次ぎ、ソーシャル・アクションやアドボカシーなど、ソーシャルワークの新しい役割が発展することになった。また、1965年には社会保障法が改正され、公的医療保障が行われるようになった。メディケア（医療保険）は65歳以上の高齢者を対象とした医療保険制度、メディケイド（医療扶助）は低所得者を対象とするものである。

（3）社会国家の希求（ドイツ）

ドイツでは戦後復興期がすぎると憲法に示された**社会国家**を実現すべく、自立した個人の自由の保持を基本として、階層間不平等を維持したままの多元的な社会保障の道を進むことになった。

1950年代に経済発展のなかで失業がほぼ解消したため、この社会国家の構想は社会保険の給付改善や社会保険の対象拡大、国民の就業促進という形で全国民に拡大されていった。1969年には労働促進法が成立し、就業構造の改善（上位の職に就くこと。女性や障害者の就職）が図られ、1960から1970年代には社会保険に自営業者、主婦、学生、障害者を取り込む形で福祉国家の拡大が図られた。

対人社会サービス
利用者に直接提供する社会福祉サービス。個別性が高い。

豊かな社会
1958年、経済学者、ガルブレイス（Galbraith, J. K.）が発表した概念。貧困はもはや多数者から少数者の問題となったとされた。

もう1つのアメリカ
1963年、ハリントン（Harrington, M.）が発表。1959年の時点で、全人口の20〜25％が貧困であり、彼らは世代間で再生産されていることを明らかにした。

貧困戦争
職業訓練を中心とした雇用政策、成人教育、農家や中小企業への融資、地域活動事業。

AFDC（要扶養児童扶助）
未成年子を養育する家庭に対する扶助。マン・イン・ザ・ハウス・ルールなど公的扶助の実施過程でのいやがらせが問題となった。

福祉権運動
ワイリー（Wiley, G. A.）らにより、組織された闘争的運動。公的扶助の根本的改革をめざす。貧困者の社会参加を促進した。

社会国家
市場経済の体制のなかで、市民の自由と責任を前提として福祉国家を建設する国家。憲法に規定された。

こうしたなか、1961年に連邦福祉法ができたが、社会福祉サービスにおける国家の役割は拡大しなかった。自助・助け合いの社会連帯を基本としつつ、「**補充性の原則**」で関わる国家という構図のなかで、民間団体のサービス提供が主流であったからである。

1970年には社会権の保障を具体化した**社会法典**ができ、社会保障政策を進めるうえでの基本原則となった。社会法典には、①人間の尊厳に値する生活の保障、②人格の自由な発達のための平等な前提条件の整備、③家族の保護と助成、④自由な選択に基づく活動による生計維持の可能性の確保、⑤自助への援助による生活上の困難の除去、または調整という原則が明記された。

（4）福祉国家を超えて（スウェーデン）

1950年代末から最低生活保障を課題としたイギリス型福祉国家に代わり、すべての国民によい生活状態を保障する北欧型福祉国家が注目を浴びた。北欧型は、**ミュルダール**の『福祉国家を越えて（1963）』にみられるように、現役労働者以外の人々を含めた普遍的な福祉国家をめざし、過去の社会保険や税の拠出に関係なく、ニーズに合わせた給付を行う「結果の平等」を志向する。

具体的には、まず大幅な**累進課税**や財政措置により**所得の再分配**が行われ、経済的な平等が図られた。1946年には国民年金が大幅に引き上げられ、1959年には付加年金（ATP）が制度化され、退職以前の最高15年間を基礎に所得の65％が給付されることとなった。医療保障では供給体制を公的管理にしたうえ、社会保険が導入された。

社会福祉は「社会サービス」と分類され、1950年代の救貧法の廃止を契機に社会扶助、児童福祉、アルコール依存症ケアを中心に社会サービスが整備されていった。さらに、1970年代には社会サービスの民主化が勧告され、スティグマの払拭が志向された。その結果、1982年の社会サービス法に発展した。

（5）福祉6法体制（日本）

1950年代後半から日本経済は加速度的に成長し、戦後の失業問題は徐々に解決していった。社会保障給付費に占める生活保護の割合は

補充性の原則
ドイツでは民間の優先性と公私協働を前提として、社会福祉サービスが提供されている。地方自治体のサービスよりも民間福祉が優先するが、最終的には国家に責任があると考える。

社会法典
1970年、社会的法治国家（憲法第20条）のもと、社会政策および法政策上の基本原則に従って社会法の諸領域を改定し、1つの法典にまとめ、それをもとに社会保障改革を進めることが閣議決定された。

ミュルダール（Myrdar,K.G.）
経済学者、外交官。妻、アルバとともに平等性、普遍性を追求した社会の建設を提言。1974年、ノーベル平和賞を受賞した。

累進課税
課税するとき、所得が高くなるに従い、税額のみならず、税率もより高くする。

所得の再分配
社会保障制度や租税制度により、高所得の人々から低所得の人々に所得を移転することが代表的な例である。低所得の人々の生存権の保障のため、公的に実施する。

1955（昭和30）年から毎年減り始め、1965（昭和40）年には、9.8％となった。社会保障の内容も1961（昭和36）年に国民皆保険・皆年金が達成され、国民の権利としての社会保障が実体を持つようになった。

1960年代には国民生活は物質的な豊かさを実感し始めていたが、社会のなかに経済成長のひずみが生じていることも次第に明らかになった。それは大家族のなかで扶養され、ケアを受けてきた人々が取り残されたからである。現に、被保護世帯では傷病や障害、高齢、母子など経済的自立が困難な世帯が多かった。

このような実態を反映し、生活保護の算定方式もマーケットバスケット方式から1961（昭和36）年にはエンゲル方式、1965（昭和40）年から1983（昭和58）年までは**格差縮小方式**となった現在では水準均衡方式が採用されている。さらに、生存権の保障のため、社会福祉サービスが必要な人々の範囲が拡大され、1960（昭和35）年に精神薄弱者福祉法（現・知的障害者福祉法）、1963（昭和38）年に老人福祉法、1964（昭和39）年には母子福祉法（現・母子及び父子並びに寡婦福祉法）制定された。これにより、社会福祉の制度は福祉6法体制を基本とする実施体制が確立した。

格差縮小方式
国民家計支出10分位階級の最低である、第1分位における上昇率との格差を縮小することを見込む方式。生活保護基準（最低生活費）の相対化がここから始まる。

（6）パイの論理と施設の拡充（日本）

高度成長期の社会福祉は、成長の分け前を与えるという「**パイの論理**」によって拡充された。このため、社会福祉サービスの権利性について議論が十分に行われないままであった。

確かに、日本国憲法第25条第1項の生存権の保障にもとづき、社会福祉の実施責任は国家にあるということは社会的に理解されており、終の棲家としての施設を国家が用意すること、その入所については行政が責任をもって判断する措置制度による方法が定着していた。このため、国家が施設の種類と数を増加させることが社会福祉の発展と考えられてきた。

したがって、1970年代までの社会福祉は療育や介護の負担軽減のため、入所施設を建設するという方法がとられてきた。具体的には、1958（昭和33）年の国立秩父学園、1971（昭和46）年の国立**コロニー**のぞみの園の建設、その後、次々建設された地方コロニーをはじめ、

パイの論理
国家予算を1枚のパイにたとえ、分け前の割合が変わらなくてもパイの大きさ（財政規模）が大きくなれば社会福祉サービスへの分け前が増える、という考え方。

コロニー
数百人規模の収容定員を持ち、かつ市民の居住地から遠く離れ、そこで生活が完結するような巨大施設の態様。

第3章　福祉制度の発達過程

重症心身障害児者のための施設建設が進んだ。また、1960年代末には寝たきり高齢者の悲惨な生活実態が社会問題になり、1971（昭和46）年の社会福祉施設緊急整備5か年計画により、特別養護老人ホームをはじめ、各種の施設が緊急に整備されることとなった。

（7）革新自治体と地域福祉

　高度経済成長期の後半にはさまざまな生活問題が生じてきた。とくに生活課題が集中した大都市では**住民運動**が起こり、革新自治体が次々に誕生した。これらの**革新自治体**では住民の要求にもとづき、小規模保育所の認可、ゼロ歳児保育、老人医療費の自己負担の無料化など、保育、医療、福祉について国に先駆けた対策を開始し、やがて、国の施策に取り上げられていった。こうした住民による下からの生活改善への要求は福祉現場にも波及し、**福祉労働論**が盛んとなった。

　また、1969（昭和44）年に東京都社会福祉審議会が「東京都におけるコミュニティ・ケアの推進について」を発表し、これをきっかけとして全国でコミュニティ・ケアや**地域福祉**の充実が議論されるようになった。右田紀久恵の『現代の地域福祉』（1973（昭和48）年）、岡村重夫の『地域福祉論』（1974（昭和49）年）、阿部志郎の実践や講演などは社会福祉従事者も市民の生活問題との接点を持ちつつ、地域社会に現れた福祉課題を共に解決することを訴えていた。

　戦後、経済発展と国民生活の安定をめざし、各国で福祉国家政策が実施された。戦後処理の応急的対応から恒常的な制度体系への転換の過程で、それぞれの特徴が出てきた。わが国の場合は福祉3法体制から福祉6法体制への拡大により、戦後の措置制度を基本とする生存権の保障のための社会福祉の制度体系が完成した、ということができる。しかし、1960年代後半には施設中心の社会福祉サービスのあり方への批判や、地域社会における生活環境の改善の要求の高まりを受けることになった。

さらに深く学ぶために
1）村上貴美子『占領期の福祉政策』勁草書房、1987年
2）高島進『社会福祉の歴史：慈善事業・救貧法から現代まで』ミネ

住民運動
地域社会の社会資本の遅れに対し、必要に迫られた住民が公害反対運動、保育所設置運動などを起こした地域活動。

革新自治体
東京都（美濃部亮吉）、京都府（蜷川虎三）、大阪府（黒田了一）、神奈川（長洲一二）などで旧社会党と共産党の支持を受けた首長が誕生し、住民と行政の対話による政治が実行された地方自治体。

福祉労働論
施設職員の劣悪な労働環境を改善すべく、社会福祉の対象である入所者に対し、人権や生活権を保障するに足る資源配分がなければならないため、その獲得に共闘しようとする理論。

地域福祉
1970年代前半までの地域福祉は画一的、かつ隔離的な施設ケアの反省や住民運動で提起された生活要求から発展した。社会福祉協議会主導による地域活動。

ルヴァ書房、1995 年
3）真田是『戦後日本社会福祉論争』法律文化社、1979 年

社会福祉実践との関連を考えるために
1）社会福祉の課題の多くは依然として貧困に起因している。これらを支援するソーシャルワーカーの役割を考えて下さい。

参考文献
1）厚生統計協会編『国民の福祉の動向』厚生統計協会、2007 年
2）横山和彦・田多英範編著『日本社会保障の歴史』学文社、1991 年
3）右田紀久恵・高澤武司・古川孝順『社会福祉の歴史』有斐閣、1977 年

---

column
経済発展とその犠牲者

2008（平成20）年9月、中国で粉ミルク汚染による乳幼児の被害が報道された。これを聞き、年長の方々は「森永砒素ミルク中毒」を思い出したに違いない。わが国の1960年代はまさに現在の中国と似ていた。経済成長が優先され、公害や交通災害、安全管理の不備による人為的災害など、一般市民、とくに子どもや高齢者などの弱い人々に被害が集中した。

しかし、それは遠い過去に終わったことではない。水俣病患者やサリドマイド児は40年以上経った今も生活困難を抱えている。

わが国の場合、確かに戦後の荒廃した国土から考えると、貧困からの脱出は国民の悲願であり、経済成長はそれを実現してきたといえる。しかし、その陰で犠牲になった人々も数多くいた。これに対し、社会福祉が十分に対応してきたのであろうか。

この問いは私たち自身に投げかけられたものである。なぜなら、日本国憲法第25条第2項に定められているとおり、社会福祉は国家責任であるが、国民主権である以上、その責任は私たち1人ひとりも負うべきものだからである。

歴史を学びながら、もう1度考えてみよう。心身の健康が守られ、社会のなかで1人の人間としての生活を送る権利を奪われている人はいないのか。将来の生活に希望を持てない人がいないのか。1人でもそのような人がいる以上、社会福祉に従事する人々の課題は続く。犠牲者を生み出す構造への告発など、底辺からの問題提起もソーシャルワーカーの重要な役割であることを改めて強調しておきたい。

第3章　福祉制度の発達過程

第10回：現代社会と福祉Ⅰ（欧米）

学びへの誘い

第10回では、主として1980年代以後の欧米の社会と社会福祉の転換を学ぶこととする。経済発展の限界が見えてきたところから、各国は戦後進めてきた福祉国家の拡大路線にブレーキをかけることとなった。しかし、それだけではなく、少子高齢化の進展など、社会の成熟がもたらす変化への対応も必要となってきた。

そこで、各国がどのような修正や改革を進めてきたのか、みていくこととする。

1．財政危機と高齢化の進行による福祉国家の行き詰まり

戦後、順調に発展してきた福祉国家も、1973年のオイルショック以後、低迷する。低成長によって経済政策の建て直しを迫られた先進各国では**新自由主義（新保守主義）**が政治勢力として台頭し、社会保障の縮減に取り組んだ。そして、完全雇用と福祉国家の放棄、「小さな政府」への志向による民営化の促進が行われるようになった。

> **新自由主義（新保守主義）**
> 市場原理主義の経済思想にもとづき、経済政策の体系を構造改革によって生み出そうとする思想・理論。均衡財政や規制緩和による競争強化、情報公開、労働者保護や福祉サービスの縮減などを特徴とする。

（1）サッチャー政権による福祉見直し（イギリス）

1979年に誕生した保守党のサッチャー政権は、福祉国家を景気後退の原因として敵視し、ベヴァリッジ以来の体制の見直しに着手した。公営住宅の払い下げ、公営企業の民営化、失業の放置、労働者保護の縮小など、公的に提供されていたサービスが切り捨てられ、福祉サービスにも民間営利部門の運営上の技術が導入された。その結果、ホームレスの増加、失業と貧困の増大をもたらしたが、意図したような社会保障の総支出額の削減は成功しなかった。それは高齢者の年金受給が増加したからである。

一方、増加する失業への対策として、1983年に若年者訓練事業が開始され、1988年に18歳以下の失業者は訓練を受けることが義務づけられた。公的扶助では、普遍主義に代わって選別給付が増加し、1986年には補足給付が廃止され、代わりに所得補助制度と社会基金制度が生まれた。1990年に成立した**NHS及びコミュニティケア法**では、国

> **NHS及びコミュニティケア法**
> 1990年に成立。NHS改革では、病院トラストと予算管理家庭医の導入によって医療供給の競争を促進し、医療行為の制約も実施された。コミュニティケア改革では計画の策定と公表、ケアマネジメントの導入、不服申し立てや監査の規定が盛り込まれた。

民保健サービスに対しての競争原理の導入と早期退院計画が推進された。これにより、高齢者に対してのサービス提供は保健医療分野から福祉分野へ移転した。

（2）母子家庭の自立（アメリカ）

アメリカでは1970年代からの世界的な低成長のなか、福祉国家を支えてきたケインズ主義に代わり、マネタリズムが支持されて減税の要求が高まった。フリードマンの『選択の自由』（1980年）は、市場原理の優先と規制緩和を促進する新自由主義（新保守主義）の代表作で、反福祉国家路線への転換を促進させた。

共和党のレーガン政権下でアメリカの福祉政策は見直され、かつ母子家庭やマイノリティが"行き過ぎた福祉"の象徴として攻撃され、公的扶助は縮小へと動いていった。AFDC（p.79参照）は制度の発足当初、母親が子育てに専念することを意図していたが、1980年代には扶助受給の長期化、および一般家庭に「働く母親」が増加したという社会情勢の変化に伴い、自立のための就労支援（ワークフェア）が強化されるようになった。1996年、AFDCが**貧困家族一時扶助（TANF）**に制度改正され、職業訓練を受けることは扶助の受給要件となった。

一方、連邦政府予算の削減は住宅補助の削減として低所得者の生活を直撃し、大都市ではこの時期、ホームレスの大幅な増加が社会問題となった。連邦政府は1987（昭和62）年、**マッキニーホームレス援助法**を制定し、ホームレスに対する総合対策を各地方自治体が実施することを義務づけたが、あまり成果が上がらなかった。

（3）福祉国家の基本維持（ドイツ）

ドイツでは1966年以来、継続してきた社会民主党（SPD）連立政権が失墜し、1982年、保守政権が誕生した。1998年まで16年間も続いたコール政権のもとでは、経済回復中心の「小さな政府」の政策が展開された。しかし、社会保障についていえば、社会連帯を基本に社会保険を中心とした制度が国民の生活に定着していた。このため、低成長と高齢化の進行による困難にもかかわらず、基本的な枠組みは維持された。

貧困家族一時扶助（TANF）
1996年、個人責任及び就業機会一致法により、AFDCと基礎技術訓練プログラム（JOBS）が合体させられた。また、連邦の最低基準がなくなり、各州に運用が任された。

マッキニーホームレス援助法
それまでFEMA（連邦危機対応機関）により行われていた支援にリハビリテーションサービス、仮住居提供サービス、障害者住宅提供、ホームレス予防などを組み合わせた法律。

（4）地方分権化の進行と高齢化への対応（スウェーデン）

スウェーデンでは1976年から1981年の保守党政権下でも「高福祉・高負担」の基本的な構造は変わらなかった。社会民主党の長期政権下で形成された福祉国家体制は、どの国よりも高水準の生活を国民に平等に保障していたからである。しかし、負担の大きさに見合った質の高さと効率的な提供方法が検討され、制度改革が行われた。

1980年代は財政的な理由よりもサービスの質の問題の解決のため、地方分権化が進み、1982年の**社会サービス法**では一般国民の平均的生活を支えることがコミューン（自治体）の責務と規定された。高齢者や障害者、公的扶助受給者、依存症患者を含むどの人に対しても安全でよい生活と地域社会への参加を保障するため、サービスハウスやデイサービスの整備が行われた。1983年に**保健医療サービス法**が制定され、医療に関しての県の責任が強化された。

高齢化対策では1992年に**エーデル改革**が実施され、救急部門と高度医療を除く高齢者ケアを県からコミューンに移転させた。これによって老人病棟は消滅し、コスト高の「社会的入院」が回避された。

2．ノーマライゼーションと当事者参加

1960年代に北欧で始まったノーマライゼーション運動は1970年代、アメリカやヨーロッパ各国に広がった。「完全参加と平等」を標語にした1981年の「国際障害者年」と国連の「障害者十か年計画（1983～1992年）」を契機に、障害者の社会参加が各国で広がった。障害が重度であっても個別性の尊重や自己決定、自立支援を重視する方向に政策も援助方法も発展していった。これらの帰結として、2006年12月、国連総会で**障害者権利条約**が採択され、2008年5月に発効した。

（1）コミュニティケアの推進（イギリス）

イギリスでは1960年代半ばから病院や施設の実態が報告され、次第にコミュニティケアへ傾斜していった。1970年に地方自治体社会サービス法が成立すると、本格的に対人社会サービスがコミュニティ単位で推進されるようになった。障害者や慢性疾患患者に対するケアは、中央政府の管理する国民保健サービスの一部である病院における

社会サービス法
1982年制定。コミューン（自治体）に社会サービスの提供を義務づけた。1997年の改正では、サービスの質の向上とスタッフの教育の向上が規定された。

保健医療サービス法
1983年制定。県の権限の強化および心身障害者に対し、治療・訓練、技術的支援、サービス情報の提供が県に義務づけられた。

エーデル改革
1992年、高齢者ケアを医療から福祉に転換し、かつコミューンによる在宅サービスを強化した。

障害者権利条約
人権を保障する多国間条約として提起された条約。障害者に対するあらゆる差別の禁止、社会への参画の保障、サービスの受給権の保障などが規定された。

ケアから、地方自治体の社会サービス部によるコミュニティケアに移行していった。また、障害児に対しては1981年の教育法によって教育権が確立し、1989年の児童法ではできる限り普通の生活ができるよう、支援する責任が地方自治体に課せられた。

障害者の権利の拡大については1986年の障害者法により、アドボカシーと意見表明の代理権拡大、福祉サービスの利用権を確保することが定められた。また、1995年の障害者差別禁止法では、障害者雇用の促進や**アクセス権**の保障が規定された。

1990年に成立したNHS及びコミュニティケア法では障害者自身もケアプラン立案に参加するようになった。また、個別プランの実施についてはキーワーカーが利用者の希望を十分に尊重されるよう、ケアマネージャーなどとの連絡調整に当たる体制ができた。

高齢者福祉においても同様に在宅支援が進み、ホームヘルプサービスやデイサービスや食事サービスなどの在宅サービス、見守りサービスつきの**シェルタード・ハウジング**などが整備された。

（2）アクセスの保障と差別禁止（アメリカ）

1970年代にはベトナム戦争からの帰還兵等による障害者の権利獲得運動が盛んになり、自立生活運動や教育権の保障をめざした運動が展開された。また、従来、知的障害者や精神病患者には大規模な州立施設や療養所への収容保護が行われてきたが、1963年の精神薄弱施設及び精神保健センター法により、脱施設化が実施された。その後、1970年代末からグループホームなどの地域ケアが主流となり、1980年代からは障害児教育の地域化である**ソーシャルインクルージョン**も盛んになった。

1980年代までのアメリカの障害者福祉の枠組みは、1964年の公民権法と1973年のリハビリテーション法を主な根拠として実施されてきたが、1990年には**障害を持つアメリカ人法**（ADA：Americans with Disabilities Act）ができ、公共施設へのアクセス権の確保、社会活動や生活場面における障害者差別の全面禁止が確定した。これにより、障害者の生活を権利として確保することが社会の義務という認識が広がった。

アクセス権
機会均等のなかでも最も基本的権利の1つ。アクセシビリティ（接近できること）の保障を意味する。公共の制度や施設等を利用する権利でもある。障害者に保障するには物理的な障害の除去や情報の伝達が必要である。

シェルタード・ハウジング
高齢者のための小規模集合住宅。緊急通報システムが完備されているほか、生活支援や緊急時の対応を行う管理人が常駐している。

ソーシャルインクルージョン（社会的包摂）
障害児を含む、あらゆる児童が地域社会の学校に取り込まれるような体制。遠方の特殊学校しか教育の機会がなかった障害児に対して専門教員をつけ、地域の学校で学ぶ機会を保障した。

障害を持つアメリカ人法（ADA）
障害であることを理由とする、すべての差別行為を禁止した法律。アクセシビリティの保障の考え方は、世界中の障害者福祉に大きな影響を与えた。

(3) 女性や障害者の取り込み（ドイツ）

　社会保険を中心としたドイツの仕組みは男性労働者とその家族を中心とした保障を基本としており、普遍主義的立場やフェミニズムの立場からは批判されてきた。1970年代には女性運動が盛んとなり、1980年代（国際障害者年以後）には障害者の**セルフヘルプ**運動が盛んになった。これに対し、ドイツでは1980年代までは主として社会保険の拡大という方法での対応を図ってきた。もっとも、**EU統合**への過程のなかで、これらは社会政策の一環として実現していった。

　具体的には、1969年の労働促進法で女性や障害者の雇用が促進されたため、雇用されている限りは社会保険の適用を受けた。医療保険では1975年に授産施設で働く障害者も加入できるようになり、年金では1972年に第2次年金改革で主婦の任意加入が規定されたほか、1985年には遺族年金の男女格差が解消され、子どもの養育期間が納付期間に算定されるようになった。

　1990年代以後、EU統合の動きのなかで、女性の積極的登用や障害者を平等に取り扱うことが規定されるようになった。障害者に対しては1994年の憲法3条の修正により、障害を理由に差別的取り扱いをすることが禁止され、2002年に連邦障害者平等法、2006年には一般平等処遇法がそれぞれ成立し、平等化が進んでいる。

(4) 北欧のノーマライゼーション

　1959年のデンマークでは「知的障害者及びその他の発達遅滞者の福祉に関する法律」ができ、障害者福祉が根本的に転換した。スウェーデンでも同時期に知的障害者育成会の取り組みが進み、1969年には**ニーリエ**が「ノーマライゼーションの原理」を発表した。以後、障害者が可能な限り健常者と同じ条件で生活を行うため、社会全体の枠組みを変革していくというノーマライゼーションと、**インテグレーション**の考えが北欧各国に広がった。そして、1980年代ノーマライゼーションは高齢者や児童福祉の分野にも拡大していった。

　スウェーデンでの発展の過程をみると、1967年にできた知的障害者への援護法は1985年に改正され、1994年には**機能障害を有する人々の援助とサービスに関する法律（LSS）**に発展した。これにより65

セルフヘルプ
自助活動。自分たちの問題を自分たちで解決するために形成し、自分たちで運営していく活動。情報交換や学習、運動などが具体的な内容である。

EU統合
欧州連合（EU）を組織し、経済活動の統合だけであったECを労働や社会生活にまで拡大している連合体。1993年当時の加盟国は15か国であった。2002年からユーロ紙幣と硬貨が共通通貨として流通している。

ニーリエ（Nirje,B.）
ノーマライゼーションの8つの原理（1日、1週間、1年ごとの一生生活リズム、自己決定、性や結婚、経済活動、地域参加）を提唱した。

インテグレーション（統合）
障害者が社会から排除されているという現実を変えるため、教育や労働をはじめ、あらゆる場において障害者を受け入れ、意思決定に参加できるようにしていく実践理論。

機能障害を有する人々の援助とサービスに関する法律（LSS）
対象を知的障害者から、より広範囲の障害を含む機能障害とした法律。障害者の生活の維持のため、コミューンは人的サービス提供、あるいは支援を行う者への支払い義務を負うことが定められた。

歳以下の機能障害を持つ人に対し、コミューンが必要なサービス提供を行うことが義務づけられた。

3．新たな社会福祉のあり方を求めて

　福祉国家は国家という枠組みのなかでナショナル・ミニマムの実現をめざし、建設された。もっとも、21世紀には新たな自立と共生の枠組みに転化することが求められている。

　その理由の第1に、経済活動が国境を越えてグローバル化し、それに伴って人々も移動するようになると国家単位での生活保障策を越え、世界的な福祉社会の建設が必要になる。第2に、ポスト産業社会でサービス産業が主流となると民間サービスの市場獲得圧力が高くなり、サービス供給の多元化、サービスの質の向上、利用者や購入者の選択の自由の保障が必要となる。第3に、世界的な資源枯渇、環境問題の深刻化、南北問題の存在などにより、持続可能な社会をめざす必要が出てきたからである。

（1）福祉多元主義（イギリス）

　1978年にイギリスで発表された『**民間非営利組織の将来**』により示された**福祉多元主義**は、コミュニティケアの実践のなかで現実化し、非営利団体によるサービス提供や民間事業者によるサービスを購入する仕組みが在宅サービスのなかで普及した。サッチャー政権は「小さな政府」の実現のため、供給主体の多様化を利用しようと考えたが、別の効果もある。それは、利用者にとって選択の自由が広がり、当事者や住民の意思が生かされる仕組みもできたからである。とくにイギリス社会では市民主導型のボランティアや**NPO**の活動の伝統があるだけに、この民間サービスの今後の発展が期待される。

　しかし、供給主体の多様化が進んだ一方、対象の多様化には十分に対応できていないという問題も出てきている。1980年代までは、主として旧植民地から多くの移民を受け入れてきた。現在、アフリカ系、インド系、パキスタンおよびバングラデシュ系、中国系移民などを合わせて200万人以上が国内で暮らしている。政府は早くから定住策、差別禁止策を展開してきたが、他の国民と比較して低所得である。こ

民間非営利組織の将来
ウルフェンデン報告ともいう。

福祉多元主義
福祉サービス供給主体を公共部門、民間営利部門、民間非営利部門、インフォーマル部門の4つに分け、それぞれが特徴を活かしながら福祉サービスを提供していくことを示した理論。

NPO
社会貢献的な活動を行う民間非営利組織。利潤をあげることを目的にする一般企業（営利組織）との違いは公益性を目的にするところである。イギリスではトラストの伝統がある。

れは法的に平等が保障されても実際の差別が存在するからである。移民人口の約4割はイギリス生まれであるが、若い世代においてはなお失業率が高い。

（2）高齢化と権利擁護（アメリカ）

アメリカでも高齢化の進行により、高齢者の生活保障が政策課題となってきている。1980年代から問題になった**ナーシングホーム**における虐待や、家族による高齢者の虐待に対して1992年に高齢者法が改正され、高齢者の権利擁護のため、**オンブズマン制度**が強化された。

新たな動向としては、1980年代からの福祉の縮減により、ホームレスの増加や低所得家庭の児童養護の問題、AIDS患者、依存症患者の生活困難などが表面化したが、1990年代には政府がNPOなどとサービスの購入契約を結ぶことが増加し、コミュニティを単位としたNPOの役割が増大した。また、ソーシャルワークの方法にも1990年代から新しい移民集団への対応のなかで発達した多文化ソーシャルワーク、病院を中心として広がった（根拠となる）事実にもとづく実践（Evidence-based Practice）、細分化した専門性よりも一般性・統合性を重視したジェネラリスト・アプローチが加わった。

（3）EU統合と介護保険（ドイツ）

1990年代以後のドイツの社会政策はEU統合や東西ドイツ統合、高齢化の進展への対応を中心として進んできた。1993年、マーストリヒト条約が発効し、EU統合が現実となった。EU加盟国の市民には各国の国民であると同時に、EU市民権が与えられている。EU市民権には1989年の**社会憲章**に定められた基本的社会権が含まれ、その実効についてはオンブズマンによる監視、調停が行われている。また、1997年にはアムステルダム条約の本文に社会政策が盛り込まれ、社会憲章のうち、職場における男女差別根絶が規定された。

一方、高齢者介護は年金生活者の尊厳の問題として1970年代から社会福祉関係者によって提起されてきたが、東西ドイツの統合による財政難のなか、1994年に第5番目の社会保険である**介護保険**が法制化された。それまでは要介護状態になって施設を利用するには直接契

ナーシングホーム
医療サービス付きの介護老人福祉施設。日本の特別養護老人ホーム兼老人保健施設に当たるが、アメリカでは医療保険の給付対象になっている。

オンブズマン制度
当事者の権利擁護のため、第三者的、あるいは一般市民的な立場で監視し、必要に応じて改善を申し立てる人や組織を配備する制度。

社会憲章
労働者の基本的な社会権に関するEC憲章。各種の市民的自由、生活保障の権利など12項目がある。

介護保険
医療保険の運営団体である、疾病金庫に併設された介護金庫が運営しているドイツの制度。家族介護の場合、介護者に金銭給付がある。

約、全額自己負担が原則であったため、長期化すると老齢年金や遺族年金で賄いきれず、社会扶助を利用するしかなかった。それでは高齢者の尊厳の維持ができないという批判や社会扶助の費用増大が問題になったため、社会保険方式を採用することにした。

（4）量から質への転換（スウェーデン）

　1990年代のスウェーデンの課題は、サービスの質の向上と費用の節約の両立と利用者の権利の保障である。権利保障としては1993年の児童オンブズマン法、1994年の障害者オンブズマン法にもとづき、社会サービスの提供状況が第三者によって厳しく監視されるようになった。

　サービスの質の保障では、1997年の社会サービス法の改正により良質のサービスを提供することと、良質のスタッフを配置することが定められた。1999年には高齢者の介護現場、心身障害者のケアにおいて、専門教育を受けたスタッフによるソーシャルサービスの提供が規定された。また、児童や青少年、アルコール依存症患者、薬物依存症患者、公的扶助受給者への個別、および家族ケアの質を向上させていくことが定められた。

　こうしてみると、1980年代以後、先進各国では経済の低成長に伴う失業の増加、および高齢化の進行に伴う社会保障費用の増大に苦闘してきた。「小さな政府」への転換を意図した財政の縮減、規制緩和、民営化などの構造改革も、サービス業で代替できる範囲にとどまり、生存権の保障を行う福祉国家の根幹に関わる改革には至っていない。

　しかし、高齢者介護の保障、少子化への対応、障害者に対する権利保障という新たな問題も起こってきた。これに対しては医療から福祉への転換、福祉から保険への転換など各国の対応はさまざまである。もっとも、ノーマライゼーションを基本にコミュニティ単位でのサービス提供を選択した、という点では各国とも共通しているといえるであろう。そのなかで、当事者自身によるセルフヘルプ運動の広がりは、専門職の関わりのあり方も「伴走者」的な役割に変えてきている。

　また、21世紀には経済のグローバル化、EU統合などにより、国境を越えた移動が増えてきた。とくに2015年以後、シリア、アフガニ

スタン、イラクからの大量に流入する難民をいかに受け入れるかという問題は、EU 加盟国それぞれの対応が異なり、イギリスの離脱も起こった。身近なコミュニティでも文化的な背景が異なる人々との共生が問われる。個人や家族では力が及ばない生活困難について、コミュニティや国はどのように対応していくのか、その仕組みと方法が問われている。さらに、世界の人々との共生も課題となっている。

たとえば、ヨーロッパではドイツを中心として緑の党が勢力を伸ばし、市民の連帯は環境保護と平和を求める政治勢力としてヨーロッパ全土で支持を受けている。こうした運動は環境保護の観点からアフリカやアジアの貧困問題にも目を向けており、平和運動や社会開発にも乗り出すようになった。

さらに深く学ぶために

1）渋谷博史『アメリカの福祉国家システム：市場主導型レジームの理念と構造』ミネルヴァ書房、2003 年
2）平岡公一『イギリスの社会福祉と政策研究：イギリスモデルの持続と変化』ミネルヴァ書房、2003 年
3）G.エスピン - アンデルセン『アンデルセン、福祉を語る：女性・子ども・高齢者』ミネルヴァ書房、2008 年

社会福祉実践との関連を考えるために

1）福祉国家から福祉社会への転換が現代欧米社会では強調されているなか、キーワードとなっているのは「社会連帯」である。そこで、ソーシャルワーク実践では、生活者の課題を当事者も含めた、だれとどのように連帯し、解決していくべきか、考えて下さい。

参考文献

1）吉田久一・岡田英己子『社会福祉思想史入門』勁草書房、2000 年
2）仲村優一・一番ヶ瀬康子編『イギリス（世界の社会福祉 4）』旬報社、1999 年
3）仲村優一・一番ヶ瀬康子編『ドイツ・オランダ（世界の社会福祉

8）』旬報社、2000 年
4）仲村優一・一番ヶ瀬康子編『アメリカ・カナダ（世界の社会福祉 9）』旬報社、2000 年

> ## column
>
> 　20 世紀後半は"強い国家"に頼りつつ、貧困からの解放＝ナショナル・ミニマムを保障することが課題となってきた。しかし、今、21 世紀に生きる私たちの目には"世界市民"として人類の将来を見つめることが必要だと映る。
> 　たとえば、私たちが日常使う物やサービスも経済のグローバル化により、世界中から集まってくる。インターネットや携帯電話の発達により世界中の情報が瞬時に共有される。私たちの生活はすでに深く世界中と関わっているのである。
> 　現在、スウェーデンのイェーテボリ大学には持続可能なソーシャルワークというコースが設置され、国際平和と社会開発への支援を実践できるソーシャルワーカーの養成が行われている。これからソーシャルワーカーになろうとする学生たちも、「世界的」な視点でのソーシャルワークをめざしてみてはどうであろうか。
> 　一方、日本国内に目を向けると、介護需要の増加に伴い、アジアから介護労働者を日本に呼び寄せる動きが進んでいる。ヨーロッパの経験では、「呼んだのは労働者であったが、やってきたのは家族であった」。これからのソーシャルワークは外国人労働者（移民）との職場での共生、地域社会での定着支援、家族との関係調整なども大きな課題となっていくのであろう。多文化ソーシャルワークもアメリカの問題ではなく、わが国のソーシャルワークの必修になるかもしれない。
> 　最後に、EU の「社会憲章」で保障されている社会権を世界中のすべての人に保障されるべき権利として示す。
> 　①移動・職業選択の自由
> 　②適正な賃金を得る権利
> 　③生活・労働条件の改善
> 　④社会保護・社会保障給付を受ける権利
> 　⑤結社・団体交渉の自由
> 　⑥職業訓練を受ける権利
> 　⑦男女の機会均等と待遇の平等
> 　⑧情報を請求する権利、協議および経営に参加する権利
> 　⑨職場の安全・衛生を享受する権利
> 　⑩児童・若年層の保護
> 　⑪高齢者の権利
> 　⑫障害者の社会への適応の推進

第3章　福祉制度の発達過程

第11回：現代社会と福祉Ⅱ（日本）

学びへの誘い

　第11回では、主として、わが国における社会福祉基礎構造改革に至るまでの道筋と、21世紀における社会福祉の新しい展開を学ぶ。ここでは、重度の介護を必要とする障害者や高齢者の在宅生活をどのように支えていくのか、また、ワーキングプアなど新たに生み出された貧困に対し、社会福祉がどのように取り組んでいくべきか、ともに考えてみたい。

1．財政危機と高齢化の進行による福祉縮減

　世界経済は1973（昭和48）年のオイルショックを境に行き詰まりをみせ、これに対応するため、新自由主義（新保守主義）政権が先進各国で誕生した。

　わが国では1982（昭和57）年、中曾根内閣が誕生し、**第2臨調**路線に沿った「活力ある福祉社会」を志向する政策が実施された。社会福祉サービスでは**福祉見直し論**が展開され、従来の国庫負担を見直したうえで、社会福祉サービスへの補助金削減が行われた。また、物価に合わせて上昇した現金給付も現状維持（生活保護）、または引き下げ（年金）となった。

（1）日本型福祉社会

　「福祉見直し論」は、元々福祉の拡充を意図した見直しであったが、1973（昭和48）年以後、社会福祉サービスへの公的支出の抑制を意図する論調に転換していた。1980年代には「**日本型福祉社会**の建設」をキーワードに福祉の縮減が図られた。

　1979（昭和54）年の「新経済社会7カ年計画」（経済企画庁（現・内閣府））では普遍的な福祉国家に決別し、自助を基本とする日本独自の路線をとることが宣言された。そして、家族介護を美徳とし、その保持を図ることが強調された。むろん、これは高齢者介護への需要の増加を前に、費用のかかる施設ケアの提供を抑制するための政策の見直しであった。在宅福祉はそのような政治状況のなかで推進されることとなった。

第2臨調
第2次臨時行政調査会（土光敏夫会長）の略。「増税なき財政再建」を基本原則に行財政改革を提言した。自立、互助、民間活力を重視する「活力ある福祉社会の建設」をめざした。

福祉見直し論
元々、革新自治体の政策として社会福祉サービスの拡充のための見直しであったが、1980年代に国が使用したときには、経費削減のための見直しの意味に変節した。

日本型福祉社会
社会の活力を維持するため、わが国がめざすのは北欧のような社会保障負担が重い社会ではなく、家族による私的扶養を基本とし、地域社会の相互扶助を組み合わせた社会であるとする国家像。

（2）高齢化の進行と在宅福祉への移行

　財政の縮減を考慮しなければならなくなった大きな原因は高齢化の急速な進行である。高齢化によって増大する介護サービスの需要を充たすためには、従来の施設中心の福祉サービスでは多額の費用がかかることが予測された。そこで、比較的コストのかからない在宅福祉が注目されるようになった。

　在宅福祉への移行の前提となったのは1970年代後半からの民間の動きである。1977（昭和52）年には全国社会福祉協議会在宅福祉サービス研究委員会が「在宅福祉サービスに関する提言」を発表し、**家庭奉仕員**の増員や有料ヘルパーの新設を提起した。また、1981（昭和56）年には武蔵野市福祉公社が有償在宅福祉サービスを開始した。

　こうした動きに理論的な補強をしたのが、三浦文夫の貨幣的ニードと非貨幣的ニードへのサービスの分類である。この非貨幣的サービスの需要は、貧困者以外にも存在すると規定することにより、対人福祉サービスの分野で、①低所得者に限定されていた社会福祉サービスの対象の拡大、②**公私の役割分担**による供給方法の拡大、③受益者負担として所得に応じた**費用徴収**を可能にした。

（3）老人保健制度の開始

　一方、高齢化の進行による医療費の増大を抑制する対策もこの時期に実施され、予防をめざす保健分野の拡充が図られた。

　医療費の増大は、1973（昭和48）年に実施された老人医療費支給制度によってもたらされていた。「老人医療費の自己負担の無料化」によって受診率が増加し、長期の治療が行われたことがその原因である。このため、予防や早期発見に重点を置いた施策を整備しなければ今後の医療費の増大は避けられない、という危機感も出てきた。そこで、第2臨調による指摘をもとに、1982（昭和57）年に老人保健法が制定され（翌1983（昭和58）年2月から施行）、自己負担と予防が導入された。

　この老人保健法では①一部自己負担の導入、②国、地方自治体、各医療保険者の共同拠出、③40歳以上を対象とした予防対策を加えることとなった。また、1987（昭和62）年の改正では「**社会的入院**」の解消のための老人診療報酬の設定、および中間施設としての**老人保健**

家庭奉仕員
ホームヘルパーの前身。当時の老人福祉法の規定による名称で、資格ではなくて職名であった。

公私の役割分担
三浦文夫によれば、公は国、都道府県、市町村、私は個人や近隣、インフォーマルグループ。

費用徴収
当時の受益者負担は、現在のような応益負担ではなく、負担能力に応じた自己負担（応能負担）と考えられ、所得に応じた負担が課せられた。

社会的入院
入院治療が必要ではない状態になっても、介護者が不在や虚弱等の理由で在宅生活ができないために退院できず、長期入院になる患者の実態。

老人保健施設
入院治療の必要はないが、リハビリテーションや介護を必要とする高齢者が対象の中間施設。家庭復帰への中間と位置づけられた通過施設である。

施設が設置された。さらに、1991（平成3）年に**訪問看護制度**が創設された。

（4）福祉8法改正

　中央社会福祉審議会、身体障害者福祉審議会、中央児童福祉審議会が1989（平成元）年に発表した「今後の社会福祉の在り方について―健やかな長寿・福祉社会を実現するための提言―」にもとづき、1990（平成2）年、社会福祉関係8法の改正が行われた。これにより国主導の施設ケアを中心として進められてきた社会福祉は、市町村を実施主体とする在宅福祉サービスへの転換が図られた。

　この改正ではまた、市町村に対し、具体的なサービスの目標の設定を含む老人保健福祉計画の策定を義務づけ、社会福祉計画と評価のサイクルを地方分権化するとともに進める方式が開始された。高齢者福祉の充実は、国全体では1989（平成元）年、消費税の導入とともに「高齢者保健福祉推進10か年戦略（ゴールドプラン）」として全体像が計画されていた。そのうちの在宅福祉サービス（ホームヘルプサービス、ショートステイ、デイサービス、在宅介護支援センター運営事業）については市町村で計画的に推進していくこととした。

　以後、1994（平成6）年の新ゴールドプラン、2000（平成12）年のゴールドプラン21と、計画的に高齢者介護のため、市町村を単位とした保健・福祉サービスの基盤整備を行う体制が進んでいった。

（5）専門職の必要性と社会福祉従事者の養成

　在宅介護需要の高まりとサービス基盤整備の必要に併せ、社会福祉従事者の質の問題が提起されるようになった。1987（昭和62）年の社会福祉士及び介護福祉士法の制定により、福祉関係専門職が国家資格として初めて制度化された。とくに需要が高いと予測された介護専門職については早急な養成が必要と考えられた。

　また、社会福祉関係専門職の人材の確保のため、1991（平成3）年に都道府県福祉人材センターが都道府県社会福祉協議会、1993（平成5）年に中央福祉人材センターが全国社会福祉協議会に設置された。

　なお、国家資格を定めたのは**専門職倫理**の問題があったからである。介護サービスの提供については公的規制が及びにくいシルバーサービスが想定されていたこと、利用者宅への訪問介護では密室での介護に

訪問看護制度
かかりつけ医の指示に従い、医療的管理を看護師が行う看護サービス。在宅の長期療養患者が対象である。

専門職倫理
利用者の権利の尊重、秘密保持、専門性の向上、社会的信用を失墜させないこと、必要な連携の実施などの倫理。

なる可能性が高いこと、利用者のプライバシーの保護の必要性があったことなどにより、社会福祉従事者には専門職倫理の徹底を図る必要があった。

その後、精神障害者の地域支援事業の担い手の必要から、1997（平成9）年、精神保健福祉士法の制定により精神保健福祉士の資格もできた。社会福祉士及び介護福祉士法は2007（平成19）年12月に改正され、さらなる質の向上を図る段階を迎えた。

（6）生活保護の「適正化」と自立支援

1980年代以降、保護の「適正化」と財政の縮減を理由として進められたのが、生活保護の給付水準の見直しと運用の見直しである。

まず、高度成長期に採用された格差縮小方式が一般勤労者家庭の最低水準の6割という目標を達したとして廃止され、格差を維持する**水準均衡方式**が1984（昭和59）年から採用された。また、1987（昭和62）年から級地が6つに細分化されたため、農山村では実質的な切り下げとなった。

一方、暴力団関係者の受給などマスコミで問題となった不正受給を防止するため、申請時の事実確認の強化（「水際作戦」）、監査の強化が実施された。これによって生活保護の申請へのスティグマが強化され、保護申請の抑制、保護の停廃止をねらいとした自立への指導が強化されたため、受給者の減少につながった。

一方、生活保護への国庫補助率も初めて削減された。国の「補助金等の整理統合及び合理化並びに臨時特例等に関する法律」により、1986（昭和61）年から3年間、国庫補助は80％から70％に削減され、1989（平成元）年以後、現在の補助率の75％となった。

自立支援の強化については2005（平成17）年から自立支援プログラムが導入され、就労支援や個別支援が積極的に実施されるようになった。また、2007（平成19）年からは長期生活支援資金（リバースモーゲージ）の導入も図られ、高齢者世帯の資産活用が強化された。

2014（平成26）年度には、不正受給に対する罰則を強化した改正生活保護法、生活困窮者自立支援法が施行された。これは1950（昭和25）年の制定以来の大幅な見直しとなるものである。

> **水準均衡方式**
> 最低生活費の積算の根拠の明確な理論がないまま、厚生省（現・厚生労働省）が一般家庭における所得の最低ラインの60％を生活保護基準と設定し、その格差を維持していく方針のもとに進められた方式。

2. ノーマライゼーションと在宅福祉の推進

在宅福祉の推進は、高齢化対策だけでなく、障害者福祉におけるノーマライゼーションの理念の浸透の影響もあった。1970年代に進んできた当事者運動は施設から在宅に移行する自立生活運動を展開していたが、1981（昭和56）年の「国際障害者年」を契機に、障害者の地域生活や自立を支援する方向に転換していった。

（1）当事者運動の高まりと地域での生活

1970年代は世界的に障害者の権利の獲得運動が高まった時期である。わが国でも障害当事者による社会変革をめざした闘争的な障害者運動が展開された。車いすのバス乗車拒否抗議行動を起こした「青い芝の会」、および自立生活運動を行った府中療育センターの重度障害者の運動は自立と自己決定の権利を主張した。

しかし、一般にノーマライゼーションへの社会的な関心がようやく高まったのは1981（昭和56）年の「国際障害者年」以後である。1983（昭和58）年から「国連・障害者の10年」が始まり、わが国でも障害者の社会的・経済的自立を進める体制が整備されていった。1984（昭和59）年には身体障害者福祉法が改正され、「更生」から「自立」へと法の趣旨を転換した。また、1985（昭和60）年には国民年金法が改正され、20歳前からの障害者に障害基礎年金が給付されるようになった。1990（平成2）年に実施された**社会福祉関係8法の改正**ではホームヘルプサービス、グループホーム、知的障害者通勤寮、知的障害者相談員が法定化され、知的障害児者が地域で生活する体制が整えられた。

（2）障害者基本法と障害者施策の統合

1993（平成5）年には心身障害対策基本法が改正され、障害者基本法となった。そのなかで、障害者は「社会を構成する一員として社会、経済、文化その他あらゆる分野の活動に参加する機会を与えられる」と明言され、ノーマライゼーションの推進に向かい、制度を整備していくことが示された。また、その実現のため、国や地方自治体が障害者施策に関する計画を策定すべきことが規定された。

これに伴い、1993（平成5）年から10年間の「障害者対策に関する新長期計画」は、**障害者基本計画**に位置づけられた。1995（平成7）

社会福祉関係8法の改正
老人福祉法、身体障害者福祉法、知的障害者福祉法、児童福祉法、母子及び寡婦福祉法（現・母子及び父子並びに寡婦福祉法）、社会福祉事業法、老人保健法、社会福祉・医療事業団法の改正。在宅福祉サービスの推進と市町村への権限の委譲が主な内容である。

障害者基本計画
障害者の福祉、障害の予防についての総合的な計画。都道府県と市町村も、国の障害者基本計画にもとづいた計画策定の義務を負う。

年に発表された**障害者プラン**はこの障害者基本計画の実施計画で、障害のある者が地域社会でともに生活できる体制づくりのため、行政機関が実施すべき横断的施策の実施計画、在宅福祉サービスの担い手のホームヘルパーの増員目標などが盛り込まれた。

また、障害者基本法（1993年）では初めて精神障害者が障害者として位置づけられ、1995（平成7）年には精神保健法を改正した精神保健福祉法が成立し、精神障害者に対して福祉施策で対応することが明らかにされた。これにより、従来、細分化されてきた障害者福祉施策は3障害、すなわち、身体障害、知的障害、精神障害を統合していく方向に進んだ。

（3）社会福祉基礎構造改革（措置から契約へ）

1980年代のノーマライゼーションの取り組みのなかで、介護を必要とする高齢者や障害者が人間としての尊厳を保持し、家族や地域社会の人々との関わりのなかで、その人らしい生活を送ることが追求されてきた。その実現のため、在宅福祉サービスの量的な拡大がまず図られ、次いで介護保険の実施を契機に、社会福祉サービスの供給のあり方を変革する動きとなった。

1998（平成10）年、中央社会福祉審議会社会福祉構造改革分科会が「社会福祉基礎構造改革について（中間まとめ）」を発表し、社会福祉サービスの利用の基本を措置制度から契約制度へ移行する提言が行われた。これを受け、2000（平成12）年には社会福祉事業法が改正され、**社会福祉法**と改称・改正された。

社会福祉基礎構造改革の基本方針は①利用者と提供者の対等な関係での契約、②地域福祉の推進、③多様なサービス供給主体の参入、④サービスの質の向上、⑤サービスの透明性の確保と第三者機関の育成、⑥公平で適正な負担、⑦福祉文化の創造であった。

（4）支援費制度と障害者自立支援法、障害者総合支援法

この社会福祉事業法の改正とともに、身体障害者福祉法や知的障害者福祉法、児童福祉法も同時に改正され、2003（平成15）年から障害者に対する福祉サービスは**支援費制度**に移行した。支援費制度は障害者が市町村に自分が利用したいサービスの支給申請を行い、市町村の支給決定にもとづき、サービスを利用する仕組みである。それまで

障害者プラン
1996～2002（平成7～14）年度までの7年間にわたり、行政機関が横断的に取り組む各種施策を明らかにし、ホームヘルパーの増員の目標などの数値目標を設定した計画。

社会福祉法
社会福祉事業の運営について、社会福祉事業法が施設福祉を中心とした事業体系と措置制度による処遇であったことに比べると、地域福祉中心、サービス利用の援助および苦情の解決、利用者の保護に変化した。

支援費制度
2003～2006（平成15～18）年9月まで（施設の場合、2011（平成23）年9月まで）の暫定的な方式。市町村に申請して認められれば、指定事業者によるサービスを利用できる。この際の負担は応能負担方式が採用された。

と大きく異なることは、利用者が指定事業者と契約を直接結び、サービス提供を受けることになった点である。
　しかし、その後、支援費制度が財政的な破綻に直面したため、2006（平成18）年10月、障害者自立支援法が全面的に施行され、障害者福祉はすべて同法による制度が優先することになった。障害者自立支援制度は3障害施策の統一、市町村を提供主体としたサービスの一元化とケアマネジメントの導入、障害者自立支援を基本とした新しいサービス体系への移行、定率（1割）の利用者負担を原則とした。従来の支援費制度までの応能負担が応益負担に変わり、自己負担が生活を圧迫するとして、自主的に利用制限をする障害者も出てきた。このため、障害者自立支援法は障害者の社会参加をかえって妨げているという批判が起こり、2013（平成25）年度より「家計に与える影響」を勘案して負担額が決定される障害者総合支援法が施行されることになったのである。

3．新たな社会福祉のあり方を求めて

　1990年代以後、少子高齢化の進行が社会的な課題となり、この少子化を食い止めるための施策が展開されてきた。1994（平成6）年には「今後の子育て支援のための施策の基本的方向について（エンゼルプラン）」が発表され、保育対策が推進されるようになったが、少子化の傾向はいまだに止まっていない。

（1）阪神・淡路大震災以後のボランティア活動とNPO

　1995（平成7）年の阪神・淡路大震災（兵庫県南部地震）は、その災害の規模の大きさから公的な支援の限界を浮き彫りにしたといわれている。一方で、被災者同士の助け合いのほか、全国各地から多くのボランティアが駆けつけて支援に当たったため、「ボランティア元年」ともいわれた。この経験から社会的弱者の保護の体制、支援の段階的展開、公私の役割分担と協働の方法、仮設住宅での独居高齢者の孤独や病気の問題など、現代社会における災害時の生活保障のあり方について多くの課題が明らかになった。
　もっとも、震災以前から会員制の有償サービスなどを提供するボランティア団体や市民グループが都市部を中心として活発になっていた

が、その権利義務の関係、税制上の問題など、公的な法人格の必要性が論議されるようになった。そこで、1998（平成10）年、社会貢献的な活動を担う団体に法人格を与える特定非営利活動促進法（NPO法）が成立し、**NPO法人**が誕生した。これにより、社会福祉関係のNPO法人は介護保険、障害者自立支援法などのサービス提供主体となる条件が整えられた。そして、2011（平成23）年の東日本大震災（東北地方太平洋沖地震）および東京電力福島第一原子力発電所事故における被災地の復旧・復興でのNPO法人の活躍が注目を集めることになった。

（2）介護保険制度のスタート

1990年代半ばから、増大する高齢者介護の需要に応える方法について、厚生省（現・厚生労働省）内で検討が始まっていたが、**シルバーサービス**の育成と活用、NPO法人なども含めたサービスの供給主体の多様化、利用者との直接契約方式などを取り入れる必要から新たな社会保険を創設することとなった。

このようななか、1997（平成9）年に成立した介護保険法は2年半の準備期間を経て、2000（平成12）年4月から実施された。その特徴は、①40歳以上のすべての国民が加入する社会保険であること、②保険者が市町村であること、③保険料は65歳以上の第1号被保険者は年金から天引き、もしくは直接支払い、④給付を受けるには要介護認定が必要である、⑤サービス利用には介護サービス計画（ケアプラン）を立てる必要がある、⑥利用者は1割の自己負担をすることなどである。2005（平成17）年の改正から**予防給付**を加えた再編と**地域支援事業**が開始され、自立支援が強化された。

また、この改正では、住み慣れた地域でサービスを提供する**地域密着型サービス**を市町村の判断で展開できることとなり、地域の実情に応じた介護予防や認知症高齢者へのサービスの提供ができるようになった。

介護保険の持続性を高めるための2018（平成30）年改正の主な内容は、①高所得者の3割自己負担導入、②自己負担限度額の引き上げ、③介護医療院の創設、④高齢者と障害児の両方が利用する共生型サービス導入である。そのほか、地域包括ケアシステムや医療と福祉の連携の強化、介護現場への外国人研修生受け入れによる介護人材の確保

NPO法人
保健、医療、福祉、雇用、消費者保護、環境保護、文化活動など、社会貢献を主な目的とする団体に与えられる法人格。寄付者に対する税額控除もある。

シルバーサービス
有料老人ホームや在宅サービス、福祉用具など高齢者向けの財やサービス、商品を販売する企業など民間事業者による営利のサービス。1987（昭和62）年、質の確保のため、シルバーサービス振興会が設立された。

予防給付
「要支援」と認定された高齢者に対し、介護予防を目的とした保険給付。

地域支援事業
市町村が認定審査を行う「要支援・要介護」になる前からの介護予防（特定高齢者の閉じこもり予防など）、地域における包括的・継続的なマネジメントの強化を図る事業。地域包括支援センターに委託できる。

地域密着型サービス
小規模多機能施設、認知症対応のデイサービスやグループホームなど市町村が指定、監督を行うサービス。

が進められている。

(3) 権利擁護と成年後見制度

　介護保険法や障害者総合支援法にみられるように、介護を中心とした福祉サービスの大半は措置制度から契約制度に移行し、行政機関の関わりが縮小された。利用者の立場で考えると、主体性が尊重され、自己決定や自立への意思が生かされるようになったというのはよい点である。

　しかし、一方で認知症高齢者や知的障害者、精神障害者など判断能力が不十分で、意思決定が困難な人々の権利擁護の問題を浮かび上がらせた。これらの人々が契約を結ぶ際に不利な状態に置かれないよう、介護保険の実施に併せて民法の改正も行われ、**成年後見制度**がスタートした。

　ただし、利用するには費用の問題や手続きの困難性の問題、後見人、保佐人、補助人の引き受け手の問題などがあるため、十分利用が進んでおらず、今後の普及・啓発や利用への支援が課題となっている。また、サービスの費用の支払いや日常生活の支援として、都道府県社会福祉協議会および市町村社会福祉協議会が**日常生活自立支援事業**を実施している。さらに、サービスの提供主体には第三者を委員として置くことが定められ、苦情解決の窓口となっている。

(4) ホームレスとワーキングプア

　ホームレスに対しては、居所が一定でないところから生活保護制度の適用が困難であった。もっとも、経済・雇用情勢の厳しさによる増加と、ホームレスが犯罪被害者になる事件が社会問題になったことから、1999（平成11）年、「ホームレス問題に対する当面の対応策」により、関係省庁と地方自治体の施策がとりまとめられ、2002（平成14）年の**ホームレス特別措置法**（2012（平成24）年に5年間の延長が決定）年により、自立支援や巡回相談、技能講習などが実施されるようになった。

　また、近年、**ワーキングプア**の問題が新しい貧困問題として社会問題化している。多くは短期の派遣労働者として雇用調節要員に利用されているため、たとえば、ネットカフェ難民として住居も定まっていない。いわゆるホームレス（路上生活者）予備軍である。これらの人々は家族の形成も十分にできず、社会保障制度の網の目からも漏れ

成年後見制度
任意後見と法定後見がある。このうち、後者は代理権が重い順に後見、保佐、補助の3類型があり、家庭裁判所が選任する。いずれも登記が必要となっている。

日常生活自立支援事業
1999（平成11）年より実施されてきた地域福祉権利擁護事業を法制化したもの。生活支援員が、利用者の金銭管理やサービス利用を支援する。

ホームレス特別措置法
同法にもとづき、2003（平成15）年、ホームレス実態調査が実施され、自立支援や相談事業、技能講習などが実施されている。

ワーキングプア
就労しているものの、短期、不安定、低賃金、社会保険などの不備などにより、貧困状態に置かれている人々。

ている。社会福祉関係者の間ではホームレスやワーキングプアの存在を現代社会の**社会的排除**としてとらえ、対策の必要性を提起するようになった。

社会福祉関係8法の改正以後、社会福祉基礎構造改革にみられるような一連の福祉サービスの軌道修正を貫く考えは①利用者本位、②自立支援、③普遍主義、④総合的サービスの提供、⑤地域主義と地方分権化であった。1980年代からのノーマライゼーションの浸透により、ようやく地域での生活を基本とし、どのような者にも自立生活を支援する、という福祉サービスの体系が完成した。今後は政府および自治体、関係施設、NPO法人企業など民間事業者はもとより、判断能力や情報収集に困難がある人々も安心して生活できるよう、当事者も含め、社会連帯をもとにした支援の体制をつくっていくことが求められている。

> **社会的排除**
> ソーシャルエクスクルージョン。ヨーロッパでは1980年代から取り上げられている貧困の概念。積極的な差別がなくても、企業、学校、家族などとのつながりが薄く、社会から排除され、孤立している状態をいう。

さらに深く学ぶために

1）阿部志郎・河幹夫『人と社会：福祉の心と哲学の丘』中央法規出版、2008年
2）北場勉『戦後社会保障の形成：社会福祉基礎構造の成立をめぐって』中央法規出版、2000年
3）野口定久編『福祉国家の形成・再編と社会福祉政策』中央法規出版、2006年

社会福祉実践との関連を考えるために

1）近年、ほとんどの福祉サービスが措置から契約に変わったことを踏まえ、ソーシャルワーカーは利用者が自らの生活の向上に結びつくようなサービスを利用できるよう、支援していくべきか、考えて下さい。

参考文献

1）椋野美智子・田中耕太郎『はじめての社会保障』有斐閣、2001年
2）厚生統計協会編『国民の福祉の動向』厚生統計協会、2007年

第4章
福祉政策におけるニーズと資源

この章で学ぶこと

　デパートのおもちゃ売り場を通りかかった親子。子どもが母親の袖を引っ張りながら、「ねぇ、これ買って、買ってちょうだい」と、だだをこねている。しかし、母親は「だめよ」と子どもの要求に耳を貸す様子がない。それから続けて、「今日は、あなたの靴を買いにきたのだから、早く見に行きましょう」と子どもを促す。子どもはしぶしぶ母親の後に続いて靴売り場に行く。
　さて、この母親はなぜ、おもちゃはだめで、靴は買ってよいと判断したのであろうか。おもちゃは子どもにとって「必要ない」ものであり、靴は「必要」だからである。子どもの足の成長に合わせ、靴を購入しなければ子どもの毎日の「生活ができない」ため、母親は家計にあまり余裕がなくても子どもの靴の購入を決断したのである。
　福祉政策の決定過程も実は同じような道をたどる。財源に余裕はないが、緊急性があったり、深刻な事態に対しては今すぐ手当てしなければならない。しかし、どのような事態に何をもって対応するのかは子どもの靴を買い換えるときのように簡単ではない。政策として取り上げるには個々のニーズではなく、集団としてのニーズをどうつかんで表現するのか、が求められるからである。
　ソーシャルワーカーの役割は第1義的には個々人のニーズ充足のため、社会資源を紹介したり、利用の手助けをすることである。しかし、そうしているうちに、ショートステイ先が不足しているとか、精神障害者に対応できるスタッフが不足しているなどの問題に出くわす。このように社会資源が不足している場合、社会資源を増やす努力が必要である。ソーシャルワーカーは自らが社会資源をつくり出すのか、民間団体やボランティアに社会資源をつくってもらうように頼む。あるいは行政機関に働きかけ、政策に盛り込んでもらうことになる。行政機関に働きかけ、福祉政策に盛り込んでもらうには、共通課題としてのニーズをとらえなければならない。
　そこで、この章ではまず集団としてのニーズにはどのようなものがあるのか、そのとらえ方や分類の仕方、表現の仕方、需要の測定や予測を学習する。そのうえで、福祉政策の立案過程で必要な資源のアセスメントを行う行政機関と協働し、福祉サービス利用者の生活環境整備ができるようになることを学ぶ。

第4章 福祉政策におけるニーズと資源

第12回：需要とニーズの概念

学びへの誘い

　社会福祉では、ある個人・集団・地域等が何らかの支援を必要としている状態について、「ニーズ（ニード）がある」と表現する。「ニーズ（needs）」概念は、社会福祉の政策・制度（マクロレベル）や社会福祉実践／ソーシャルワーク実践（ミクロレベル）の両方にとってキーとなる概念であり、社会福祉による支援の対象・範囲・条件・水準を考えるうえできわめて重要な意味を持っている。

　一方、「ニーズ」という言葉は、社会福祉に限らず、他の対人援助領域（医学・看護学・心理学・リハビリテーション学等）や広く社会経済活動でも用いられており、一般企業等では「顧客ニーズ」「消費者ニーズ」といった使い方が一般化している。そこで出てくるのは、「顧客ニーズ」という場合の「ニーズ」は社会福祉における「ニーズ」と同じなのか、というものである。この言葉はあまりに多様な場面や環境で使われ、日常用語化されているため、それが意味する内容は多元的なものとなっているのが通例である。

　そこで、以下では、社会福祉における「ニーズ」についていくつかの代表的な説明を紹介しながら、その内容・特徴を中心にみていく。

1．需要とは

　一般に「需要」の辞書的意味は「必要として求めること。また、そのもの」である。あるいは、経済学では個人や企業などの経済主体が、市場において交換、販売を目的として提供される財やサービスを購入しようとする行為を意味する。とくに貨幣などの購買力に裏づけされた需要を**有効需要**と呼んでいる。貨幣経済では需要量は提供される財やサービスの価格、購入しようとする経済主体の欲望の度合い、所得水準などに依存して決定されるのが通常で、自由市場のメカニズムが典型的な例である。

　需要について理解する場合に重要なことは、その必要性を判断するのは各主体であるという点である。たとえば、ある個人が自ら家事ができるにもかかわらず、家政婦を雇って家事を代行してもらうという

有効需要
財・サービスに対する実際の貨幣的支出を伴う需要を指す。J.M.ケインズの『雇用・利子及び貨幣の一般理論』以降、「社会全体の需要の総計」という意味で用いられるのが通例である。国民経済の有効需要は①個人や政府の消費支出、②企業や個人あるいは政府の資本形成、③外国への財やサービスの輸出の3つから構成されている。有効需要に対し、実際に貨幣的支出を伴わない需要を潜在需要という。有効需要はケインズ経済学の中心的概念の一つと位置づけられている。

場合がそれである。このとき、「家事を代行してもらいたい」という「主観的判断・要望」が前提となっている。

　もう一つの重要な点は市場原理に基づく経済システムのもとでは、購買力の有無が需要に大きな影響を与えることである。先の例でいえば、たとえ「家事を代行してほしい」という希望があっても、実際に家政婦への給与を支払うだけの財力がなければ実現しない（＝有効需要とはならない）。

　最後に、需要は市場においてそれを充足するための（十分な）サービス・商品が供給されていることが条件である。その際、供給量が少なく需要量が多ければ価格は上昇する、つまり値上がりする。このように考えると、社会福祉におけるニーズについては、ある主体（個人）の「主観的判断・希望」「購買力」「サービス供給」が必ずしも条件として充たされない場合も想定される。それは判断能力が不十分であったり、経済的な困窮や貧困状態にあったり、必要なサービスが市場では十分に提供されなかったりという状況である。その意味でいえば、需要とは「利便性（convenience）」と「接近性（accessibility）」という条件から考えられる概念で、経済活動におけるニーズは需要と置き換えても差し支えがないことが多い。

2．社会福祉におけるニーズ

　社会福祉におけるニーズの理解は必ずしも統一された内容があるわけではなく、各論者の立場や見解によって説明の内容も異なっている。このため、ここでは代表的な4つの説明について紹介しながら、社会福祉におけるニーズについて確認することにしたい。

（1）岡村重夫による説明

　岡村重夫によるニーズの説明は、著書『社会福祉原論』（1983（昭和58）年）において述べられている。以下ではその内容を紹介する。

　岡村によれば、社会福祉が問題とする「生活困難」、ないし「生活課題」とは常に個人の社会生活上の困難、ないし問題である。社会生活とは個人が社会制度との交渉や関連により、はじめて可能なものである。そして、「社会生活の困難」とは「社会生活の基本的要求が充

足されない状態」である。そして、「社会生活上の基本的要求」とは「だれも避けることのできない社会生活上の要求」である。それは社会的存在としての人間にとって必然的な要求であり、すべての人々が避けることのできない生活要求である。

以上のような基本的認識にもとづき、岡村はニーズについて「人間の基本的欲求」と「社会生活の基本的要求」という2つの側面から整理・考察した。

①人間の基本的欲求

これは心理学において多くみられるもので、一般には「生理的欲求（physiological needs）」と「心理的または人格的欲求（psychological or personality needs）」とに分類される。「生理的欲求」とは有機体として基礎的な生活機能を営むために必要な欲求で、呼吸、睡眠、休息、食物、排せつ、性欲、身体的活動への欲求である。「心理的または人格的欲求」は、人間の対人的交渉においてみられる基本的欲求とされ、愛情の欲求、所属の欲求、成就完成の欲求、独立の欲求、社会的承認の欲求があげられる。

②社会生活基本的要求

岡村によるニーズに関する説明の核心はこの部分である。岡村によると、社会福祉の関心は人間の生活の社会的側面における困難（生活困難・生活課題）を支援することにある。それを個人の社会生活と呼ぶならば、「個人の生理的欲求」や「心理的欲求」を**社会制度**によって承認されるような行動、すなわち、制度的行動によって充足する過程として捉えるのが岡村である。このため、前述した「人間の基本的欲求」を持つ人間を社会制度との関連から限定することにより、そこに成立する社会生活について新しい基本的要求を見出すことになる。しかも、それは社会的存在としての人間にとって避けることのできない必然性を持った要求でなければならないという。したがって、岡村に従えば、「人間の基本的欲求」とは区別されるものとして「社会生活の基本的要求」という表現を用いることで、社会福祉が対象とする固有のニーズとして位置づけられる。

さらに、「社会生活の基本的要求」は、社会的存在としての人間にとって必然的であると同時に、社会の存続にも不可欠な最低必要条件を満

社会制度
岡村は社会学の知見にもとづき、基本的社会制度として①社会成員の生物的機能の維持（保健）、②貨財およびサービスの生産と分配（経済）、③社会成員の後継者の生殖（家族）、④新しい社会成員の社会化（教育）、⑤秩序の維持（司法・道徳）、⑥社会的動機づけ（文化）をあげている。

たすようなものでなければならない。言い換えれば、「個人の生活にとっての最低必要条件」であることに加え、「社会自体の存続に求められる最低必要条件」であること、つまり、両者の調和によって成立する基本的要求である。

以上より岡村のいう社会福祉が対象とし、その充足を実現しなければならない「社会生活の基本的要求」とは次の7つとなる。

(a) 経済的安定
(b) 職業的安定
(c) 家族的安定
(d) 保健・医療の保障
(e) 教育の保障
(f) 社会参加ないし社会的協同の機会
(g) 文化・娯楽の機会

(2) 三浦文夫による説明

社会福祉研究の立場からニードについて説明しているのが三浦文夫である。以下では著書『増補 社会福祉政策研究』(1987年) の内容から整理する。

三浦の場合、ニードを「個々のニードに共通する社会的な要援護性として把握する」という視点が特徴である。その際、ニードとは歴史的、かつ社会的な規定を受けつつも個人的、家庭的、地域社会の態様と構造との関連で現われる「状態」と、これらの「状態」を改善しなければならないという社会的「判断」としての結合として捉えるべきとしている。そのうえで、三浦は社会的ニードを「ある種の状態が、一定の目標なり、基準からみて乖離の状態にあり、そしてその状態の回復・改善等を行う必要があると社会的に認められたもの」と定義した。そして、「ある種の状態が、一定の目標なり、基準からみて乖離の状態にある」ものを「依存的状態／広義のニード」と呼び、この依存的状態の「回復・改善等を行う必要があると社会的に認められたもの」を「要援護性／狭義のニード」と説明している。

三浦がいう「依存的状態」は、ある個人や集団、地域の状態という所与的事実を前提としつつも、それをある基準で測定することになるため、基準の設定によって依存的状態は絶対的なものではなく、あくまでも相対的なものとなる。また、設定される目標や基準が規範としての意味を帯びる場合には、そこに一定の価値判断が含まれることか

ら、そこでの乖離状態は社会的な価値の姿を反映することになる。

このようにみてくると、厳密な意味での社会的ニードとは「依存的状態」を前提としながらも、それと同一視されるものではなく、「その充足必要性が社会的判断」にもとづかなければ社会的ニードとはみなされないという事態も当然に想定される、という立場が三浦による説明の特徴でもある。

(3) 古川孝順による説明

岡村や三浦が示した福祉ニーズ論を再構成しようと試みたのが古川である。その著書『社会福祉の拡大と限定』(2009年)を参照すると、「生活支援ニーズ」という概念が提唱されている。

古川によると、人間の生活は基本的に「生命－身体システム」「人格－行動システム」「生活関係－社会関係システム」という三とおりの内部システムを持つ生活者（生活主体）と物質的生活環境と社会的生活環境から構成される生活環境との間の社会的代謝を通じ、**生活ニーズ**を充足させることで維持、再生産されている。

生活者の生活ニーズは生活者と生活環境との社会的代謝関係のなかで充足され、そこに一定の水準と内容を持った日常生活が形成される。しかし、生活ニーズはいつでも適切に充足されるわけではない。生活者の生活環境や内部システムに変化が生じるとき、しばしば生活ニーズの充足は不十分なものとなる。そこに形成されるのが古川のいう「生活支援ニーズ」である。換言すれば、社会的施策や制度が欠落、量的な不足、低劣な品質等であるため、十分に機能していない場合、生活者の持つ個別的条件のために適切に利用できない場合、そこに生活支援ニーズが形成されることになる。古川によれば、生活支援ニーズには次の6つの特徴的属性が認められる。

このような生活支援ニーズは、一定の条件のもとにおいて社会的生活支援ニーズへと転化する。生活支援ニーズが形成された後も、生活者は自助努力によってその充足を図ろうとする。それが充足されないとき、社会的生活支援ニーズへと転化するのである。それは生活支援ニーズが①インフォーマルな生活支援サービスや営利的生活支援サービスをもっては充足され得ない、あるいはそれらを利用できない場合

生活ニーズ
古川は、生理的ニーズ、人格的ニーズ、社会的ニーズといった多様なニーズを一般ニーズと呼んでいる。それは人間の生存と生活にとって充足しなければならない要件である。しかし、一般ニーズがそのまま社会福祉の対象になるわけではない。一般ニーズのうち、「生活ニーズ」と呼ばれるものは次の2つを含んでいるとされる。①充足の有無が直接的に個人、家族、地域社会の生命や活力の維持・再生産に関わっているニーズ。②充足が社会関係や社会制度とのかかわりのなかで行われるニーズ。福祉ニーズの出発点となるのはこのような生活ニーズである、というのが古川の説明である。

であり、②社会的、ないし公的な形での充足が必要であるという社会的認識と合意が成立する場合に認知される。

> (a) 要援護性：独力では充足が困難である。あるいはそれが不可能なところに成立する。
> (b) 緊急性　：充足されない場合、人間生活を維持するための再生産が脅かされる。
> (c) 社会性　：社会的に形成される。
> (d) 規範性　：望ましいとされる価値や判断基準に抵触する状態であるため、その解決や緩和が必要な課題として認識される。
> (e) 覚知性　：生活者によって認識されている場合とそうではない場合がある。また、認識されていても表明される場合とそうではない場合とがある。
> (f) 需要性　：充足を求める行動を伴う。家族・親族・友人・隣人等に対する支援の要請や新たなサービス創出を求める社会運動などの態様をとる。

（4）J. Bradshaw ブラッドショーによる説明

　これまでの3人とは異なり、ニーズが認識される経路に着目した分類がある。そのなかでも有名なのはブラッドショーが提案した4つのニーズ概念（分類）である。

　①ノーマティブ・ニード（規範的ニード normative need）

　専門家や行政職員、研究者などが判断するニーズである。望ましい基準と現状とを比較し、ある個人や集団がその基準から乖離した状態にある場合、ニーズがあるとみなす。法制度に規定された福祉の措置の基準や法制度には明確な基準はなくとも、専門的見地で定めた基準を用い、決定する場合がそれにあたる。あるいは社会の価値観からみて理解が得られるか、という点も考慮される。ただし、これらは時代や社会の変化によって影響を受けるため、一定ではない。

　②フェルト・ニード（自覚されたニード felt need）

　本人が自覚したニーズで「欲求」に該当する。本人の意向や希望を聞き取ることなどで把握されるもので、近年の日本でいえば「利用者本位」「自己決定の尊重」などの理念との連関で理解できる。ただし課題もある。利用可能なサービス・給付を本人が知っているとは限らないという点である。仮に知っていたとしても、サービス利用に対し、嫌悪感・拒否感を持っている場合もある。あるいは必要性が乏しい、ないしは全くないにもかかわらず、利用を希望する可能性もある。また、社会通念上の基準からすれば望ましくない生活であっても、本人がそれを自覚していないというケースもあり得る。

　③エクスプレスド・ニード（表明されたニード expressed need）

本人がニーズを自覚し、実際にサービス利用を申し出たニーズである。フェルト・ニードがあってもそれが表明されなければサービス利用にはつながらない。本人の希望が実際にサービスと結びつくには利用への意思表明が必要なのである。しかしながら、表明されたニードのすべてが充足されるとは限らず、場合によってはサービス利用が認められない可能性もある。

④コンパラティブ・ニード（比較ニード comparative need）

サービスを利用者と比較し、それと同じ特性を持ちながらもサービスを利用していない者がいたとき、ニーズがあると判断するものである。この方法は個人、集団、地域社会の各レベルに適用されるが、難点は比較に用いる特性の定義や基準である。「同じである」という場合、どのような観点からどのような意味で同じであるかを明確にすることは簡単ではないことも多い。

3．ニーズの分類

以下では代表的な2つの区別について概観する。

（1）貨幣的ニーズ（ド）と非貨幣的ニーズ（ド）

これは充足手段による分類である。現金給付を必要とする場合、経済的ニーズ、健康の回復・維持を必要とする場合、保健医療ニーズというように、充足手段の種類によってニーズを分類しようとするものである。「貨幣的ニーズ（ド）」とは現金給付で対応できるニーズであり、「非貨幣的ニーズ（ド）」とは現金給付で対応することが不可能か効果的でない場合、人的サービスを含む現物給付で対応すべきニーズである。

注意しなければならないことは、このようなニーズ分類は絶対的なものではないということである。たとえば「非貨幣的ニーズ（ド）」と考えられている介護や保育サービスが将来的に個人で購入できるよう、市場化が進むような事態となれば、現金給付でも対応できる「貨幣的ニーズ（ド）」になるということもあり得る。このため、このような分類は長期的な視点に立てばあくまでもある時点における相対的なとらえ方である一方で、短期的、中期的にみれば一定程度の妥当性

があるといえる。

(2) 診断的ニーズと処方的ニーズ

　これは品詞による分類である。たとえば、「生活困窮者のニーズ」と「介護ニーズがある」という表現にはニーズという言葉の品詞の違いがある。つまり、前者が名詞として使われており、後者が動詞として使われている。名詞としてのニーズは、めざすべき、または達成すべき、もしくは望ましい状態と現状との乖離（かいり）と捉えることができる。いわば２つの間に存在するギャップをニーズと考える。「生活困窮者のニーズ」という場合、生活困窮者のあるべき生活状態と彼らの生活実態との間に開き、すなわち、乖離があることを指している。乖離の程度を診断するという意味で「診断的ニーズ（diagnostic needs）」と呼ぶ。

　一方、動詞としてのニーズは「○○を必要としている」というように表現される。「○○」は目的語であり、特定のサービスや現物であるが、それは現状と理想状態との乖離を埋めるための解決策や目標達成手段といえる。「介護ニーズがある」などの表現はニーズそのものではなく、解決策をさしている。このようにニーズという言葉は解決策の必要性を表すものとしても用いられる。これを「処方的ニーズ（prescriptive needs）」、あるいは「サービス・ニーズ（service needs）」と呼んでいる。

４．ニーズ把握の方法
(1) 福祉政策とソーシャルワーク実践

　社会福祉におけるニーズ把握は、大別すると「福祉政策のためのニーズ把握」と「ソーシャルワーク実践のためのニーズ把握」に分けられる。この２つの大きな違いは、前者が「広く社会的に共通するニーズ（一般化・普遍化されている／されるべきと考えられるニーズ）」をとらえることを目的としているのに対し、後者は個別支援に典型的にみられるように「個別性にもとづくニーズ」を把握の対象としている。そして、これらを把握する方法として「福祉政策のためのニーズ把握」では量的調査法、「ソーシャルワーク実践のためのニーズ把握」では

質的調査法が多く用いられる。ただし、それはあくまでも絶対的な区別ではなく、2つが併用されて用いられることも当然ある。

(2) 社会調査によるニーズ把握

社会調査の方法を用いてニーズを把握する場合、その対象は大きく「フェルトニーズ（主観的ニーズ）」と「ノーマティブニーズ（規範的ニーズ）」が想定できる。前者の場合、ある対象（個人・集団・地域社会）に対して必要と考えるサービス・給付について尋ね、その回答から把握することになる。今日では、地域福祉の展開を考えるうえで、住民向けのアンケート調査や住民懇談会（コミュニティ・フォーラム）、座談会、ワークショップなどの手法による意見の吸い上げも一般的となっている。一方、「ノーマティブニーズ（規範的ニーズ）」については、その時点での規範となる基準（法律のルール、専門職による判断、学術的知見にもとづく判断）に照らし、身体的状況や心理的状況、社会生活状況などに関する質問を行い、その結果からニーズの有無や程度を判定する。

社会福祉におけるニーズの把握ではとくにソーシャルワークの実践の場面において個別性を尊重したニーズ把握が重視されるが、それは「フェルトニーズ（主観的ニーズ）」が明らかになればよいということではない。社会福祉が1つの社会制度として存在していることを考えれば、「本人が希望している」ということのみを理由として、サービスや給付の対象とすることは現実的ではない。やはり社会として共有する何らかの基準が必要とされ、その点からいえば「個人的要素」と「社会的要素」の両面からアプローチすることで、その適切な着地点を見いだす作業が求められることになる。

さらに深く学ぶために

1）Dean Hartley、福士正博翻訳『ニーズとは何か』日本経済評論社、2012年
2）Michael Ignatieff、添谷育志・金田耕一 訳『ニーズ・オブ・ストレンジャーズ』風行社、1999年
3）三浦文夫『増補 社会福祉政策研究 社会福祉経営論ノート』全国

社会福祉協議会、1987 年
4）岡村重夫『社会福祉原論』全国社会福祉協議会、1983 年
5）上野千鶴子・中西正司 編『ニーズ中心の福祉社会へ――当事者主権の次世代福祉戦略』医学書院、2008 年

社会福祉実践との関連を考えるために
1）福祉ニーズの把握に至るためのアセスメントの視点について調べてみましょう。
2）社会福祉におけるニーズと利用者の理解との関係について調べてみましょう。
3）社会福祉におけるニーズと社会資源の関係について調べてみましょう。
4）経済学的需要概念から要支援者の社会生活ニーズを把握することも問題点について整理してみましょう。

参考文献
1）Bradshaw, J. A taxonomy of social need. in McLachlan, G. (ed.), Problems and progress in medical care: essays on current research, 7th series. London: Oxford University Press, 1972, pp.70-82.
2）古川孝順『社会福祉の拡大と限定 社会福祉学は双頭の要請にどう応えるか』中央法規出版、2009 年
3）古川孝順・岡本民夫・宮田和明著 編集『エンサイクロペディア社会福祉学』中央法規出版、2007 年
4）三浦文夫『増補 社会福祉政策研究 社会福祉経営論ノート』全国社会福祉協議会、1987 年
5）岡村重夫『社会福祉原論』全国社会福祉協議会、1983 年
6）定藤丈弘・小林良二・坂田周一編『社会福祉計画』有斐閣、1996 年

第13回：社会資源の概念

学びへの誘い

対人支援を行う際、その人が直面している問題状況を正確、かつ適切に把握することが必要である。しかし、その問題状況をどのような手段や方法を用いて緩和、解決に導くのか、また、ソーシャルワークを展開するかも重要である。今回でいう「社会資源」とは対人支援を展開するにあたり、動員が可能なあらゆるものを指す。身近な存在でもある「社会資源」について理解しよう。

1. 社会資源（social resources）とは

空閑浩人（2014）によれば、社会資源とは以下のように定義される。

「人々が社会生活を営むうえで、必要に応じて活用できるさまざまな法制度やサービス、施設や機関、人材、知識や技術の総称」[1]

この定義に従えば、要点の第1は社会生活上必要であるもの、第2は時や場面、場合において機動的に活用できること、第3は具体的で眼に見えるものだけではないことがあげられよう。

以上を踏まえ、小坂田稔（2004）による資源の分類に着目してみよう[2]。小坂田はまず、（1）潜在資源と（2）顕在資源とに大別している。以下にその内容を示す。

（1）潜在資源

①気候的条件：降水、光、温度、風、潮流

②地理的条件：地質、地勢、位置、淡水／海水

③人間的条件：人口分布と構成、福祉意識、愛情、善意、地位、専門性

以上のように、潜在資源は日々の生活を送っているうえでは直接に意識することは少ない。しかし、いずれも生活の基礎的条件となっているものである。とくに③人間的条件については、地域福祉の推進（社会福祉法第4条）の基盤ともなるものである。福祉意識や愛情、

善意といった項目は人々の紐帯（結びつき）の度合いを示すものである点にも留意が必要である。

(2) 顕在資源

①天然資源：土地、水、第一次産品（農・水産・林・鉱業）
②文化的資源：歴史、伝統、習慣、行事芸能
③人的資源：専門職（主に国家資格保有者）、住民、ボランティア、関係者、本人
④企業・組合資源：企業など民間事業者、医療施設、商店、郵便局、農業協同組合、生活協同組合
⑤人口施設資源：住宅、学校や公民館などの公共施設、寺社、設備機材
⑥制度的資源：制度化された各種サービスおよびこれらに関する情報
⑦組織・団体資源：町内会、当事者団体、消防団、非営利組織（NPO）、ボランティア団体
⑧金銭的資源：財政力（税収）、補助金、助成金、預貯金

　以上のように、顕在資源は多岐にわたっている。とくに③人的資源では医療関連の専門職やソーシャルワーカーだけでなく、本人もまた、「社会資源」の1つになりうることに留意が必要である。また、④企業・組合資源と、⑤人口施設資源では健康の保持、療養や買い物、年金・手当てなどの受け取りといった日常生活上に必須のものだけではなく、建物として集まることができたり（居場所）、サービスを利用できたりするものが含まれている。⑦組織や団体資源は安全を確保したり、必ずしも制度化されていないサービスを柔軟に提供できたりするという特徴を持つ資源である。⑧金銭的資源は本人の預貯金などだけでなく、地域の財政力や国、都道府県、市町村から交付される金銭を含んでいる。ある事業に取り組みたいといったとき、どのような補助金が対象になるかを検討することも重要である。

　上記のような区分のほか、その性格がフォーマルか（公私を問わず制度化されている）、インフォーマルか（私的関係に基礎をおく）と

いう区分も可能である。

フォーマルな社会資源の代表例は行政機関である。行政サービスはあまねく住民を対象に提供されるが、それゆえに公平・平等が旨とされ、ともすれば融通が利かず、硬直的になりがちである。インフォーマルな社会資源の代表例は本人およびその関係者、すなわち家族や親族、知人、友人などである。身近な存在であるがゆえにきめ細かい対応が可能であるが、一方で過度な負担を背負うことにもなりかねない。家族介護の例が典型である。したがって、その中間に位置することになるボランティア組織などの「共助」を担う部門の果たす役割が大きくなっている。

2．社会福祉と社会資源

わが国における社会福祉の対象と主体を明らかにし、理論化したのは、すでに見たように岡村重夫（1906－2001）であった。彼は社会関係を媒介とする社会生活上の基本的要求と関連させて福祉課題の分析視角を提供した[3]。

そこで、今一度、岡村理論による人間の「社会生活の基本的要求」を確認しよう。

①経済的安定の要求

②職業的安定の要求

③医療の機会の要求

④家族的安定の要求

⑤教育の機会の要求

⑥社会的共同の要求

⑦文化・娯楽の機会の要求

このような「基本的要求」が阻害されるとき、岡村は①社会関係の不調和、②社会関係の欠損、③社会制度の欠陥、と位置づけ、社会福祉固有の役割をそれらへの介入であるとし、個人の主体性の原理にもとづき、基本的社会制度を利用できるようにすることとした。

そして、社会福祉の機能を次の5つに求めた。第1は評価的機能である。第2は調整的機能である。第3は送致的機能である。第4は開発的機能である。第5は保護的機能である。このうち、第3と第5の機能は措置制度が中心であったことを背景に持つ機能であるが、現代

においてもその重要性は変わらない。

　そこで、ここではそれ以外の評価的機能、調整的機能、開発的機能に着目して社会資源との関係を考える。

　まず、ある個人に何が生活上の課題として浮上しているかを確定することが求められる。同時に、その要因も検討される必要がある。これをアセスメントともいうが、ニーズ確定のためには欠くことができず、必要とされる社会資源を求める根拠となる。次に、主体である個人と他の社会制度との関係の調整を図ることが求められる。いわば個人と社会の間で「最適解」を求めることになる。その際、先に述べたように、フォーマル／インフォーマルな社会資源を活用することが求められる。なぜなら、「制度」は必然的にその対象範囲を確定するからである。主体としての個人が社会関係のなかを生きる存在であれば、制度だけでは対応できない部分も出てくることになる。したがって、インフォーマルな社会資源の活用も視野に入れなければならない。

　最後に、それまでなかったものをつくり出すという開発的機能に着目してみよう。何を福祉課題とし、ニーズ充足の対象とするのかは時代性の問題でもある。アメリカのガルパー（Galper, J.）はその著書『変革の社会福祉』[4]の中でソーシャルワーカーや支援者も事後的な対策だけでなく、社会における問題状況を積極的に提起すべきだとした。いわゆるラディカル・ソーシャルワークの考え方であるが、これを敷衍すれば、現存する社会資源だけでは問題解決が困難である場合には新らたに社会資源を開拓する必要もあろう。

　以上のように社会福祉の対象が社会生活上の諸困難に由来することから、その対応は社会資源なしには緩和、解決しえない。これを踏まえ、次節では現代における社会資源の考え方と背景について述べる。

3．社会資源の現代的意味と背景

　問題が複雑化、多様化する現代にあっては旧来の「福祉六法体制」による「縦割り」の制度的対応だけでは困難な事態が生じるようになってきた。また、福祉対象者や利用者も措置される者としての受動的な位置づけから、自ら選択し、契約、利用するといった能動的な位置づけへと変化している。

このような時代において、社会福祉と社会資源はどのように考えられるであろうか。
　ここでは白澤政和（1999）の整理[5]に従い、社会資源の現代的意味を述べる。
　白澤によれば、社会福祉をめぐる変化の第1に社会福祉基礎構造改革による地域志向の高まりがあること、第2に社会生活上のニーズの多様化・高度化によって社会資源の配分方法を「割り当て」から個別・柔軟・多様といった性格を帯びる支援が求められており、従来の公的部門を中心としたサービス提供体制ではない新たな社会資源論が必要であること、第3に公私の役割分担、協働が求められるようになってきているから、それにふさわしい体制構築が必要であること、第4に地域福祉推進の観点からネットワークの構築が求められるようになること、第5に社会福祉がケアマネジメントを中心とした環境調整に比重が置かれる一方、地域包括支援システムの登場にみられるように、地域における支援体制の確立も急務であること、最後に今日の経済情勢との関係で社会資源の効率的で効果的な活用が求められており、必要な社会資源の確保が急がれている。
　このようにソーシャルワークにあたって既存の社会資源の活用は当然のこと、開発までも視野に入れなければ多様化、複雑化する福祉ニーズに応えきることができない。そのためにはボランタリー組織の活用や互助団体、当事者団体との協働関係も必要になる。

4．社会生活上のニーズと社会資源

　社会資源についてはすでにその概要は述べた。ここでは人間が社会生活を営む存在である以上、いかなるニーズを持っているのか、整理したうえで、白澤政和（1992）の所説によって社会資源との関係を整理する。
　社会生活のニーズについて、白澤はマズローの欲求段階説、全米ソーシャルワーカー協会による定義、岡村重夫による定義などを提示しながらまとめている。マズローによるものは心理学的側面からの人間の欲求を示したものであるといえようが、他のものは社会生活を営むにあたり、不可欠の要素を抽出している点に特徴がある。

図表13－1　社会生活のニーズ

マズロー (1954)	アメリカ・ソーシャルワーカー協会 (1949)	岡村重夫 (1968)	カーン(1973)	ルソー(1986)
①基本的生理的欲求 ②安全への欲求 ③所属と愛情への欲求 ④承認・尊敬・地位への欲求 ⑤自己実現への欲求	①労働の機会と経済的安定を求めるニーズ ②家庭の保存をはかるニーズ ③精神的・身体的健康を求めるニーズ ④適切な教育を享受するニーズ ⑤表現の自由を求めるニーズ ⑥余暇の満足な利用をはかるニーズ	①経済的安定を求める要求 ②職業の機会の確保 ③身体的・精神的健康の維持 ④社会的協同を求める要求 ⑤家族関係の安定 ⑥教育機会の確保 ⑦文化・娯楽に対する参加の要求	①経済的安定を求める要求 ②身体的・精神的な健康を求める要求 ③就労の機会への要求 ④居住の場の保障への要求 ⑤教育の機会への要求 ⑥家族や地域社会での個別的な生活を維持していく要求	①経済的安定を求める要求 ②身体的・精神的な健康を求める要求 ③公正や安全に対する要求 ④居住の場の保障への要求 ⑤教育の機会への要求 ⑥家族や地域社会での個別的な生活を維持していく要求

出所：白澤政和『ケースマネジメントの理論と実際』中央法規出版、1992年、p.114

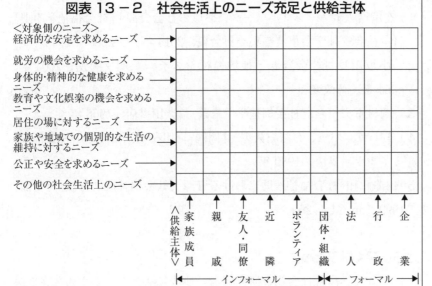

図表13－2　社会生活上のニーズ充足と供給主体

出所：白澤政和『ケースマネジメントの理論と実際』中央法規出版、1992年、p.115

一覧にまとめてあるのが以下の表である（図表13－1）。

以上から、白澤は対象者側のニーズを①経済的な安定を求めるニーズ、②就労の機会を求めるニーズ、③身体的・精神的な健康を求めるニーズ、④教育や文化娯楽の機会を求めるニーズ、⑤居住の場に対するニーズ、⑥家族や地域での個別的な生活の維持に対するニーズ、⑦公正や安全を求めるニーズ、⑧その他の社会生活上のニーズとし、こ

れにフォーマル／インフォーマルな供給主体を組み合わせた格子状の図を示している（図表13－2）。

　上記からわかるように、ニーズを充足するにはさまざまなサービス供給主体との関わりが必要である。フォーマルなものは制度化されているため、平等、均一、低額、あるいは無料といった特徴を持つ反面、画一的・硬直的なものになりがちである。一方、インフォーマルなものは柔軟性や先駆性といった特徴を持つが、基盤の不安定性や非専門的といった弱点もある。

　フォーマルな社会資源とインフォーマルな社会資源の組み合わせや活用がニーズが多様化、高度化する福祉対象者に求められるのであり、その支援がソーシャルワーカーの最大の任務である。

注

1）空閑浩人「ソーシャルワークにおける社会資源」『社会福祉学事典』日本社会福祉学会事典編集委員会編、2014年、p.208
2）小坂田稔『社会資源と地域福祉システム』明文書房、2004年、p.54を一部改変
3）岡村重夫『全訂社会福祉学（総論）』柴田書店、1968年
4）J.H. ガルパー、右田紀久恵・井岡勉・宮田和明訳『変革の社会福祉』ミネルヴァ書房、1980年
5）白澤政和「社会福祉援助における資源」『社会福祉援助方法』有斐閣、1999、pp.24－26

さらに深く学ぶために

1）東京大学高齢社会総合研究機構『地域包括ケアのすすめ　在宅医療推進のための他職種連携の試み』東京大学出版会、2014年
2）坂田周一『社会福祉政策』有斐閣、2000年

社会福祉実践との関連を考えるために

1）自分の住んでいるまちの社会資源マップをつくってみよう。
2）そのマップからどのようなものが足りているか、あるいはいないか、考えてみよう。

第5章
福祉政策の課題

この章で学ぶこと

　第1章から第4章にかけ、現代社会における福祉制度と福祉政策、福祉の原理をめぐる理論と哲学、福祉制度の発達過程、そして、福祉政策におけるニーズと資源について学んだ。

　これらはいずれも社会福祉の原理や概念、思想、歴史、社会福祉援助(ソーシャルワーク)の対象、福祉ニーズの概念やその把握の方法を学習し、社会福祉援助(ソーシャルワーク)を実践するうえで理解しておかなければならない基本的な知識で、従来の「社会福祉原論」とほぼ同じ内容である。その意味では、社会福祉を学ぶうえで必要な理論の導入部分に当たる。

　そこで、この章ではその導入部分に当たる基本的な知識を踏まえ、現代社会における問題の解決のため、福祉政策として講じていく際の現代的な課題を学ぶ。しかも、この福祉政策の課題は従来の「社会福祉原論」ではほとんど触れられていなかっただけに、今後、21世紀の本格的な少子高齢社会および人口減少、さらには国際協調時代において、社会福祉士としてさまざまな領域で社会福祉実践に努める際、常に念頭においておくべき核心部分である。

　具体的には、貧困や孤独、失業、要援護、偏見と差別、社会的排除などの社会問題である。また、近年の経済のグローバル化、あるいは国際協調を見据え、欧米を中心とした各国の福祉政策の動向にも目を向け、わが国はもとより、先進国や途上国、さらには新興国はどうあるべきか、それぞれ国際比較をしながら福祉政策の課題をマクロレベルで学ぶ。

　したがって、福祉政策の課題を考えるにあたっては日ごろから新聞やテレビ、インターネットなどの媒体を通じ、アップツーデートな社会・経済の動向や国際情勢にも関心を寄せながら学ぶことが大切である。

第5章　福祉政策の課題

第14回：福祉政策と社会問題Ⅰ

学びへの誘い

　近年のわが国を取り巻く急激な変化により、わが国の経済社会は大きな転換点に立っている。日本型雇用慣行の崩壊、非正規労働の拡大による低賃金労働の問題や失業がもたらすさまざまな形の貧困がわが国を襲っている。

　貧困はいかなる形であれ、不平等をもたらし、社会を分断する。あるいは貧困そのものを「世間」の目につかせず、潜在化させ、あたかもそのような問題がないかのようなことすらも散見される。

　今回は福祉問題の出発点でもあり、その根源ともいえる貧困問題を中心に関連する諸問題も概観する。

1．貧困であるということ

　貨幣経済が登場したときから、貧困問題が登場したといえる。原始的な資本主義経済のもとでは最低の生存と引き換えに搾取や簒奪を通じ、抑圧の対象となった。近世においては宗教的価値観から勤労の美徳が説かれ、それゆえ貧困に陥ることは罪となった。

　しかし、貧困に陥る理由の発見が貧困問題の大きな転回点に立たせることになる。

　一般に貧困は社会で生きる際に必要欠くべからざる財やサービスが手に入れられないまま、生活を送らざるを得ない状態のことを指すといえよう。そこで、本節では、まず古典的な貧困の発見と貧困の現代的形態についてみる。

(1) 慈善組織化協会（Charity Organization Society、イギリス）の活動

　イギリスでは1601年、エリザベス救貧法が制定され、その対象は労働可能な貧民と労働不能な貧民に分けられ、後者を救済の対象とした。その後の産業化の進展もあり、貧民の救済に限界がやってきたため、貧困に関するさまざまな活動が展開された。

　慈善組織化協会（COS（1869年～））の活動の特徴はケースをまとめ、

重複や濫救が起きないようにしたこと、友愛訪問員（Friendly Visitor）による家庭訪問と感化であった。これらの活動はソーシャルワークの萌芽ともいえ、感化という限界を持ちながらも一定の科学的な救済活動が行われたといえよう。

（2）セツルメント運動の登場

また、S.バーネット夫妻（Barnett, S.A.）を中心としたセツルメント（Settlement）運動が展開されるようになった。セツルメント運動とは大学生などのセツラーが貧困地区に住み込み、教育をおこなっただけでなく、貧困者との人格のふれあいによる人間性の回復を目指したものである。

1884年には「トインビーホール」がその拠点としてロンドン・イーストエンドに設けられ、その運動はやがてアメリカやわが国に広まっていった。

（3）貧困調査

C.ブース（Booth, C）は1889年に貧困調査の結果を公表し、ロンドンの人口のうち、30.7％が貧困であるとした。その結果は以下のとおりであった[1]。

　カテゴリーA：窃盗犯、アルコール依存、素行不良者…0.9％
　カテゴリーB：賃金がそのまま食費に消える層…7.5％
　カテゴリーC/D：季節労働、低賃金…22.3％
　カテゴリーE/F/G：定期的に十分な収入があるもの…51.5％
　カテゴリーG/H：中流階級…17.8％

また、『ロンドン民衆の生活と労働』（1902年）では貧困線以下で暮らす市民が30.7％を占めていることも明らかにした。

このブースの調査の意義は貧困が自堕落な生活によって引き起こされるものではなく、むしろ不定期労働や働いても十分な賃金が与えられていないことに起因することを明らかにした点であった。さらに、密住と貧困に関係があることも明らかにしている[2]。

一方、B. ラウントリー（Rowntree, B.S.）はイギリス・ヨーク市の調査（1901 年、1941 年、1951 年）を通じ、第 1 次貧困線と第 2 次貧困線の概念を明らかにした。とくに絶対的貧困を示す第 1 次貧困線は肉体的能率の維持ですら困難な状況で、生存に必要な基本的ニーズが充足されない状況（欠乏といってもよい）を指し、第二次貧困線はそれ以上であるが、貧困線以下のものであるとした。

　以上の貧困調査から貧困は個人貧としてではなく、「社会貧」として位置づけることが適切であること、それゆえ公的な施策によって対策をとることの必要性が明らかになった。

（4）相対的貧困の概念

　近年、絶対的貧困はもとより、雇用形態の変化などによってワーキング・プア層などがクローズアップされ、社会文化的生活上での貧困を示す「相対的貧困」の概念が着目されるようになってきた。

　相対的貧困は P. タウンゼント（Townsend, P）によれば「その社会で慣習になっている種類の食事をとったり、社会的諸活動に参加したり、または生活の必要条件や快適さを保つために必要な生活資源を欠いている状態」と定義される[3]。相対的貧困率の概念は以下の図で示すことができる（図表 14 − 1）。

図表 14 − 1　相対的貧困率の概念図

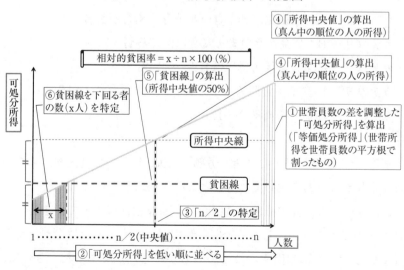

出所：厚生労働省統計協会『国民の福祉と介護の動向 2017/2018』p.211

（5）現代のわが国における貧困

日本国憲法 25 条に定められる生存権の規定を根拠として、生活保護法では最低生活基準が示されている。これに照らし、所得が下回っていれば健康で文化的な最低限度の生活を下回っていることになり、生活保護の対象となる。ただし、預貯金や生命保険、資産がある場合は対応が異なる。

さて、わが国の生活保護の実施状況をみるとどのようになっているであろうか。図表 14 － 2「扶助別被保護実人員の推移（1 か月平均）」と図表 14 － 3「被保護実世帯数・指数・世帯保護率の推移（1 か月平均）」をみてみよう。

図表 14 － 2　扶助別被保護実人員の推移（1 か月平均）

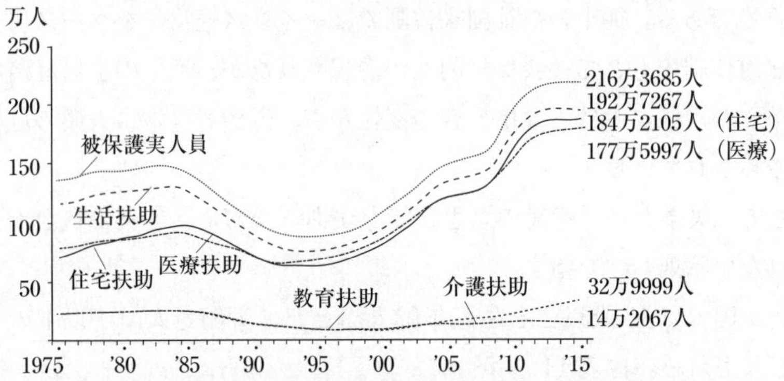
万人
250
200
150
100
50
被保護実人員
生活扶助
住宅扶助
医療扶助
教育扶助
介護扶助
216万3685人
192万7267人
184万2105人（住宅）
177万5997人（医療）
32万9999人
14万2067人
1975
'80
'85
'90
'95
'00
'05
'10
'15

資料：厚生労働省「福祉行政報告例」平成 24 年度以降は同「被保護者調査」
出所：厚生労働省統計協会『国民の福祉と介護の動向 2017/2018』p.200

図表 14 － 3　被保護実世帯数・指数・世帯保護率の推移

1 か月平均

	被保護実世帯数	指数（50 年度＝ 100）	世帯保護率（%）
昭和 50 年度（' 75）	707 514	100.0	2.15
60 年度（' 85）	780 507	110.3	2.10
平成 7 年度（' 95）	601 925	85.1	1.48
17（' 05）	1 041 508	147.2	2.21
26（' 14）	1 612 340	227.9	3.20
27（' 05）	1 629 743	230.3	3.24

資料：厚生労働省「福祉行政報告例」平成 26 年度以降は同「被保護者調査」
注　世帯保護率は被保護実世帯数 ÷ 世帯数（国民生活基礎調査）
出所：厚生労働省統計協会『国民の福祉と介護の動向 2017/2018』p. 200

上記からは被保護実人員は伸びており、とくにバブル経済崩壊以後の伸びが著しい。現に、2015（平成 27）年には 200 万人を突破して

いる。生活扶助と住宅扶助と医療扶助を併給している被保護者の割合が多い。世帯別に見ても保護率は2015年度時点で3.24%となっており、上昇傾向にあることがわかる。

　豊かな社会の到来が叫ばれているなかで、なぜ、このような事態が生じているのか。1つには低年金・無年金の高齢者の増加も考えられようが、雇用の不安定化に伴う問題もある。そこで、次節では雇用問題、特に失業とワーキング・プア問題に焦点を当てて考えてみよう。

2．失業問題とワーキング・プア

　失業とは恐ろしい事態である。とくに非自発的失業（倒産、疾病などによる失業）は個人の力では対処不能な問題ゆえ、その社会的対策が急務である。従来の福祉国家体制ではケインズ経済学をベースに完全雇用体制のもとで社会保障制度が構想されたが、近年の世界経済の情勢やわが国における雇用形態の変化から、労働者は常に失業の危機にさらされている。

　さて、失業とは「労働の意思と能力がありながら、就業の機会が得られない状態」[4]を指す。

　わが国では15歳以上を生産年齢人口とし、労働力人口が以下のように示される（図表14－4）。

図表14－4　労働人口と完全失業者の構成

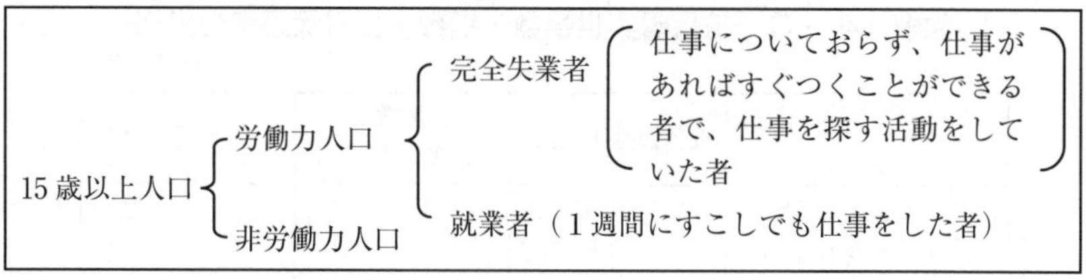

15歳以上人口
- 労働力人口
  - 完全失業者（仕事についておらず、仕事があればすぐつくことができる者で、仕事を探す活動をしていた者）
  - 就業者（1週間にすこしでも仕事をした者）
- 非労働力人口

出所：総務省統計局「労働力調査に関するQ＆A」平成22年10月29日

　労働力人口に占める完全失業者の割合を失業率（完全失業率）という。完全失業者についての厚生労働省の定義は以下のとおりである。
①仕事がなく、調査期間中にもまったく仕事をしなかった。
②仕事があればすぐにでも働ける。
③調査期間中、求職活動をしているか、その結果待ちである。

現代のわが国の失業率の状況は以下の図のとおりである（図表14－5）。

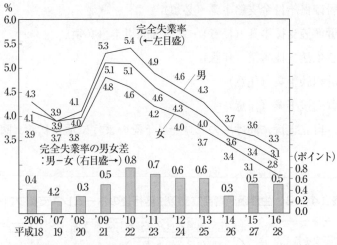

図表14－5　完全失業率の推移

資料　総務省統計局「労働力調査」
出所：厚生労働省統計協会『国民の福祉と介護の動向 2017/2018』p.60

　資本主義経済の循環そのものに伴う失業、自発的、非自発的失業に対応するべく、わが国では雇用保険が用意されており（強制加入）、その保険料は労使折半で賄われている。しかし、給付の水準を引き上げると勤労意欲を低下させる可能性もあることから、制限的に給付がおこなわれる場合がある。

　近年問題になっているのはワーキング・プアの問題である。ワーキング・プアとはアメリカで生まれた言葉で、フルタイムで働いても生活保護基準程度しか収入の得られない層をいう。おおよその目安として年収が200万円以下である。パート問題やフリーター問題は古くからあったが、常用雇用であるにもかかわらず、最低限、もしくはそれ以下の生活しか送れない状況が発生している。この問題は働き方の問題というよりは「働かせられ方」の問題である。また、近年では公共部門における非常勤職員の取り扱いをめぐり、「官製ワーキング・プア」の問題もクローズアップされている。

　このような状況だと些細な出来事があっても容易に貧困に転落してしまう。そこで、わが国ではホームレス対策に源流を持つ「生活困窮者自立支援法」を2013（平成25）年に成立させ、2015（平成27）年

より施行している。この実施主体は市町村である。事業内容は下記のとおりである。

①自立相談支援事業（必須）
②住居確保給付金支給事業（必須）
③就労準備支援事業（任意）・就労訓練事業（必須）
④一時生活支援事業（任意）
⑤家計相談事業（任意）
⑥学習支援事業（任意）

なお、自立支援に向けてのフローは下記のように示される（図表14－6）。

図表14－6　生活困窮者自立支援法施行後のホームレス支援フロー

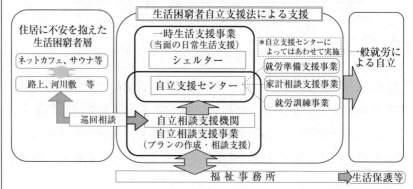

出所：厚生労働省統計協会『国民の福祉と介護の動向2017/2018』p. 210

注

1) K.Jones, The Making of Social Policy in Britain 1830 – 1990, Athlone, 1991, p61.

2) 京極高宣監修『現代福祉学レキシコン（第2版）』雄山閣、1998年、p.51

3) 岩田正美「貧困」日本社会福祉学会事典編集委員会編『社会福祉学事典』2014年、p. 5

4) 金森久雄・荒憲二郎・森口親司編『経済辞典』有斐閣、2013年、p.526

さらに深く学ぶために

1）R. フロイモビッチ（山田美明訳）『僕たちが親より豊かになるのはもう不可能なのか』阪急コミュニケーションズ、2014 年
2）前田健太郎『市民を雇わない国家』東京大学出版会、2014 年
3）『現代思想　特集・生活保護のリアル』40－11、青土社、2012 年

社会福祉実践との関連を考えるために

1）生活保護率の推移を戦後から追い、その変化の理由を考えよう。
2）現代日本におけるセツルメント運動について調べてみよう。
3）生活困窮者自立支援制度における学習支援事業の意義について調べてみよう。

第5章　福祉政策の課題

第15回：福祉政策と社会問題Ⅱ

学びへの誘い

少子高齢化が叫ばれて久しい。現代においては単なる人口構造上の問題だけでなく、生活場面におけるさまざまな問題が生じている。たとえば、「子どもの貧困」や「虐待」といった問題である。

ここではそのような問題を中心として、だれもが社会や地域で暮らせるようにするにはどのようにしたらよいか、を考えるきっかけにしてもらいたい。

１．未来的存在としての児童をめぐる問題

少子高齢化が叫ばれて久しい。図表15－1を見てほしい。これは2016（平成28）年現在のわが国の人口ピラミッドである。この図か

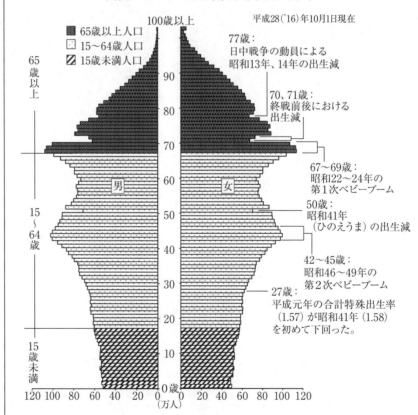

図表15－1　わが国の人口ピラミッド

出所：厚生労働統計協会『国民の福祉と介護の動向　2017/2018年版』p.52

ら将来的にこのままの出生数、児童数であれば経済社会が停滞するといわれており、現在、政府は「希望出生率」として、1.8をめざしている。これらを踏まえれば児童は愛護育成されるだけの存在ではなく、将来のわが国を支える貴重な人材でもある。

しかしながら、いじめや不登校、殺人など聞くに堪えない事件が起こっていることも事実である。さらに、近年では貧困の連鎖に伴う「子どもの貧困」の問題が注目を集めている。親の所得格差が子どもの教育格差につながるという事実も明らかになってきた。とくに母子世帯など生活保護を受給している世帯は大学進学も制度的に難しく、また、十分な教育の機会を得られにくいため、世代間で貧困が拡大再生産されている。

図表15－2は、子どもの相対的貧困率を示したグラフである。子どもの貧困率とは18歳未満の子どものうち、その等価可処分所得が貧困線に満たないものの割合である。その水準は2015（平成27）年では15.6％に達し、7人に1人が貧困の状態になっている。

図表15－2　子どもの相対的貧困率（2015（平成27）年）

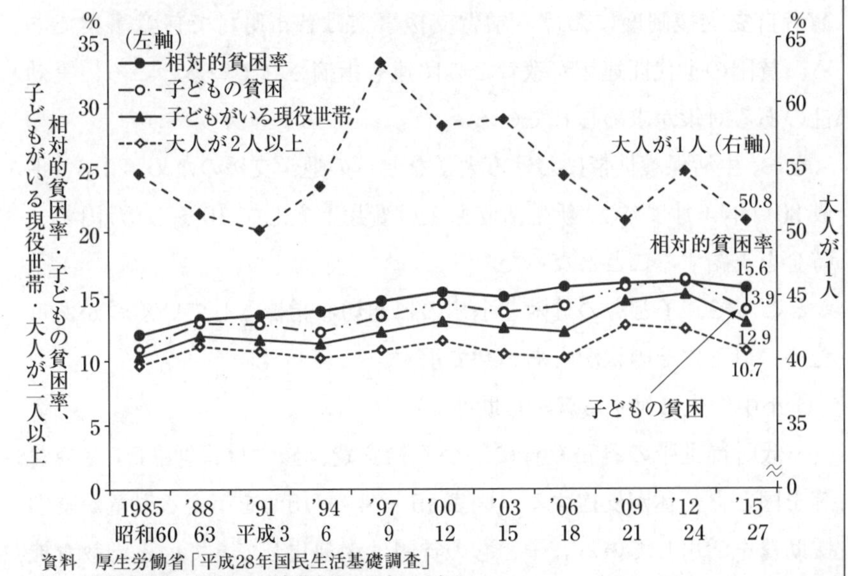

資料　厚生労働省「平成28年国民生活基礎調査」
注　1）平成6年の数値は、兵庫県を除いたものである。
　　2）平成27年の数値は、熊本県を除いたものである。
　　3）貧困率は、OECDの作成基準に基づいて算出している。
　　4）大人とは18歳以上の者、子どもとは17歳以下の者をいい、現役世代とは世帯主が18歳以上65歳未満の世帯をいう。
　　5）等価可処分所得金額不詳の世帯員は除く。

出所：厚生労働統計協会『国民の福祉と介護の動向　2017/2018年版』p.211

次に、国際的にみた場合はどうだろうか。OECD加盟国で比較したのが下の図表15－3である。

図表15－3　子どもの相対的貧困率の国際比較（2010（平成22）年）

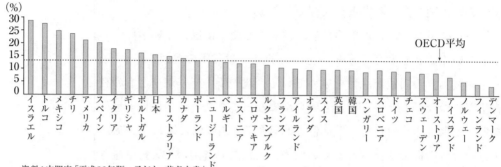

資料：内閣府「平成26年版　子ども・若者白書」
OECD (2014) Family database "Child poverty"
注　ハンガリー、アイルランド、日本、ニュージーランド、スイス、トルコの数値は2009年、チリの数値は2011年。

出所：『国民の福祉と介護の動向　2017/2018年版』厚生労働統計協会、p.212

　以上のように、わが国はOECD加盟国の中では平均を大きく上回っている。現代における子ども・子育て対策の中心は保育サービスにあり、子どもの貧困の解決は緒についたばかりである。先にみた生活困窮者自立支援制度における学習支援事業は各市町村で任意事業である。貧困の世代間連鎖が教育との関連も指摘されているところ、実効性のある対策が求められている。

　なお、生活保護世帯における大学などへの進学支援のため、2018（平成30）年4月より、「新生活立ち上げ費用」として10～30万円の一時金を支給することとなった。

　ところで、子どもの貧困を示すのに適切な指標としていくつかあるため、以下にその状況もあわせて示す。

　①小中学生に対する就学援助費

　…低所得世帯の義務教育にかかる給食費、修学旅行費、PTA会費等を国と自治体が支援する（図表15－4）。15％を超える児童が就学援助費を活用している。子どもの貧困は深刻化してきている。教育機会が得られないことは将来にわたって不利になるため、その対策は急務である。

　さらに、内閣府が示す子どもの貧困に関する代表的な指標は下記のとおりである。

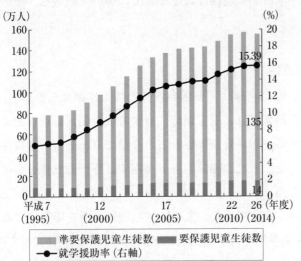

図表15−4　小学生・中学生に対する就学援助の状況

（出典）文部科学省「要保護及び準要保護児童生徒数について」
（注）1．学校教育法第19条では、「経済的理由によって就学困難と認められる学齢児童又は学齢生徒の保護者に対しては、市町村は、必要な援助を与えなければならない。」とされており、生活保護法第6条第2項に規定する要保護者とそれに準ずる程度に困窮していると市町村教育委員会が認めた者（準要保護者）に対し、就学援助が行われている。
2．ここでいう就学援助率とは、公立小中学校児童生徒の総数に占める要保護・準要保護児童生徒数の割合。

出所：内閣府『平成29年版　子供・若者白書』p.112

　②生活保護世帯に属する子どもの高校進学率…90.8％

　③生活保護世帯に属する子どもの大学等進学率…32.9％

　④生活保護世帯に属する子どもの高卒後の就職率…46.1％

　⑤母子家庭の親の就業率…80.6％（うち非正規が47.4％）

　⑥子どもが1人以上いる現役世帯のうち、大人が一人の貧困率…54.6％

　＊②③④は2013年、⑤は2011年度、⑥は2012年の数値。

2．虐待問題

　わが国では伝統的に老親の扶養はその配偶者や子が行うということで、家庭内での高齢者虐待のケースが散見された。介護保険制度の創設はそのような家族介護による諸問題を解決する役割も期待された。

　しかし、高齢者に限らず、弱い立場に立たされた人に対する問題は子殺しや親殺し、あるいは心中などの悲惨な事態を生み出してきたことも忘れてはなるまい。

そこで、本節では現代における虐待について概観し、その問題を明らかにする。

(1) 児童虐待

2000（平成12）年に「児童の虐待の防止に関する法律」（児童虐待防止法）が制定され、児童虐待に対する社会的対応策が定まった。発見者に対する通告義務が課されるようになり、通告・相談件数は飛躍的に増加した。また、相談内容も現在では専門的支援を必要とするものが増加した。

たとえば、児童相談所が家裁に対し施設入所を申し立てる「児童福祉法第28条事件」の請求件数は法律施行前には88件だったのに対し、(1999（平成11）年)、2015（平成27）年には277件を数えている。とくに生命に危害が及ぶような案件もあり、また、しつけや子育ての境界のあいまいさから問題解決に結びつかず、事件化に至ってしまうことがあとを絶たない。

2015（平成27）年の統計では、主たる虐待者は実母（50.8％）、実父（36.3％）となったが、虐待者を悪だと決めつけるのは望ましくない。発生の予防や家庭への支援、医療機関などとの連携強化など児童の保護だけでなく、家族支援も視野に入れた施策が展開されている。

なお、虐待の種類で最も多いのはこの10年間に限ると心理的虐待で、2015（平成27）年では全体の件数のうち、約47.2％を占めている。

また、同法は2004（平成16）年、2008（平成19）年、2011（平成23）年、2016（平成28）年に数次にわたる改正がされているが、詳細は各論に譲る。いずれにしても、児童の保護や親権者に対する措置、親権代行等について、法律的観点、司法的関与の観点からも対策が講じられるようになってきている。

(2) 障害者虐待

2012年（平成24）年より施行された「障害者虐待の防止と早期発見及び障害者の養護者に対する支援等に関する法律」（障害者虐待防止法）は、虐待の防止や早期発見、虐待を受けた障害者の保護、養護者に対する支援を定めたものである。

児童分野での虐待問題と異なるのは、その虐待者に「障害者福祉施設従事者による虐待」と「使用者による虐待」までが含まれている点である。とくに入所型施設でのサービスの利用や就労支援が展開されている分野的な特徴が、この背景にある。件数をみると、2015（平成27）年では養護者による虐待が1,593件、施設従事者による虐待が339件、使用者による虐待が507件となっている。経年的変化をみるには時間が必要であるが、潜在化させない取り組みが求められる。

（3）高齢者虐待

2006（平成18）年施行の「高齢者虐待の防止、高齢者の養護者に対する支援等に関する法律」（高齢者虐待防止法）では、虐待の種類に「介護・世話の放棄・放任」がある。注意すべき点として、「養護者以外の同居人による虐待行為の放置」が含まれている。

2015（平成27）年度では、要介護施設従事者による虐待件数は408件、養護者によるものが15,976件と多くなっている。身体的・心理的虐待、介護放棄がよくみられるが、資産の処分（勝手に売却する）や年金の横領（管理するといって不当に詐取する）なども典型的な事案である。

以上、虐待について対象者別に示したが、図表15－5、15－6、15－7は虐待の定義と分類である。おおむね共通しているが、細かなところでは差異もある。虐待は重大な人権侵害であるという意識のもと、未然に取り組むことが肝要であると同時に、発生後のケアと対策も重要である。

図表15－5　児童虐待の定義

身体的虐待	児童の身体に外傷を生じ、または生じるおそれのある暴行を加えること
性的虐待	児童にわいせつな行為をすることまたは児童をしてわいせつな行為をさせること
ネグレクト	児童の心身の正常な発達を妨げるような著しい減食または長時間の放置、保護者以外の同居人による身体的・性的・心理的虐待と同様の行為の放置その他の保護者としての監護を著しく怠ること
心理的虐待	児童に対する著しい暴言または著しく拒絶的な対応、児童が同居する家庭における配偶者に対する暴力その他の児童に著しい心理的外傷を与える言動を行うこと

出所：厚生労働統計協会『国民の福祉と介護の動向　2017/2018年版』p.100

図表15-6 障害者虐待の分類

身体的虐待	障害者の身体に外傷が生じ、もしくは生じるおそれのある暴行を加え、または正当な理由なく身体を拘束すること
性的虐待	障害者にわいせつな行為をすることまたは障害者をしてわいせつな行為をさせること
心理的虐待	障害者に対する著しい暴言または著しく拒絶的な対応（または不当な差別的言動）その他の障害者に著しい心理的外傷を与える言動を行うこと
放棄・放置	障害者を衰弱させるような著しい減食、長時間の放置、擁護者以外の同居人・他の利用者・労働者による虐待行為の放置、養護やその他の障害者を養護すべき職務上の義務を著しく怠ること
経済的虐待	当該障害者の財産を不当に処分することその他当該障害者から不当に財産上の利益を得ること

出所：厚生労働統計協会『国民の福祉と介護の動向 2017/2018年版』p.140

図表15-7 養護者および要介護施設従事者等による高齢者虐待の分類

身体的虐待	高齢者の身体に外傷が生じ、または生じるおそれのある暴行を加えること
介護・世話の放棄・放任	高齢者を衰弱させるような著しい減食、長時間の放置、養護を著しく怠ること（養護者以外の同居人による虐待行為の放置など）
心理的虐待	高齢者に対する著しい暴言または著しく拒絶的な対応その他の高齢者に著しい心理的外傷を与える言動を行うこと
性的虐待	高齢者にわいせつな行為をすることまたは高齢者をしてわいせつな行為をさせること
経済的虐待	当該高齢者の財産を不当に処分することその他当該高齢者から不当に財産上の利益を得ること

出所：厚生労働統計協会『国民の福祉と介護の動向 2017/2018年版』p.180

さらに深く学ぶために

1）毎日新聞大阪社会部取材班『介護殺人　追い詰められた家族の告白』新潮社、2016年
2）広井良典『ケアとはなんだろうか　領域の壁を越えて』ミネルヴァ書房、2013年

社会福祉実践との関連を考えるために

1）なぜ、施設従事者が虐待をしてしまうのだろうか。その要因や背景について考えてみよう。
2）虐待を回避するには養護者や介護者はどのような点に留意すればよいだろうか。あるいはその人たちにどのような支援が有効と思われるか、考えてみよう。

第 15 回：福祉政策と社会問題 Ⅱ

MEMO

第16回：福祉政策の現代的課題

学びへの誘い

社会福祉は公共部門による制度・政策と民間部門による事業・活動に大別されるが、ここではそのなかでもとくに前者を中心とした、しかし、マクロな視点としての福祉政策について述べたい。

その際、重視しなければならないのが利用者のニーズとサービスのマッチングであることはいうまでもないが、社会福祉専門職としてあるべきソーシャルワークを考えた場合、それだけでなく、これらを取り巻く現代社会の現状、および今後の見通しについて把握し、課題としてとらえたうえで対応することが重要である。

1. 現代社会における福祉課題

(1) 社会保障と社会福祉

前述したように、社会福祉は日本国憲法第25条第1項の**生存権**、および同条第2項の**国の社会保障的義務**、さらには社会保障制度審議会（社会保障審議会）が1950（昭和25）年に出した「**社会保障制度に関する勧告（50年勧告）**」を受け、社会保障の下位の概念として位置づけられ、以来、今日にまで、高齢者福祉、障害者福祉、児童福祉、母子及び父子並びに**寡婦**福祉などというように、福祉6法にもとづいてその基盤の整備が図られてきた。

具体的には、わが国の社会保障は社会保険や公的扶助、社会福祉、公衆衛生および医療、**老人保健（現老人保健・医療）**からなる狭義の社会保障、これに恩給や戦争犠牲者援護を加えた広義の社会保障、さらに、これらの狭義および広義の社会保障に住宅対策と雇用対策からなる関連制度を加えた最広義の社会保障として位置づけられた。このため、高齢者福祉や障害者福祉、児童福祉、母子及び父子並びに寡婦福祉などからなる社会福祉は狭義の社会保障の一部として概念づけられ、社会保障の下位概念とされている（図表16-1）。

生存権
人々が人間として生まれた以上、その尊厳が守られ、かつ人間らしく生きることを当然のこととして求めることができる権利。日本国憲法第25条第1項に定められている。

国の社会保障的義務
日本国憲法第25条第1項に定められている国民の生存権を保障すべく、その実施主体に対して課した義務。同条第2項によると、国とされているが、この場合の国には政府だけでなく、地方公共団体、いわゆる地方自治体も含まれる。

社会保障制度に関する勧告（50年勧告）
日本国憲法第25条第1項および第2項に定める国民の生存権、および国の社会保障的義務に相当する社会保障・社会福祉などの概念について、当時の内閣総理大臣が学識者たちから意見を求めるため、設置した「社会保障制度審議会（現・社会保障審議会）」の報告書。

寡婦
配偶者を有しておらず、また、かつて配偶者のない女性として児童を扶養していたことのある女性。

図表 16 − 1　社会福祉と社会保障の概念上の関係

最広義	広義	狭義	社会保険	年金保険、医療保険、労働者災害補償保険、雇用保険、介護保険
			公的扶助	生活保護
			社会福祉	高齢者、障害者、児童、母子及び父子並びに寡婦福祉等
			公衆衛生および医療結核	精神病、麻薬、伝染病、上下水道、廃棄物処理
		老人保健・医療		後期高齢者医療制度等
		恩給		文官恩給、旧軍人恩給等
		戦争犠牲者援護		戦没者遺族年金等
	住宅対策			公営住宅建設等
	雇用対策			失業対策事業等

出所：川村匡由編著『社会保障論（第5版）シリーズ・21世紀の社会福祉①』ミネルヴァ書房、2007、p.5を修正

(2) 普遍化すべき社会福祉

しかし、戦後約70年を振り返ってみると、わが国は戦災復興から高度経済成長を遂げ、食生活の改善や医療水準の向上によって平均寿命が延び、ライフスタイルも欧米化した。もっとも、産業・就業構造の変化に伴う人口の大都市への集中による核家族化や過疎・過密化による地域社会の崩壊により、老親の介護や子育て支援など新たな国民の福祉ニーズが増加しており、21世紀の本格的な少子高齢社会や**人口減少**の進行により、どのような福祉政策を講じていくべきか、大きな社会問題となっている。

また、社会福祉は国民の福祉ニーズの多様化に伴い、従来の行政サービスである制度・政策だけでなく、社会福祉協議会（社協）や社会福祉施設・団体、NPO、住民の有償、あるいは無償のボランティア活動、**コミュニティビジネス**、さらにはシルバーサービスに代表されるように企業など民間事業者による事業・活動も増えており、福祉サービスの供給主体の多元化が図られるようになった。この結果、社会福祉は従来の社会保障・社会福祉に関わる制度・政策だけでなく、社協や社会福祉施設・団体、NPO、住民の有償、あるいは無償のボランティア活動、コミュニティビジネス、さらにはシルバーサービスに代表されるように企業など民間事業者による事業・活動を包含した概念へと普遍化され、社会保障の下位の概念から上位の概念へと様変わりしつつある。すなわち、**社会福祉の普遍化**である。

具体的には、政府は1989（平成元）年、「高齢者保健福祉推進10か年戦略（ゴールドプラン）」を策定したほか、その具体化のため、

老人保健（医療）
老人保健法にもとづき、40歳以上の壮年層を対象とした保健事業、および70歳以上の高齢者を対象とした老人医療からなる。もっとも、2008（平成20）年度、75歳以上の後期高齢者は都道府県広域連合が運営する後期高齢者医療制度。65～75歳未満の前期高齢者は他の医療保険との財政調整制度にそれぞれ切り替えられたため、廃止された。

人口減少
総人口の減少傾向が続く状態。厚生労働省によると、わが国の総人口は2005（平成17）年、前年に比べて1万人減の自然減となった。1899（明治32）年に統計を取り始めて以来、初めてのことだが、社会保障制度の維持に影響が出るのではないか、と憂慮されている。

コミュニティビジネス
市民活動・事業。具体的には、地域住民がそれぞれの地域で自らの社会参加や生きがいを目的にしながら、有償ボランティア活動を行いつつ、その採算性を重視し、一般のビジネスとしても成り立たせる事業。

社会福祉の普遍化
社会福祉を国や地方自治体などの制度・政策だけでなく、住民参加の事業・活動にまで広げ、地域社会はもとより、国、さらには世界全体に普及・浸透させ、共通の社会問題としてとらえ、その解決を図ろうとする考え方。

翌1999（平成2）年、社会福祉関係8法を改正し、高齢者福祉および障害者福祉の分野における国から地方への入所措置権の移譲、施設から在宅への移行などを行った。また、2000（平成12）年、高齢者の介護を従来の措置制度から契約制度に転換し、社会保険方式によって介護の社会化、すなわち、要介護者やその家族、あるいは地域住民のボランティアなどによる自助や互助から、40歳以上の国民は全員、保険料を負担し、要介護度に応じ、介護サービスを利用する公助によって高齢者の介護に当たるため、介護保険制度を創設した。

また、同年、社会福祉事業法を社会福祉法に改称・改正し、住民参加による地域福祉を推進するとともに、障害者福祉の分野では2005（平成17）年、それまでの「障害者プラン（ノーマライゼーション7か年戦略）」、および支援費制度に引き続く障害者自立支援法を制定し、身体・知的・精神と種別されていた障害の区分を一元化し、障害程度区分に応じ、自立支援給付と地域生活支援給付を行うことになった。そして、2013（平成25）年4月、難病などを加え、重度訪問介護の対象者の拡大やケアホームのグループホームへの一元化などを骨子とした障害者総合支援法の施行となった。

さらに、児童福祉の分野では2003（平成15）年、「今後の子育て支援のための施策の基本的方向について（エンゼルプラン）」、および「子ども・子育て応援プラン」に引き続く次世代育成支援対策推進法を制定し、地方公共団体、いわゆる地方自治体および従業員301人以上を雇用する民間事業主はその行動計画をそれぞれ策定し、住民および従業員の子育て支援に取り組むことになった。

（3）国家財政との関係

一方、国家財政との関係では、租税や社会保険料、福祉サービスの利用料、消費税の3～8％の引き上げ、あるいはこれらの費用負担の公平化や民間活力の導入を奨励することになった。この一連の社会保障構造改革および社会福祉基礎構造改革の理念と方向は個人の自立を基本とし、サービスの選択を尊重し、かつ質の高い福祉サービスの拡充、地域での生活を総合的に支援すべく、利用者の立場に立った社会福祉制度の構築やサービスの向上、社会福祉事業の充実・活性化、地域福祉の推進である。

三位一体の改革
国庫補助負担金の廃止・縮減、税源の移譲、地方交付税の見直しの3つの一体的な見直し。小泉内閣当時の2002（平成14）年の「骨太の方針」で決まった。「聖域なき財政構造改革」の目玉で、実施されている。

経済のグローバル化
経済活動が国境を越えて活発化し、国内における経済活動だけでは成り立っていかなくなる状況。とくにIT（情報技術）が普及した1990年代以降、地価や人件費の安い東アジアへの工場の進出によって逆輸入される商品が増え、国内産業の空洞化が問題となっている。

ただし、小泉純一郎内閣時代の「三位一体の改革」や経済のグローバル化に伴う金融ビッグバン、および雇用調整により、フリーターやニート、ホームレス（路上生活者）など非正規雇用者や失業者が続出し、「新たな貧困」を生み出すなど格差社会を招くことになった。また、核家族化や女性の社会進出、地域社会の崩壊に伴い、老親の家庭における介護機能が低下する一方、在宅介護の基盤の整備がいまだに不十分なため、高齢者の引きこもりや高齢者のみ世帯、一人暮らし世帯が増加し、「**老老介護**」や「**遠距離介護**」が日常茶飯事となった。なかには家族や地域のだれにも看取られずに孤独死したり、介護の負担に疲れ切って夫婦や親子が無理心中したりする悲劇も招いている。

このほか、近年、ノーマライゼーションの理念が普及しつつあるものの、障害者はいまだに健常者と一緒に教育を受ける権利を略奪されているほか、卒業後、**一般就労**もままならず、偏見と差別によって経済的に自立できないなど、社会的排除を受けている。また、少子化対策もさまざまな制度改革によって進められているが、産婦人科医が不足していたり、産婦人科を持つ病院が偏在したりしているため、安心して出産できないほか、育児休業も業界の理解が十分得られないため、ろくに取れずに休職して給与をカットされたり、退職させられたりしている。

2．国家財政と福祉課題

ところが、肝心の国家財政は1973（昭和48）年の第1～2次石油危機、さらに1990～1992（平成2～4）年のバブル崩壊によって経済が鈍化したことに伴い、税収が急減して圧迫されることになった。このため、1973（昭和48）年を「福祉元年」と位置づけた政府は意気消沈した。また、第2次臨時行政調査会（第2臨調）が1982～1983（昭和57～58）年に出した「行政改革に関する答申」を受け、政府は、財政危機を回避するために「自由で活力のある福祉社会」を実現し、消費税を創設してその一部を投入する一方、社会保障に充てるべき財源を抑制すべく、国民に対して自立・自助、自己責任を吹聴し、「**大きな政府**」から「**小さな政府**」へとシフトした。

具体的には、間接税である消費税は1989（平成元）年に導入され、

老老介護
高齢の家族が同居する老親の介護の負担に負われる状態。少子高齢化や平均寿命の伸長、過疎化などに伴い、社会問題となっている。

遠距離介護
都心に住む家族がふるさとに在住している老親を呼び寄せられず、週末や月に何回か定期的に帰省し、介護を行う状態。介護保険制度が実施されているものの、在宅サービスの基盤整備が遅れているため、やはり社会問題となっている。

一般就労
障害者が健常者と同様、企業や官公庁に就業し、通常の給与を得て生計を維持していくこと。障害者はそのハンディキャップを理由に、就職差別をされているため、授産施設などで職業訓練、すなわち、福祉就労を受けて一般就労をめざしているが、現実は厳しい。

「大きな政府」から「小さな政府」へ
主に新自由主義（新保守主義）の視点から比較される概念で、「大きな政府」とは国が主導して国民の福祉の向上をめざす福祉国家である。これに対し、「小さな政府」とは国に代わり、地方および国民・住民が中心となってその福祉の向上をめざす福祉社会。

第5章　福祉政策の課題

社会保障給付費
ILO（国際労働機関）が定めた基準にもとづき、特定の国や地域が1年間に国民に給付された社会保障制度上の金銭、およびサービスの合計額。もっとも、諸外国は1996年以降、この社会保障給付費を更新していないため、国際比較が困難となっている。

国民所得
国民全体が取得する所得の総額。国内における経済活動の規模を表す指標で、国際社会では従来の国民総生産（GNP）から国内総生産（GDP）に切り替え、各種政策の開発・実施の際の指標とされている。

高齢社会福祉ビジョン懇談会
厚生大臣（現在の厚生労働大臣）の諮問機関の1つ。1994（平成6）年にまとめた報告書のなかで、長年、社会保障費の配分が年金5：医療4：福祉1であったものを年金5：医療3：福祉2に見直すよう報告した。

その後、税率が3％から8％に引き上げられる一方、**社会保障給付費**は、上述した少子高齢化の進展や国民の福祉ニーズの多様化に伴って年々増加している。2011（平成23）年度、ついに総額108.1兆円と**国民所得**の22.3％を占めるまでになった。それだけではない。このような傾向は今後、さらに強まり、高齢化率が30％台になる2025年度には総額176兆円に達し、国民所得の31.5％を占めるのではないかと予想されている（図表16-2）。

しかも、その大半は年金と医療で、残りの福祉の多くは高齢者介護に集中しており、障害者福祉や児童福祉、母子及び父子並びに寡婦福祉などへの支出はごく一部にとどまっている。このため、政府は、**高齢社会福祉ビジョン懇談会**が1994（平成6）年にまとめた報告書を受け、年金・医療重視型である社会保障を福祉・介護重視型へと見直すことになった。

図表16-2　社会保障給付費の国民所得に占める割合

※1990までは実績ベース、2000年は予算値、2010、2025年は推計値。

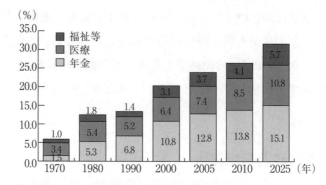

資料：国立社会保障・人口問題研究所「社会保障給付費」
　　　厚生労働省「社会保障の給付と負担の見通し」（平成14年5月）
出所：財務省ホームページ「社会保障給付の見通しと国民負担率」、2013

3．当面の福祉課題

（1）持続的な福祉社会の構築

基礎的ニーズ
国民の多様な福祉ニーズのうち、国民であればだれもが享受する権利を持つ基礎、あるいは最低限度に当たる福祉ニーズ。三浦文夫の福祉ニード論により概念づけられた。

このような現代社会における福祉課題やその国家財政に関わる福祉政策を受け、当面の福祉課題はどのようなものであり、かつその解決のため、今後、どのような福祉政策を講じていくべきであろうか。

まず第1は、21世紀の本格的な少子高齢社会や人口減少を見据え、社会・経済の動向がどのように変動しようとも**基礎的ニーズ**に対応した"セーフティネット"、すなわち、国民の生存権を保障すべく、生

活の安心・安全・安定を図るため、生命の安全や財産の保全、所得の保障など貨幣的ニードはもとより、自立支援のための対人援助など、非貨幣的ニードに関わる福祉サービスの基盤整備を一層拡充し、持続可能な福祉社会を構築していくことが必要である。また、戦後約70年経た現在、国民の福祉ニーズは戦災復興時代の最低生活の確保というだけでなく、心身とも健康で、かつ社会的な活動の面までを考慮した、ゆとりや快適性など、よりよい生活を求めるまで豊かになったため、基礎的ニーズを充実させた**付加的ニーズ**に対応すべく、QOL（生活の質）の向上を図ることが必要である。すなわち、ナショナルミニマムに関わる生存権から**ナショナルオプティマム**、あるいは**ナショナルマキシマム**に関わる**生活権**の保障である（図表16−3）。

(2) 社会的包摂へ

第2は、このような国民の多様な福祉ニーズをすべて国や地方自治体だけで対応するには困難なため、国民一人ひとり、あるいはその家族も福祉サービスの受け手というだけでなく、時には担い手として自覚し、従来の国および地方自治体による公的責任としての公助に自助および互助を加え、地域社会全体で、だれもが住み慣れた地域で自立した生活ができるよう、支え合い、見守り合って支援すべくソーシャルインクルージョン（社会的包摂）に努めることが必要である。

具体的には、国民一人ひとりが自立自助に努めるとともに社会連帯し、住民参加にもとづく公私協働によって福祉国家から福祉社会に転

付加的ニーズ
国民の多様な福祉ニーズのうち、国民であればだれもが享受する権利を持つ基礎、あるいは最低限度に当たる基礎的ニーズを付加、あるいは補完する福祉ニーズ。前出・三浦の福祉ニード論により、概念づけられた。

ナショナルオプティマム
国家適正生活保障。ナショナルミニマムとナショナルマキシマムの中間的な生活水準。

ナショナルマキシマム
国家最高生活保障。ナショナルミニマム、およびナショナルオプティマムのいずれも上回る最高の生活水準。

生活権
生存権を補完し、かつ高度資本主義社会が発達し、アメリカに次ぐ「経済大国」に見合うべく、QOL（生活の質）を実感できる生活のゆとり、快適性を保障する権利。憲法改正案を審議した第90帝国会議で、個人の生活権を認める趣旨が散見される。

図表16−3　国民の福祉ニーズとナショナルミニマム等との関係

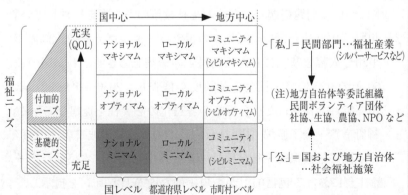

出所：川村匡由『社会福祉普遍化への視座』ミネルヴァ書房、2004、p.20を一部修正

換すべく、福祉コミュニティの構築に努めることが必要である。ノーマライゼーションの理念、およびソーシャル・インテグレーション、すなわち、社会的統合の意義もそこにある。それはまた、所得の再分配や費用負担の公平化を通じ、社会的扶養へと結実させるものでもある。

(3) 国民の政治参加と政治改革

そして、第3は、そのためには何よりもまず政治が国民の信頼のもと、利用者一人ひとりに対し、人間としての尊厳を守るとともに、福祉政策としての課題を提起し、かつその具体的な方策を開発し、その実践を通じ、基本的人権の尊重と自己実現を図ることが必要である。

しかし、肝心の政治は旧態依然として財界やアメリカを思いやった経済・防衛・宇宙開発政策に固執し、社会保障など国民生活の充実を優先したものとなってはいない。そればかりか、歳出の削減をすべく、国民に一層の負担を強いる短期的な行財政にとどまっている。

このようななか、2009（平成21）年に政権交代を遂げた民主党（現・立憲民主党・希望の党・民進党）の政治が期待され、一部で成果はあったものの、消費税の引き上げや原発再稼働、TPP（環太平洋経済連携協定）をめぐる党内の分裂などのため、2012（平成24）年の衆議院総選挙で大敗、再び自公政権に戻り、混とんとしているのが実態である。

さらに深く学ぶために

1）三浦文夫『増補改訂　社会福祉政策研究』全国社会福祉協議会、2000年
　・戦後50年のわが国の社会福祉制度を検証し、国民の非貨幣的ニードについて問題提起し、今後の福祉政策のあり方を提言している。

2）川村匡由『社会福祉普遍化への視座』ミネルヴァ書房、2004年
　・平和と人権を基軸にした人間科学の構築をめざし、わが国の戦後60年の社会保障・社会福祉制度を精査し、2050（平成62）年の超高齢社会に向けた社会福祉の普遍化の必要性を提起している。

3）神野直彦・金子勝編『「福祉政府」への提言』岩波書店、1999年
　・わが国の社会保障・社会福祉の存在理由を問い、本格的な少子高齢社会における包括的、かつ現実的な改革ビジョンを提示している。

社会福祉実践との関連を考えるために

1）社会保障の概念を狭義、広義、最広義別に整理して下さい。
2）社会福祉の普遍化とはどのような意味か、具体例をあげて述べて下さい。
3）「大きな政府」と「小さな政府」の場合の福祉政策の長所と短所をあげて下さい。

参考文献

1）小田兼三・竹内一夫・田淵創・牧田満知子編著『人口減少時代の社会福祉学』ミネルヴァ書房、2007年
2）川村匡由・倉田康路編著『社会福祉概論（第2版）（シリーズ・21世紀の社会福祉②）』ミネルヴァ書房、2007年

column

　最近、政府は年金や医療、介護保険などの財源の負担や保険給付をめぐり、「共助」なる概念を持ち出しているようだが、これは誤解というよりも恣意的な概念の一般化をねらったものといえる。なぜなら、共助とは他の地域の社協や社会福祉施設・団体、NPO、住民の無償のボランティア活動などによる事業・活動であるのに対し、互助とは国民・住民による支え合いを意味する概念だからである。

　実は、このような概念は江戸時代、米沢藩主の上杉鷹山が先代藩主の放漫な藩政によって領地の返上に窮したため、自ら給与や部下の削減、食費の節約など"身を斬る改革"をしたうえ、領民にも倹約の協力を求めた結果、後継の藩主の代で財政危機を乗り切った史実がのちに藩主の公的責任としての扶助（現・公助）、領民個人の自助、領民たちによる互助からなる「三助論」として評価されたことに由来する。

　したがって、他の藩主や領民などからの支援、すなわち、共助は当時、あり得なかったが、唯一の例外は江戸中期、浅間山の「天明の大噴火」の際、生存者個人の自助と生存者同士の互助、近隣の名主の共助、藩や幕府の公助によって再生、今日に至っている。

　くわしくは拙著『地域福祉源流の真実と防災福祉コミュニティ』大学教育出版、2016年および『地方災害と防災福祉コミュニティ』大学教育出版、2018年。

第5章　福祉政策の課題

第17回：福祉政策の課題と国際比較

学びへの誘い

　少子高齢化や人口減少の進行をはじめ、景気低迷や経済のグローバル化に伴い、近年、欧米やわが国のような先進国に混じり、新興国のめざましい発展がみられており、今後、自国の福祉政策だけでなく、グローバルスタンダードとしての福祉政策をも追求していかなければならなくなった。

　それは日本国憲法の精神に照らし合わせれば、わが国も先進国の一員として「国際社会において、名誉ある地位を占めたい」（憲法前文）ことに通じるものである。言い換えれば、わが国は国際社会において国家社会保障・社会福祉から国際社会保障・社会福祉へと発展・拡大すべく、国際貢献が求められているのである。

1．欧米などの先進国家

（1）救貧対策から防貧・福祉対策へ

　21世紀の本格的な少子高齢社会、および人口減少の進行を見据えた、わが国における現代社会における福祉課題やその国家財政に関わる福祉政策、また、その当面の福祉課題は国民一人ひとりの基礎的ニーズに対応した"セーフティネット"、すなわち、国民の生存権およびその上乗せとなる生活権の保障はもとより、国民の自立自助と社会連帯により福祉コミュニティを構築し、政治に参加することにある。

　そこで、このようなわが国の福祉政策の課題を踏まえ、国際社会におけるさまざまな状況にも概観し、国際比較をしてみたい。

　まず、1601年、**エリザベス救貧法**を制定し、世界で初めて社会保障・社会福祉の制度化の嚆矢となったイギリスは1760〜1830年にかけ、世界で最初に産業革命を迎えた。その後の資本主義の発展に伴う歪みや問題の解決、あるいは第1〜2次に及ぶ世界大戦の反省を踏まえ、「ベヴァリッジ報告」にもとづき、戦後、**「ゆりかごから墓場まで」**をスローガンに福祉国家の樹立を提唱し、公的扶助と社会保険の充実を前面的に押し出した。もっとも、1970年代後半には労働者の無気力と財政の逼迫が表面化し、「英国病」と揶揄されるほど経済の停滞

エリザベス救貧法
エリザベス（E.lizabeth I）が教区を単位に、教区の住民から救貧税を徴収し、貧困者の救済や怠惰の者の就労の強制、浮浪者の整理を目的に制定した法律。1834年に改正されたため、旧救貧法といわれている。

「ゆりかごから墓場まで」
文字どおり、出生から死亡に至る人間の生涯におけるあらゆる事故や疾病、けがなどの出費に対し、保障する社会保障。イギリスの経済学者、ベヴァリッジが戦後のイギリスの再建策として政府に提出した「ベヴァリッジ報告」における社会保障制度のスローガン。

を招くなど、かつての大英帝国の面影も薄らいだ。

そこで、1968年に「シーボーム報告」を機にコミュニティワークを重視することになったほか、1979年に誕生したサッチャー（M.H.Thatcher）保守党政権は、規制緩和と国営企業の民営化を進めた。また、1990年、「国民保健サービス及びコミュニティケア法（NHS）」を制定し、コミュニティケア改革を行うなど行財政改革に乗り出した。その結果、イギリス経済は復活し、国際競争力も以前にも増して強化され、社会福祉も地方分権化と連動する形で拡充した。

(2) 福祉国家・福祉社会・「第三の道」

しかし、これらの一連のサッチャリズムは低額の年金しか受給できない高齢者や個人年金の過剰なまでの推奨による弊害、各種社会手当てに依存した長期失業者など、市場原理を性急に導入した後遺症として大きく残った。このため、1997年、サッチャー政権を引き継いだブレア（A.C.L.Blair）労働党政権は、スウェーデンやデンマークなど北欧諸国の社会民主主義モデルである福祉国家でもなければ、アメリカの資本主義（自由主義；市場原理主義）的モデルの福祉社会、あるいはドイツやフランスの保守主義・コーポラティズム的モデルでもない「第三の道（The Third Way）」を選択し、このいわば修正路線はその後の政権政党にも引き継がれ、今日に至っている。

また、ドイツは1883年に**ビスマルク社会保険**を制度化し、世界で最初の社会保険を創設し、わが国をはじめ、欧米の先進国の範となった。もっとも、1933～1945年、ドイツ第3帝国の民族社会主義ドイツ労働党の総統（党首）、ヒトラー（A. Hitler）率いる民族社会主義および全体主義は、ユダヤ人や障害者の排撃などを行った。戦後、このナチズムの反省のもと、福祉国家の志向および「補完性の原則」にもとづき、伝統的な社会保障の充実とともに社会福祉の基盤整備に取り組んだ。とくに1997（平成9）年に制定した介護保険法は、わが国をはじめ、多くの先進国に示唆を与えた。

さらに、ヨーロッパ最大の国で、「自由・平等・博愛」の三つを国是としているフランスは、社会保険理事長、ラロック（P. Laroque）らのレジスタンス評議会が1945年、全国民を対象にした社会保険の

ビスマルク社会保険
ドイツ帝国の鉄血宰相、ビスマルク（Bismarck.O.E.L）が制度化した社会保険。しかし、その一方で、社会主義者の取り締まりをもくろんでもいたため、「飴鞭」政策ともいわれている。

一般化と諸制度の統一化をめざした社会保険計画を策定し、今日のフランスの社会保障制度の骨格となった。もっとも、近年は少子高齢化に伴う社会保障・社会福祉の見直し、また、失業者の増加が大きな問題となっている。

(3) 健在な「スウェーデンモデル」と対照的な「アメリカモデル」

このようななか、スウェーデンやデンマークなどの北欧諸国は産業の資本主義的な進出に伴い、国家の平和と民主主義を優先した国策に徹するとともに、ノーマライゼーションの理念にもとづく女性の社会進出への支援や地方分権化、国民の政治参加により、「高福祉・高負担」による社会保障・社会福祉の充実に力を入れた結果、一躍、「福祉大国」となった。なかでもスウェーデンはその後の経済の発展も加わり、「スウェーデンモデル」として脚光を浴びることになった。

一方、新大陸でありながら、広大な国土と温暖、かつ肥沃な気候風土、そして、豊富な天然資源に恵まれたアメリカは1935年、ルーズベルト（F. Roosevelt）大統領のもと、大恐慌に対する国民の経済への不安の解消のため、**ニューディール政策**に続き、世界で最初の社会保障法（Social Security Act）を制定した。もっとも、その効果は第2次世界大戦前後であったため、大きな成果をあげることはなかった。

しかし、そこには大量の入植者のイギリスの文化や技術、キリスト教の隣人愛、さらには開拓精神、あるいは母国・イギリスで育まれた国民の地方分権に対する意識があった。それは、やがて、イギリスのコミュニティケアおよびコミュニティワークに学び、コミュニティオーガニゼーションへと結実し、"地方自治の実験国"としてボランティア活動を中心とした地域福祉を拡充させ、アメリカの社会・経済システムの発展を促し、今日、世界最強の超大国へと押し上げた。

2．オセアニア、アジアの新興国および途上国
(1) イギリスをベースにした福祉政策

これに対し、オーストラリアやニュージーランドなどのオセアニア諸国はアメリカと同様、建国の歴史が浅いものの、基本的には母国・イギリスの社会保障・社会福祉制度をベースに、施設福祉および在宅

ニューディール政策
大恐慌に対する国民の経済への不安の解消、雇用の創出のため、ルーズベルト大統領が行った公共投資や銀行への政府の監督、金本位制の停止などの国策。

福祉のサービスの基盤整備を図り、ヨーロッパの各国にまさるとも劣らない発展を遂げた。

このうち、オーストラリアは1931年、イギリスから独立したのち、広大な国土と無尽蔵の天然資源を有しながらも保護貿易主義に徹するとともに、一時、**白豪主義**を掲げて移民政策を行ったが、1970年代末期、白人以外の移民も受け入れ、工業国へと脱皮した。このような社会・経済的な好転をバネに、社会保障・社会福祉制度も拡充されていった。

しかし、近年、高齢化の進展や慢性的な失業問題が起き、国民経済の低迷による福祉財政への影響が出てきた。このため、1985年、在宅・地域ケア計画（HACC：Home And Community Care Act）を策定し、ナーシングホームの建設など施設福祉に対する歳出の削減に大ナタを振り、在宅福祉に重点を移すことになった。また、ホーク（R.J. L. Hawke）労働党政権は1987年、中央省庁を大幅に整理・統合するなど行財政改革に乗り出したほか、1996年に政権交代した保守党政権もこの基本路線を踏襲し、今日の民間活力の導入による行革路線として落ち着いた。

一方、ニュージーランドは1907年、オーストラリアの属州という立場から独立し、イギリスの自治領になったのち、やはり母国・イギリスの社会保障・社会福祉制度を基調に整備していった。その典型的な法制度が1938年の社会保障法（Social Security Act）の制定で、アメリカに次いで世界で二番目となった。

ただし、政権政党は長年、国民党と労働党の二大政党による入れ替わりが激しく、そのつど、社会保障・社会福祉制度は左右された。もっとも、1990年代に国民党に政権が移って以来、市場原理にもとづく社会・経済状況となり、社会福祉の分野でも施設福祉から在宅福祉へと重点が移された。

しかし、基本的に租税方式による社会保障・社会福祉制度を整備・拡充しているニュージーランドも高齢化の進展や慢性的な失業問題を招いており、国民経済の低迷による福祉財政への影響が出てきた。このため、近年は国への依存から国民の自立自助、また、地方自治体や非営利団体、企業など幅広い福祉サービスの供給主体の協力を呼びかけ、地域に根ざした包括的なサービス基盤の整備に転換しつつある。

白豪主義
白人優先のための人種差別・隔離政策。イギリスが植民地化した1788年以来、先住民族、アボリジニ人らに対し、迫害や隔離、移民の取り締まりが行われたが、1973～1975年、オーストラリア市民憲法や人種差別禁止法の制定で解除された。

(2) 台頭著しい中国や韓国、インド

　これに対し、中国や韓国、インド、ロシアなどの新興国はどのような状況であろうか。いずれの国もついこの間まで途上国といわれていたが、ここ数年の間にIT（情報技術）産業や自動車産業などを中心に、めざましい発展を遂げており、今や先進国に迫るほどの勢いで工業化が進んでいる。

　なかでも中国は2008年の北京オリンピックの開催を足場に飛躍的な経済成長をみせており、2017年現在、約13億6,000万人と、16億6,000万人のインドに次ぐ世界第二位の総人口といい、未曾有の天然資源といい、21世紀はアメリカをしのぎ、世界のトップに躍り出るのではないか、との観測もあるほどである。

　ただし、最近の毒入りギョウザ事件や**チベット問題**、尖閣諸島の領土問題に端を発した反日デモなどにみられるように、経済の急速な発展の一方、国民生活は都市部と農村部で貧富の格差が拡大しているほか、食の安全や人権問題について国際社会から批判が高まっていることも確かである。また、人口の高齢化はゆるやかで、高齢化率は2013年現在、総人口の14.5％を占める。今後、急速に上昇するほか、高齢者の人口そのものの絶対数は他の先進国に比べられないほど多い。

　そこで、政府は1953～1957年の第1次以来、数次にわたって「5か年計画」を策定、市場経済を巧みに導入し、国民経済と社会の発展に努めている。また、1982年、それまでの文化大革命によって壊滅状態となった法秩序や各種制度を立て直すべく新憲法を制定し、前文に「社会主義の民主化」、「社会主義の法秩序の健全化」、「4つの現代化」を盛り込むほか、「一人っ子政策」を展開し、社会保障・社会福祉制度の基盤整備に注いでいる。

(3) 民営化と基礎整備

　しかし、北京市郊外に有料老人ホームが建設されるなど、市場原理にもとづく介護ビジネスもお目見えしている。このため、儒教の精神にもとづく親子二世帯同居、あるいは三世代同居による「居宅処遇の原則」がいつまで持続可能かどうか、懸念する向きもあるが、2001年、社区老人福祉服務「星光計画実施方案」を策定し、在宅福祉に力を入れつつある。

チベット問題
かつて独立国であったチベットが1949年、毛沢東率いる新中国が誕生したことに伴い、武力で陥落、チベット自治区と四川省などの一部として組み入れられ、以来、人権がおろそかにされ、インドやネパールなどに亡命するなど、不利益な扱いを受けている問題。

また、韓国はアジアの新興国のなかでもトップクラスの社会保障・社会福祉制度を誇っており、わが国を参考にその整備・拡充を進めている。その中核になるのが「生産的福祉」構想で、社会保険や公的扶助、失業対策、緊急支援の4つを"セーフティネット"とし、貧困層への所得の再配分を通じ、経済的、社会的格差の是正に努めている。また、1990年代からは在宅福祉および地域福祉に傾注している。

一方、インドは2017年現在、総人口が約16億6,000万人と中国をしのぐ世界一の人口大国であるとともに、今なお**カースト制**を敷いており、最貧国の1つに甘んじている。このため、政府は1990年代から数次にわたる「5か年計画」を策定し、経済の発展に伴う所得の向上や社会保障・社会福祉の発展に努めているが、農村部や貧困層にはその恩恵が行きわたっておらず、中国と同様、その基盤の整備はこれからである。

カースト制
ヒンズー教に由来する身分制度。親から子へ受け継がれるものだが、国際連合の人種差別撤廃委員会は2002年、世系にもとづく差別を策定し、国際人権法上の人種差別とした。

3. 国際社会における福祉政策の課題
(1) 論評を呼ぶ福祉ミックス論

いずれにしても、このように先進国、新興国、途上国を問わず、当面、共通する福祉政策の課題は、戦後、**世界恐慌**や第2次世界大戦を教訓に、戦争国家から福祉国家へと転換し、福祉の向上を図るべく、国が平和と人権を尊重し、かつ国際協調を確立するためには各国における社会保障・社会福祉制度の整備・拡充が前提である。もっとも、1973年、中東戦争に端を発した世界的な石油危機による経済の低成長化、およびその後の人口の高齢化に伴う福祉財政の逼迫に伴い、国家財政における歳出の削減や福祉政策における施設福祉から在宅福祉への転換、さらには中央集権から地方分権への加速化により、コミュニティワークやコミュニティオーガニゼーションへと収斂し、福祉社会へと志向しつつある。

そこで、クローズアップされてきたのが**福祉ミックス論**で、公共部門の制度・政策だけでなく、民間部門の社協やNPOなどの非営利団体、地域住民のボランティア活動、企業など民間事業者によるシルバーサービスなどの事業・活動を啓発・活用し、福祉社会をめざすべきであるとされている。わが国の政府もこの方針をとっているが、このよ

世界恐慌
1929年、アメリカ・ウォール街における株の暴落を契機に始まった大恐慌。この恐慌は、当時、数年にわたって世界全体に蔓延し、資本主義経済を脅かした。

福祉ミックス論
従来のフォーマルなサービスである公共部門に加え、市場や地域などのインフォーマルなサービスである民間部門の供給による混合福祉。昨今の民間活力の導入、地域福祉の論議はその典型的な論理。

第5章　福祉政策の課題

うな考え方は新自由主義（新保守主義）の経済理論にもとづく市場原理にすぎず、イギリスのブレア元首相がめざした「第三の道」、すなわち、新自由主義（新保守主義）や社会民主主義に次ぐ、「機会均等・責任・コミュニティ」を重視する積極的福祉の**社会投資国家**を検討することが必要ではないか、と指摘する声もないわけではない。

> **社会投資国家**
> イギリスの社会学者、ギデンス（A.Giddens）が示した新たな福祉国家。「大きな政府」、あるいは「小さな政府」ではなく、市民やNPOなどが主体となり、公共部門の透明性や行政の効率化、地方分権、直接民主制、新たな混合経済によって構築する福祉国家。

(2) グローバリゼーションと福祉政策

このようななか、経済のグローバル化という新たなインパクトが加わり、グローバリゼーションが叫ばれている折、わが国はもとより、先進国や新興国、途上国はどうあるべきか、経済発展と社会福祉の向上という"両刃の剣"的な難題を抱えることになった。ちなみに、わが国は今後もスウェーデンなど北欧諸国のような「高福祉・高負担」ではなく、「適正福祉・適正負担」によって社会保障・社会福祉を将来にわたって持続性のあるものにすべく、イギリスやドイツなどと比べて国民負担率がまだ低いため、国民に対し、社会保障の財源の一層の負担についてアピールしたい、というのが自公政権の思惑である。

確かに、図表17-1によると、わが国の国民負担率は2014（平成26）年度予算ベースで42.2%で、32.7%のアメリカを除けば、56.0%

図表17-1　国民負担率と老年人口比較

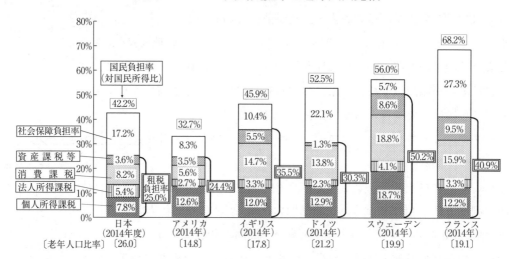

出所：財務省ホームページ、2017

のスウェーデンはもとより、45.9％のイギリスや52.5％のドイツよりも低い。このため、国民の負担の割合と福祉サービスの水準に関わる指標である「高福祉・高負担」、「中福祉・中負担」、「低福祉・低負担」という3つの類型化のなかでスウェーデンなど北欧諸国は「高福祉・高負担」であるのに対し、オーストラリアは「中福祉・中負担」、アメリカは「低福祉・低負担」とされている。

　この点、わが国はそのいずれでもない「適正福祉・適正負担」をめざすというのであるが、その実態は「中福祉・中負担」というよりも「低福祉・中負担」ではないか、との指摘もある。

さらに深く学ぶために
1）川村匡由編著『国際社会福祉論（シリーズ・21世紀の社会福祉⑳）』ミネルヴァ書房、2004年
　・国際社会におけるすべての人々の人権の尊重と平和の追求をキーワードに、国連の役割や各国の社会保障・社会福祉を比較、検討している。
2）阿部志郎・井岡勉編『社会福祉の国際比較』有斐閣、2000年
　・日本社会福祉学会の研究成果として、その研究の視点・方法と検証を試みている。
3）仲村優一・慎變重・萩原康生編著『グローバリゼーションと国際社会福祉』中央法規出版、2002年
　・グローバリゼーションという現代的なキーワードを示し、国際政治と国際福祉、開発型の社会福祉の重要性を説いている。

社会福祉実践との関連を考えるために
1）先進国、新興国、途上国の福祉政策を比較して下さい。
2）「スウェーデンモデル」といわれる同国と、わが国の福祉政策について比べて下さい。
3）経済のグローバル化のなかでのわが国の福祉政策のあり方について述べて下さい。

参考文献

1）久塚純一『比較福祉論』早稲田大学出版部、1999 年
2）吉武信彦『日本人は北欧から何を学んだか』新評論、2003 年
3）伊藤和良『スウェーデンの分権社会』新評論、2000 年
4）川村匡由『脱・限界集落はスイスに学べ』農文協、2016 年
5）アンドル・アッカンバウム・MMPG 総研・伊藤和人・須田木綿子著、住居広士編訳『新版　アメリカ社会保障の光と陰』大学教育出版、2004 年

わが国の郵政民営化のモデルとされたニュージーランドだったが…

地震前の 2009 年、クライストチャーチにて筆者撮影

> ### column
>
> 　福祉ミックス論は、新自由主義（新保守主義）を掲げる経済理論のもと、イギリスのサッチャー政権当時におけるサッチャーリズム、アメリカのレーガン大統領当時におけるレーガノミックス、中曽根内閣当時の臨調行革路線による行財政改革と連動する形で進められた、市場原理にもとづく社会保険方式の考え方で、このような高度資本主義国における経済理論がわが国に果たして有効なのかどうか、検討することは必要である。
> 　しかし、その一方で、スウェーデンやデンマークなど北欧諸国の社会民主主義国が進め、成功している税方式も検討すべきである。なぜなら、わが国の社会保障関係費は国家予算（一般会計）の全体の 33.3％（2017 年度）にすぎず、歳出の無駄の除去や租税の適正配分、不公平税制の是正など多くの課題を積み残したまま、少子高齢化や財政の逼迫を理由に歳出の削減ばかりが議論され、情報操作されているきらいもある。
> 　いずれにしても、東西の冷戦構造が崩壊して早くも数十年経っているにもかかわらず、今なお政治も経済もアメリカに追従する一方、税方式、言い換えれば措置制度の是非について十分な検証もないまま、恣意的に社会保険制度に誘導され、土建型公共事業や防衛、外交、宇宙開発政策に思い切ったメスが入らない現代の硬直した状況はいかがなものであろうか。国民の「自治・分権・共生」に向けたソーシャルガバナンスの実践が待たれるところである。

第6章
福祉政策の構成要素

この章で学ぶこと

　この章では前の章で説明した福祉政策の課題を受け、現代社会におけるその構成要素について学ぶ。

　具体的には、まず福祉政策の論点について2回にわたって学んだあと、福祉政策における政府や市場、国民の役割について学ぶ。このうち、ここでいう政府とは中央政府、すなわち、国と都道府県と市町村（特別区を含む）からなる地方公共団体、いわゆる地方自治体を意味する。

　一方、市場とは、文字どおり、市場原理にもとづき、さまざまな福祉事業・活動に取り組んでいる企業など民間事業者による福祉サービスの供給主体の参加を意味する。また、国民とは国民個人はもとより、その家族や地域住民、あるいは地域福祉の推進のための住民組織である社会福祉協議会（社協）や生活協同組合（生協）、農業協同組合（農協；JA）、ボランティアグループ、NPO、企業などのさまざまな福祉事業・活動に取り組んでいる民間事業者による福祉サービスの供給主体としてそれぞれ位置づける。

　そのうえで、このようなさまざまな福祉サービスの供給主体を開発・活用した福祉政策の手法や政策決定過程、政策評価、および福祉供給部門、福祉供給過程、福祉利用過程について学ぶ。このような福祉政策の流れを時系列的に学ぶことについて、従来のカリキュラムにおける「出題基準」ではほとんど取り上げられていなかった。とりわけ、国民の役割や福祉政策の手法から政策決定過程、政策評価、および福祉供給部門、福祉供給過程、福祉利用過程にかけてのソーシャルアドミニストレーションとしてのアプローチはまったく試みられていなかった。

　したがって、この章ではこれらのプロセスや流れについて、福祉サービスの需要と供給との関係を十分意識しながら学ぶことにする。

第18回：福祉政策の論点Ⅰ

学びへの誘い

　2000（平成12）年4月に施行された介護保険法は、高齢者介護を医療保険から切り離し、「社会的入院」の解消に向けた条件整備を図るなど、画期的な改革であった。同時に社会福祉事業法は社会福祉法と改称・改正され、障害者福祉の分野では支援費制度から障害者自立支援法を経て、2012（平成24）年、障害者総合支援法が制定された。
　ここでは、この介護保険制度の概要から、福祉政策の展開において重要となる考えと具体例を学ぶ。

1．効率性と公平性
(1) 資源配分の観点から

　社会保障財政が逼迫するなか、限られた資源をいかにして効率よく配分するか、が問われている。この場合の効率性とは「安かろう悪かろう」という意味での効率性（crude efficiency：粗効率性）ではなく、質を担保した生産性効率（productive efficiency）を意図することが重要である。

　効率性の問題は、古くは1970年代後半の福祉国家の危機に際していわれた「福祉見直し論」にみることができる[1]。それは、限りある福祉資源を必要なところに重点的に配分するという考え方であったが、時の政権により反福祉的に解釈されてしまう。すなわち、効率性という単語は「社会福祉の縮減」という脈絡で使われるようになっていったのである。

　たとえば「日本型福祉社会論」[2]では民間の活力および市場原理の活用があげられ、肥大化した政府による資源配分は非効率であるため、公的介入をできるだけ行わない、効率のよい「小さな政府」が志向された。現代においてもその流れは継承されており、社会保障構造改革においても効率性が重視された。

　この社会保障構造改革では、増加する社会保障給付と負担の関係で効率性が重視され、社会保障制度の持続可能性という観点からも検討されている。

この議論で問題になっているのが国民負担率である。**国民負担率**とは国民所得に占める租税と社会保障の負担の合計の割合を指す。さらに、これに財政赤字を加えたものを潜在的国民負担率と呼ぶ場合もある。国民負担率は2017（平成29）年度では、42.5％となっており、政府は今後、50％以下にとどめるよう、改革を進めるとしている。

なお、潜在的国民負担率は49.4％となっている。

（2）具体例

その一例として、介護保険制度がめざす効率性と公平性についてみてみよう。

介護保険制度は要介護（要支援）認定に始まり、サービスの給付を通じ、自立が図られる仕組みとなっている。要介護（要支援）認定は保険給付の上限を決めるものであり、実際のサービス内容は利用者の意向を踏まえて**介護支援専門員（ケアマネジャー）**によって組み立てられる。つまり、一定の範囲内で、対象者の持つ福祉ニーズをどのように充足するのか、が問われるのである。このケアプランの作成は、見方を変えれば費用対効果に焦点が当てられているといっても過言ではなく、効率性が追求されているといえる。

しかし、そもそも効率性という概念は社会福祉の分野になじまないと考えられてきた。それは社会福祉がすぐれて対人援助を眼目としており、また、それゆえにケース・バイ・ケースの援助・支援が中心となっていたからである。個々に異なるニーズをいかにして充足するのかという**個別性の原則**からいえば、一見、ムダと思えるものも長期的なスパンでみると必要な援助や支援である場合が多い。

さらにいえば、効率性の追求は際限のないムダの発見とサービスの切り落としにつながり、必然的にサービスの提供はマニュアル化する。そして、マニュアル化の進行はさらに社会福祉専門職の存在を必ずしも必要としなくなる。

次に、公平性について考えてみよう。

アリには蜜、ゾウには藁を与えるのが公平である。アリにもゾウにも同じえさを与えることが公平とはいえない。このような観点に立ったとき、福祉サービスはより多くのニーズを持つ者に手厚く保障され

国民負担率
諸外国では租税負担と社会保障負担とを分けて国民負担を示すことがほとんど。

介護支援専門員（ケアマネジャー）
地域包括支援センターなどに所属し、介護保険で要支援・要介護と認定された者に対し、アセスメントにもとづいたケアプランを作成し、ケアマネジメントを行う専門職。介護全般に関する相談援助・関係機関との連絡調整、介護保険の給付管理などを行う。

個別性の原則
バイステックの7原則のうちの1つ。対人援助の基礎。

第6章 福祉政策の構成要素

応益負担
サービスの利用量に見合った額を自己負担する方法。所得の多寡にかかわらず、定率負担を求められることがほとんど。

なければならない。昨今においてはサービスの利用者に**応益負担**を求める傾向が強く、仮にニーズが高くても自己負担を考え、その利用を手控えることが散見される[3]。これではニーズに応じたサービスの提供、という意味での公平性が担保されにくくなってしまう。

一方、水平的公平性とは同世代内での公平のあり方で、その例として介護保険制度における第1号被保険者が納付する保険料があげられる。

2．必要と資源

日本国憲法第25条では、すべての国民が健康で文化的な最低限度の生活を営む権利を有すると規定し、国民の生存権が保障されている。すなわち、この「健康で文化的な最低限度の生活」に該当しない場合、各種の社会保障・社会福祉サービスの提供が行われることになっているわけである。もっとも、ここでいうサービスは、公的な制度やサービスだけとは限らない。たとえば、家族や町内会などのインフォーマルなものも資源として含まれる。

スピッカー（P. Spicker）の所説によれば、「必要とはある人にとっての『不可欠な』事柄である」[4]とされており、必要はその境界が曖昧としながらも、生存に必須のものにとどまらないとの命題を立てる[5]。ここには生存権の考え方が反映されているといっても過言ではない。すなわち、健康で文化的な生活を送れるようにすること、換言すれば、生命体として生きていればよいのではなく、1人の人間として保障されるべき生活をおくる権利を持ち、生活するということである。わが国において、「人間裁判」として有名な朝日訴訟はこの点について問題提起したものであった。

さらにスピッカーは、必要があるということは請求の権利があることであるという[6]。もっとも、請求の対象は明確ではない[7]とする。しかし、最終的には一般的互酬という最広義の感覚に頼らざるを得ず、そのことにより、この請求は社会に対する請求になる[8]と指摘している。つまり、必要を満たす何らかの責任が社会にある、ということである。

そして、必要を満たすものとして具体化されたものが資源である。通常、社会資源と呼ばれるこれらのものは社会福祉援助を展開するう

えできわめて重要なものである。資源の活用は公的な諸施策に限らず、インフォーマルなものも含まれることはすでに述べたとおりである。

岡村重夫は、生活上の諸困難を個人と社会制度を結合させる社会関係の問題という観点からとらえた。そして、人間の要求を経済的安定の要求、職業的安定の要求、保健医療の保障、教育の保障、家族的安定の要求、文化娯楽の機会、社会参加ないし社会的協同の欲求の7つに大別した[9]。そして、それに対応する諸施策をあげ、これらの関係のもとに、社会福祉の対象として、①社会関係の不調和、②社会関係の欠損、③社会制度の欠陥の3つをあげた[10]。そして、ここに社会福祉の固有性があると説いた。すなわち、これらの社会関係における諸問題に対し、資源を媒介とした社会福祉援助が展開される必要があるのである。

したがって、社会福祉における必要と資源の関係は単にある個人の必要が充足されることを指すのではなく、**QOL**を追求する具体的、かつ実践的な社会福祉援助の枠組みからみることが重要である。

たとえば、最低限度の生活を営めない程度の所得の人がいるとしよう。先に述べたように、その人には当然、最低限度の生活を営む権利が付与されている。すなわち、必要の状態にある。その必要を満たすため、まず生活保護制度という制度的資源を活用するわけであるが、それはケースワーカーを通じて提供される。さらに、もし、その人が病気を患っていたとしたら病院のソーシャルワーカー（MSW、PSW）や医療専門職との連携も必要になってくる。加えて、その人に扶養すべき子どもがいれば学校や民生委員・児童委員、児童相談所とも連携を図っていく必要がある。

このように必要と資源の関係は密接なものである。この例でいえば、一面的に金銭的な不充足状態を解消すればよいのではなく、彼を取り巻くさまざまな側面からアプローチし、資源を活用し、福祉ニーズを充足することが重要なのである。

3．選別主義と普遍主義

(1) 選別主義

社会保障給付・社会福祉サービスの提供にあたり、その対象者をど

> **QOL**
> Quality of Life. 生活の質、あるいは生命の質とも訳される。初めは延命治療の問題を論じる際に医療現場で用いられたが、対人サービスの領域にまで広まった概念。

のように決定するのかは所得の再分配の観点からも、また、政治的な観点からも課題となる。

さて、第2次世界大戦後より本格的な展開をみたわが国の社会保障・社会福祉制度は、その骨格を貧困者や児童、障害者など社会的弱者と呼ばれる人たちを焦点に当て、形成した[11]。その背景には救済が喫緊の課題で、社会的安定を保持することなどがあった。

したがって、国家が行う諸施策は必然的に優先順位のもとに"線引き"をせざるを得なかった。つまり、特定のニーズを持つ特定の人々に対し、特定のサービスを提供する選別主義の登場である。

選別主義は、ある要件に合致したものを対象にサービスを提供する考え方で、ミーンズテスト（資力調査）を伴うことが多い。現代における選別主義的福祉サービスの代表的なものに生活保護制度がある。生活保護制度は、厚生労働大臣が定めた最低生活基準を上回っているのか、下回っているのかで受給の可否が決定される。もし、最低生活費を下回っている場合には扶助の対象となる。

しかし、この際、本人の所得の状況や預貯金、保険金の有無などが各金融機関（銀行、郵便局や生命保険会社など）に照会される。これは申請者本人にとってはいわば財布の中身を探られることであり、ミーンズテストを行うことはスティグマ（恥辱感）を伴いやすい点に注意が必要である。

(2) 普遍主義

一方、普遍主義は選別主義とは異なり、生活保護制度に体現されているような厳格なミーンズテストを必要とせず、その対象をあまねく者とし、サービスが提供されるような仕組みを指す。平岡公一によれば、「すべての者が平等に拠出し、すべての者が平等に給付を受ける資格を持つという条件を満たすこと」[12]と定義される。

普遍主義は、ニーズの多様化・高度化と関連して考えられるようになった。すなわち、特定のだれかを対象にした特殊なサービスではなく、だれにでも起こりうる生活困難（福祉ニーズ）に対し、所得の多寡や資産の有無などにかかわらず、普遍的に提供されるサービスのあり方を指すともいえよう。

これに関連し、1990年代後半以降のサービスの普遍主義化は、応益負担化の拡大をもたらしているといってもよい。「豊か」になった国民に対する普遍的なサービス提供は、必然的にその国民生活の成熟度、ニーズの普遍性により、「サービスを利用したら、それに見合う対価を支払う」という考えのもと、応能負担中心の考え方から応益負担の考えへと移行している。この際、注意しなければならないこととして、応益負担は低所得者にとって逆進性があるという点である。

　たとえば、介護保険制度をみてみると、40歳以上のすべての国民を対象に介護保険料を徴収し、基本的には65歳以上で要介護（要支援）状態になると介護サービスの「利用権」が付与される。この観点からすれば、保険料の拠出とサービスの給付が対応関係にある点で普遍主義的サービスといえよう。

　しかし、あくまでも利用権が付与されているのであり、具体的なサービスが提供されることを保障したものではない。しかも、どの状態をもって「要介護」と判定するか、また、何を給付対象とするのかは政策的にコントロールすることができ（「要支援1～2」が新たに設けられた背景を考えてみよ）、普遍主義的にみえても実は選別主義的である場合もある。

　特別養護老人ホーム（介護老人福祉施設）への入所は、2015年度より原則として要介護度3以上に重点化した。また、一定以上の所得層（単身・年金のみの場合で280万円以上）の負担割合も1割から2割に引き上げられた。これらも選別主義的な方向の変化であり、介護保険制度創設の趣旨に照らすと疑問の余地がある。

4．自立と依存
（1）社会福祉的な意味での自立とは

　「何人とも一島嶼にてあらず（no man is an island）」とは、イングランドの詩人、ジョン・ダン（John Donne：1571 - 1631）の説教の一節である。確かに、私たち人間はだれかの助けなしには生活していけない。何らかの形で人はだれかと関わっており、また、相互に支え合っている。

　さらに、自立と依存は相反する概念のように思われるが、実はそう

ではない。何かを、あるいはだれかを頼って（依存して）」、その人は自分の望む生き方を追求することが可能になるのである。これが社会福祉的な意味で用いられる「自立」の姿である。自立というと経済的自立（たとえば生活保護からの脱却）、身体的自立（たとえばADLの向上）、精神的自立（「福祉の世話になどならん！」）などが想起されるが、社会福祉における自立とはそのような狭義での自立とは異なる。

そもそも「自立を支援してもらわなければならないということは、単に自立が目指すべき目標であるということだけではなく、現状何かに依存しているということをも意味している」[13]のである。そして、「人々が何を自立とし、何を依存と考えるかは時代によって変わってきている」[14]。

しかし、現実のわが国の福祉政策における「自立」はどのようにとらえられているのであろうか。典型的な例として、かつての障害者自立支援法では「自立」がうたわれたが、それは「非常に古典的な、金をかけるのが嫌な領域にかかる金をどうやって減らすかという時に、野蛮な、利用料を取るであるとか、誰でも考えつくような策を弄して、それに自立支援法という名前を冠している」[15]ものであるという指摘は鋭い。

また、近年の生活保護制度改革にみられるような老齢加算の廃止（2006（平成18）年度）においても、あるいは**ワークフェア原理**の浸透についても、「生活保護からの脱却」が第一義の目的とされ、低所得者の就労、すなわち、経済的自立が重視されるようになってきている。

以上のような自立の概念のもとでは生活に困難を抱え、サービスを利用しているものを惰民とみなし、「勤労こそ美徳」、「働かざる者食うべからず」といった救貧法時代の自立観に逆戻りさせてしまうものになる。

さらに、2013（平成25）年12月には「改正生活保護法」および「生活困窮者自立支援法」が成立、2014（平成26）年7月から全面施行されている。これらは1950（昭和25）年以来の制度の抜本的見直しである。とはいえ、不正受給に対する罰金の増額（30万円以下から

ADL
Activity of Daily Living. 立つ、歩く、座るなどの基本的な日常生活動作。身体的自立とからめ、着目されることが多い。

ワークフェア原理
Workfare. 近年、Welfare（福祉）からWorkfare（就労を通じた自立支援）への移行がみられつつある。

100万円以下に)、扶養義務者への扶養照会の強化(扶養可能とみられるにもかかわらず、それに応じない場合に説明を求める)は生活保護の引き締め策とみることができる。

　また、今までのように稼働所得を収入認定して保護費から一律に減額するのではなく、稼働所得の一部を積み立てたとみなし、「就労自立給付金」として生活保護を受けなくなったときに現金で支給する仕組みが設けられた(ただし受給廃止が要件である)。

　これらの改正にはさまざまな経緯や議論があるが、厳罰化、**絶対的扶養義務**を強調する明治民法の前近代性への回帰、給付金にもかかわらず、強制貯蓄としての性格を持つことなどからすると果たして「改正」たりうるものになっているか、は疑問である。生活保護＝怠惰・悪という一部の国民感情と保護費の抑制を図りたいという政府・厚生労働省の思惑の一致がみられるからである。

(2) 自立と依存の関係

　ひるがえって、現代の社会福祉における真の意味での自立支援とは、必要になったときにはサービスが容易に利用でき(当然、それに至るまでの支援も含まれる)、だれもが住み慣れた地域で暮らし続けることを可能にすることを意味している。それは地域福祉をベースにした自立と依存、それを支える自立支援の三者からなり、これらは密接な関係にある。

　そして、社会福祉的な意味での自立が自己が望む生き方を追求することであるならば、それは自己実現を意味しているといえよう。自己実現は、マズロー(A.Maslow：1908－1970)のいう**欲求段階説**で最上位に位置する概念である。この自己実現を可能ならしめるためにはさまざまな社会資源を活用したり、その活用へ向けてサポートしたりしていくことでもある。つまり、社会福祉的な意味での自立を追求することは援助者の都合や思惑を中心とした支援ではなく、当事者主体での支援が必要であり、福祉サービスの利用は自己実現のための積極的な意味での「依存」として位置づけられるべきである。

　したがって、現代における自立と依存の関係は表裏一体のものとなる。依存なしの自立はないし、また、自立なしの依存はない。その意

絶対的扶養義務
民法第877条で直系血族および兄弟姉妹の扶養義務が定められている。民法は100年以上前の1896(明治29)年に制定されたもので、数度の改正を経てもなお、制定当時のイエ制度の名残が見られる。

欲求段階説
人間の欲求の段階を生理的欲求、安全の欲求、親和の欲求、自我の欲求、自己実現の欲求とし、これらが5段階のピラミッドのようになっており、底辺から始まり、1段階目の欲求が満たされると、もう1段階上の欲求を志すという考え方。

味で、社会福祉に関わる援助職は昨今の政策展開でみられるような平板な「自立観」や「依存観」に振り回されることなく、対象者の全人的な理解に努め、自立へ向けた支援を行うべきであろう。

注

1）長洲一二「福祉の科学と哲学を」『社会福祉研究』第20号、鉄道弘済会、1977年、p.25
2）自由民主党研修叢書8『日本型福祉社会』自由民主党機関紙局、1979年、p.150 − 151
3）たとえば、介護保険料でいえば「介護保険剰余金132億円　06年度　道内サービス利用伸びず」（『北海道新聞』2008年11月9日付）で、徴収した保険料に比べ、利用者のサービス利用が少なかったことが原因で剰余金が発生したと報じられている。これは介護サービスの利用が少なかったのではなく、利用を控えたものと考えて差し支えないであろう。
4）P.Spiker., The Welfare State: a general theory., SAGE, LONDON, 2000., 阿部實・圷洋一・金子充訳『福祉国家の一般理論　福祉哲学論考』勁草書房、2004年、p.92
5）同上書、p.94
6）同上書、p.101
7）同上
8）同上書、p.102
9）岡村重夫『社会福祉原論』全国社会福祉協議会、1983年、p.82
10）同上書、pp.107 − 113
11）福祉3法（生活保護・児童福祉・身体障害者福祉）体制がこれに当たる。
12）平岡公一「選別主義／普遍主義」京極高宣監修『現代福祉学レキシコン』雄山閣出版、1998年、pp.133 − 134
13）堅田香緒里・山森亮「分類の拒否　『自立支援』ではなく、ベーシック・インカムを」『現代思想』2006年12月号、青土社、p.86
14）同上。
15）立岩真也・白石嘉治「討議・自立のために」同上書、p.37

さらに深く学ぶために

1）立岩真　『自由の平等―簡単で別な姿の世界』岩波書店、2004 年
　・自由と平等は相反する概念であるとよくいわれる。しかしながら、本書は人間そのものが持つ自由とは万人に必要なものであると説く。
2）「特集…自立を強いられる社会」『現代思想』2006 年 12 月号、青土社
　・雑誌『現代思想』そのものが毎回興味深いテーマで特集を組んでいる。上記は、いわば人間を「強い個人」とみなしている現状を批判的に検討している。

社会福祉実践との関連を考えるために

1）ケアプランに限界はあるのであろうか。あるとすればどのようなことか、述べて下さい。
2）あなたが考える自己実現とはどのようなものか、述べて下さい。
3）近年、福祉サービスの普遍主義化が進んでいるといわれているが、その功罪について考えて下さい。

参考文献

1）石弘光『財政構造改革白書』東洋経済新報社、1996 年
2）立岩真也『私的所有論』勁草書房、1997 年
3）Neil Gilbert 原著、阿部 重樹、阿部 裕二訳『福祉国家の限界－普遍主義のディレンマ』中央法規出版、1995 年

第19回：福祉政策の論点 Ⅱ

学びへの誘い

第19回は、「福祉」が持つ諸問題とその展望について明らかにする。もし、仮に「〜してあげる」というサービス提供の姿勢であれば、それは専門職の持つ傲慢(ごうまん)さにほかならない。すなわち、現代における福祉サービスの提供の姿勢とは利用者主体の原則が貫かれなければならない。サービスを必要としている人は社会から何らかの形で疎外された人たちである。そのことを念頭においで学んでほしい。

1．パターナリズムと自己選択

（1）社会福祉援助におけるパターナリズムと実践のあり方

　パターナリズム（paternalism）とは父権的温情主義、あるいは後見主義と訳すことができる。もっと平たくいえば、「お上(かみ)」による「ありがたい」サービス提供体制であり、その点では自己選択と対極にあるものといってよい。

　まずマクロ的な視点からみれば、わが国では1990年代前半までは措置制度という国家の後見性を色濃く反映した制度により、福祉サービスが提供されてきた。つまり、福祉サービスの利用者を救済されるべき"弱者"として位置づけ、国家が強制的に行政処分を行う措置を通じ、生活が保障されるという構図になっていた。

　措置制度は「福祉ニーズの判定、サービス提供、費用負担等を措置権者である行政が、公的責任のもとに一括して行う公的福祉制度」[1]であるが、その**行政処分性**のため、"福祉官僚制"のもと、サービス利用者の選択権を奪ってきたとされる。すなわち、「受益者にとって選択の余地のない行政処分を通じて、もっぱら配分される制度」[2]と批判されたのである。もっとも、批判の論点とされる非効率性については福祉官僚制にその原因を求めることができ、また、選択の不可能性は「措置委託先が圧倒的に不足していた中で選択できなかった」ということの換言でもある[3]。

　次に、ミクロの視点からパターナリズムを考えてみよう。この場合、援助者と利用者（被援助者）との関係でみてみることになる。

行政処分性
公権力により一方的に課される権利・義務のこと。

適切な説明のない援助、納得を得られていない援助、過剰な援助（おせっかい）などは援助職が陥りがちなパターナリスティックな状況といえよう。

なお、援助者は専門的知識・技能によって援助を行う。もっとも、専門的知識や技能をどの程度用いるのかは援助者の裁量に委ねられている。このため、それは"両刃の剣"である。ちなみに、日本社会福祉士会の「倫理綱領－倫理基準」では、利用者に対する倫理責任として「社会福祉士は、業務の遂行に際して、利用者の利益を最優先に考える」[4]と、利用者の利益を最優先することを求めている。つまり、援助専門職は常に自らの持つ知識や技能を利用者のため、誠実に用いるという価値観を持たなければならない。

（2）社会福祉援助における自己選択と利用者主体

次に、自己選択（自己決定）について考えてみよう。

パターナリズムがマクロ的には行政による公権力の行使、ミクロ的には専門家支配であるとするならば、自己選択はその対極に位置する。すなわち、自らの考えで必要なサービスを選択し、利用して負担するということであり、**利用者主体**の考えにもとづくサービス提供体制の重要な一部分を担う要素である。

さて、自己選択をめぐる論点の第1は、利用者の選択能力の有無、あるいはその程度である。自己選択が前提としているのは利用者の意思が明確であり、かつそれが表明できることである。この場合、さまざまな障害や認知症を持つ人々の自己選択は限られたものとなってしまう。このため、福祉サービス利用援助事業や成年後見制度の活用が必要となる。

論点の第2は、選択の幅の広さである。いくら選択権が与えられていても、それを行使できなければ権利としては無意味である。たとえば、サービス提供者が多数存在する大都市では選択の幅が確保されているかもしれない。しかし、郡部で、しかも1法人1施設というような状況に置かれた人々の選択権は画餅となる。選択の幅は可能な限り広い方が望ましい。

論点の第3は、サービス提供者およびサービスそのものの選択である[5]。この両者の選択が可能になっていないと、ニーズにマッチした

利用者主体
サービスの提供が提供者の都合や打算によって行われることなく、あくまでもサービスを選択し、利用するのは本人であるため、本人の意向に沿ったサービス提供の姿勢が重要であるとする考え方。

サービスを利用することは困難になる。また、サービス提供者の乗り換えやサービスの変更、不服申し立てなどが保障されることも必要である。

論点の第4は、自己選択や自己決定と表裏の関係にある自己責任の考え方である。自己選択や自己決定といった言葉はポジティブなイメージを想起させるが、その背後には厳しい自己責任の考えが隠されていることを見逃してはならない。選択や決定の結果、もたらされるかもしれないメリットも、デメリットもそれを下した本人に還元される。たとえば、選択したサービス提供者が何らかの理由でサービスを提供できなくなった場合[6]（業務の停止や事業譲渡、倒産など）、新たな提供先を探すのは基本的に本人となってしまう。

以上、パターナリズムと自己選択について述べてきたが、いずれにしても、優先されるべきは利用者のニーズを充足するような援助であろう。福祉サービスの利用はスーパーマーケットでモノを買うこととは異なる。福祉サービスは返品や交換はできない。たった一度の誤りであっても利用者の人生に大きな、しかも、不可逆的な影響を与える点に十分注意することが必要である。

2．参加とエンパワメント
（1）住民参加と地域福祉

社会福祉法第107条では市町村に対し、市町村地域福祉計画の策定を求めている。これは地域福祉推進の観点から策定されるものであり、地域福祉に関する活動への「住民の参加」の促進に関する事項を盛り込むこととされている。

いみじくも1990（平成2）年の**社会福祉関係8法改正**後、まもなく、ある厚生官僚は「（地域における福祉水準の）格差が開くのは歓迎で、いい町村はどんどん伸びていってほしいと思います。そこで日本の福祉の水準が上がることは結構だと思っております」、「落ちこぼれのやる気のないところは、きつい言葉でいえば、どんどん切り捨てざるを得ない」、「福祉が伸びない市町村に住んでいるのは、そこの住民が不幸であるということであきらめてもらう。これは市町村の責任である」[7]と発言している。

社会福祉関係8法改正
在宅福祉サービスと施設福祉サービスを市町村が一元的、計画的に提供する仕組みに改めるほか、在宅福祉事業を第2種社会福祉事業として位置づけると同時に、入所措置事務を町村に移譲した法改正。

これらの発言の背景にはその是非はともかく、社会福祉行政の地方分権化があるといえようが、同時に、住民主体の福祉のまちづくりへの布石でもあったといえる。その流れが2000（平成12）年の社会福祉法の改称・改正における「地域における福祉（地域福祉）の推進」（第1条）に結実し、さらには「共生社会」の実現に向けた住民参加型の地域福祉の展開が求められるようになった。

（2）エンパワメントとソーシャルワーク

さて、「参加」するということは、地域福祉に住民が積極的、主体的に関わることを想定している。しかし、その関わり方については何らかのサポートが必要と考えられる。

そこで、重要になってくるのがエンパワメントの視点である。エンパワメントは「賦活（活力を与えること）」を意味する。そして、地域においてその役割を果たすのが、**地域援助技術**を身につけたコミュニティソーシャルワーカーと呼ばれる専門職である。

ところで、社会福祉法第109条では市町村社会福祉協議会は①社会福祉を目的とする事業の企画および実施、②社会福祉に関する活動への住民の参加のための援助、③社会福祉を目的とする事業に関する調査、普及、宣伝、連絡、調整および助成などがその業務として掲げられている。

ここで注目しておきたいのは、「②社会福祉に関する活動への住民の参加のための援助」である。これこそがコミュニティソーシャルワーカーの果たす大きな役割、すなわち、地域住民に対するエンパワメントである。福祉活動専門員、あるいは地域福祉活動コーディネーターと呼ばれる職種がコミュニティソーシャルワーカーを相当し、地域住民のエンパワーに取り組むことになるのである。

具体的には、在宅福祉サービス活動の一翼を担うものとして、住民参加型で行われる在宅福祉サービスの調整（配食サービス、移送サービス、福祉除雪など）、さらには住民参加主体の小地域活動として福祉のまち推進センター組織化・事業推進の支援などが行われている。

以上のように住民参加とエンパワメントは、コミュニティソーシャルワーカーによる働きかけを触媒としながら、相互的依存関係にあるといえ、今後の地域福祉の推進に大きな期待が寄せられている。

地域援助技術
住民が抱える社会生活上の諸問題について、社会資源の状況を含めた実情の把握、地域計画の立案、実行および解決を行い、地域組織化を図ること。

3．ジェンダー

（1）定義

ジェンダー（gender）とは、「社会的・文化的な性のありよう」[8]のことを指す。「男は会社、女は家」や、「男はズボン、女はスカート」というような思考が代表的な例である。あるいは過去のわが国でよくいわれたような「良妻賢母」という性のありようも、ジェンダー的な視点からの表現である。

ここで注意しなければならないのは社会的、文化的に性のありようが規定されていることである。つまり、ありようは絶対的なものではなく、その時代や文化に応じた相対的なものという点である。

さて、現代のわが国におけるジェンダーをめぐる諸問題にはどのようなものがあるのであろうか。

（2）現状

内閣府男女共同参画局『男女共同参画白書（平成20年版）―わかちあう仕事も家庭も喜びも―』[9]によると、男女共同参画社会に向けた施策の総合的な推進を図ること、政策・方針決定過程への女性の参画の拡大を図ること、また、男女共同参画の視点に立った社会制度・慣行の見直し、意識の改革に努めること、さらに、雇用等の分野における男女の均等な機会と待遇の確保に努めること、男女の職業生活と家庭・地域生活の両立の支援、高齢者等が安心して暮らせる条件の整備、女性に対する暴力の根絶などが政策課題として取り上げている。

このうち、社会福祉と関係の深いものには配偶者間暴力（Domestic Violence）の被害者への対応がある。被害者の保護、自立支援などの一層の充実を図るため、**婦人相談所**における被害者に対する一時保護委託の充実を図るとともに、婦人保護施設の退所者支援の充実を図ることが役割となっている。

また、社会保障の分野では、2008（平成20）年4月施行の国民年金法等の一部を改正する法律において、多様な生き方や働き方に対応した制度とする観点から、第3号被保険者期間（給与所得者に扶養されていた期間）の厚生年金の分割が可能になった。

婦人相談所
売春防止法第34条に規定される公的機関。都道府県に必置義務が課せられている。本来は性行、または環境に照らして売春を行うおそれのある女子の保護更生が目的とされたが、現在は配偶者間暴力などから避難してきた女性を一時保護するシェルター的な役割も果たしている。

4．福祉政策の視座
（1）現代という社会
　激動する21世紀におけるわが国の福祉政策はどこへ向かおうとしているのであろうか。経済のグローバル化に伴う不安定な金融情勢、超高齢化社会の到来、政治的保守化の広がり、格差と貧困の拡大と固定化、消えた年金、分断社会…。もしかしたら、われわれは「とんでもない」時代に生き、生まれているのかもしれない。

（2）近年の福祉政策の方向性
　このような時代における福祉政策はどうあるべきか。その答えを出すのは容易ではない。しかし、近年の政策動向を踏まえて考えるならば、いくつかの方向性が示唆されよう。

　第1に、社会福祉の対象の拡大・統合である。介護保険制度と障害者総合支援制度の統合論はいうまでもなく（その是非は論を別にして）、女性や児童、ホームレスや外国人といった従来の制度が想定していなかった諸問題が社会福祉の対象となりつつある。

　第2に、福祉サービスの市場化の問題があげられよう。厚生労働省の幹部は「福祉は金で買うもの」と国会で発言したが、サービスの普遍主義化に伴う応益負担化と併せ、社会福祉の領域にも選択や契約、競争といった市場メカニズムが導入されつつある。これを**準市場化**、あるいは擬似市場の展開という視点からみてみるとその功罪を検討できる。

準市場化
Quasi-Market。公的な規制を伴いつつ、サービスの提供体制を部分的に市場メカニズムを用いて再編成する考え方。

　第3は、実施体制の分権化の動向である。措置制度によって提供されるサービスが少なくなっていくなか、多くの福祉サービスが市町村レベルにまで下ろされてきている。市町村は財源の確保に奔走し、サービス提供者は顧客の確保に奔走し、利潤を追求しなければならない。当然、サービス水準と負担水準に自治体間格差が生じる。だれでも住み慣れた地域で自分らしく暮らし続けることが可能になるのかどうか、に注目しておかねばならない。

　第4は、福祉専門職の人材育成に関する課題である。社会福祉士等の国家資格に関わり、教育上のカリキュラムが大幅に見直され、学習範囲が拡大しただけでなく、とくに実習に関しては巡回指導や事前・事後指導が強化され、実践力のある専門職を養成することになってい

る。また、その一方で資格は保持しているが、福祉職に就いていないという潜在的有資格者の活用が求められているのが現状である。

なお、EPA（経済連携協定）にもとづいて外国人介護士の受け入れが求められているが、現状では文化や語学力などが障壁となり、その数は少ない。いずれにしても質の高い専門職とその養成が求められているところであり、今後、到来する超高齢社会におけるその動向が注目されている。

最後に、そもそも社会福祉とは何なのか。そして、なぜ公的なシステムとして成立し得るのか（成立させねばならないか）という根本的な理念・哲学についての検討が必要である。いわゆる福祉国家の再編という動向にも目を配りながら、社会福祉の存在意義を再検討する必要があろう。

注

1) 硯川眞旬監修『国民福祉辞典（第2版）』金芳堂、2006年、p.264
2) 八代尚宏「市場原理に基づく社会福祉改革」『週刊社会保障』1963号、法研、1997年
3) 佐橋克彦「社会保障構造改革の意味するもの」『帯広大谷短期大学紀要』36号、1999、p.87。実際、保育所は措置施設であったが、その利用にあたっては保護者の選択権が認められていた。それは保育所が「ポストの数ほど」設置されていたからであり、選択権がないというのは措置制度の根幹的な問題ではないと考えられる。
4) http://www.jacsw.or.jp/contents/data/04_rinrikoryo.htm
5) LeGrand, J. & Bartlett, W., "Quasi-Markets and Social Policy", Mcmillian, UK, 1993, p.17.
6)「コムスン」の介護保険事業からの撤退の例をみれば明らかである。
7) 中村秀一「在宅福祉サービスの推進と老人保健福祉計画」『月刊福祉増刊号 福祉改革Ⅲ』1991年10月号、全国社会福祉協議会
8) 上野千鶴子・宮台真司・斉藤環・小谷真理『バックラッシュ！なぜジェンダーフリーは叩かれたのか？』双風舎、2006年、p.281
9) http://www.gender.go.jp/whitepaper/h20/gaiyou/index.html

さらに深く学ぶために

1）全国社会福祉協議会ホームページ　http://www.shakyo.or.jp/
・社会福祉協議会は市町村のレベルから都道府県、そして、全国レベルにまでまたがっている。本ホームページは全国の社会福祉協議会の運営指針を提供している。

2）塩野谷祐一・鈴村興太郎・後藤玲子編『福祉の公共哲学』東京大学出版会、2004年
・社会福祉を哲学的な観点から分析している好著である。若干難解であるが、そこから得られる示唆は大きい。

3）松井二郎『社会福祉理論の再検討』ミネルヴァ書房、1992年
・戦後のわが国における社会福祉理論をその背景も視野に入れ、分析した一冊である。社会福祉の存立構造も明らかにされている。

社会福祉実践との関連を考えるために

1）福祉サービス利用援助事業や成年後見制度に社会福祉士はどのように関わっているのであろうか。個人開業している独立型社会福祉士を見つけ、考えて下さい。

2）自分の住んでいるまちの社会福祉協議会が行っている事業について調べ、あなたの意見を述べて下さい。

3）ホームレスの支援団体にはどのようなものがあるのであろうか。また、どのような活動を行っているのか、考えて下さい。

参考文献

1）日本弁護士連合会編『契約型福祉社会と権利擁護のあり方を考える』あけび書房、2003年

2）小笠原浩一・平野方紹『社会福祉政策研究の課題　三浦理論の検証』中央法規出版、2004年

3）山本主税・川上富雄『地域福祉新時代の社会福祉協議会』中央法規出版、2003年

第6章 福祉政策の構成要素

第20回：福祉政策における政府の役割

学びへの誘い
　公的な福祉供給において政府の果たす役割の重要性は今も変わらない。ただ、それが直接供給から条件整備主体への移行がなされている点に現代の特徴がある。このような国家のあり方をイネーブリング・ステート（Enabling State）と呼ぶ。福祉多元化時代における政府の役割をその変遷も踏まえながら考えていこう。

1．政府の機能
　政府は行政をつかさどる。社会福祉に引きつけていえば、どのような状態が福祉ニーズの充足に値するかを決定し、その実現されることになる望ましさである目的を定め、法制度として体系化する。次に、どのような資源をどれだけ配分し（国庫負担金、国庫補助金など）、具体的に財やサービスが届けられるかまでの過程を明らかにし、実行する。

　社会福祉の公的責任といった場合、社会体制上不可避、かつランダムなライフイベントに第一義的に対応することが考えられる。その代表的な例は生活保護制度であり、これは政府（国および地方）によって直接提供される。

　一方、直接供給は行わないが、制度を形成するということでも公的責任を果たしうる、という考えもある。たとえば、保育制度は児童福祉法第24条で「市町村は〜保育しなければならない」とされており、この場合、保育の実施責任が市町村にあることが明確である。

　以上のように政府の機能は政策課題としての問題把握から始まり、根拠法令、実施手続き、費用、対象要件を定めるなど公的なサービス供給においては大きな役割を果たしている。

2．わが国社会保障・社会福祉制度における政府の役割の変遷
　ここでは数次にわたる社会保障制度審議会などによる「勧告」のなかで、国の役割や責任がどのように位置づけられてきたかを概観し、

その特徴を明らかにする。

（1）「社会保障制度に関する勧告」（1950（昭和25）年）（通称50年勧告）

　第二次世界大戦後のわが国の社会保障・社会福祉のあり方を指し示したものとして画期的なこの勧告は、初代会長で高名な財政学者である大内兵衛の名により出されたものである。

　同勧告の序論では「いかにして国民に健康な生活を保障するか。いかにして最低でいいが生きて行ける道を拓くべきか、これが再興日本のあらゆる問題に先立つ基本問題である」とし、「貧と病はぜひとも克服されねばならぬが、国民は明らかにその対策を持ちうる」と述べている。そのうえで、本文では「国家には生活保障の義務がある」とし、「旧憲法に比べて国家の責任は著しく重くなったといわねばならぬ」、「生活保障の責任は国家にある。国家はこれに対する総合的企画をたて、これを政府および公共団体を通じて民主的能率的に実施しなければならない」とする。

　このように国民生活の確保の第一義的な責任は国にあることが明示され、生活困難を抱えた国民は措置制度という行政処分によって保護の対象とした。むろん、終戦直後という時代背景が貧困を中心とした公的扶助＝国家責任という図式を成立させたにせよ、国家・政府の第一義的な役割を明示した点でその意義は大きい。

（2）「社会保障制度の総合調整に関する基本方策についての答申および社会保障制度の推進に関する勧告」（1962（昭和37）年）（通称62年勧告）

　同勧告においては高度経済成長のもと、社会保障制度の充実がうたわれたが、総論部において「社会保障の計画をたてるについては、国庫負担、保険料および受益者負担の割合についての原則をあらかじめ確立し、その原則による費用の配分の原則を定めること」とし、「税金による一般財源は、公的扶助についで、この面（社会福祉）に優先的に投入されるべきである」としている。また、社会福祉対策として当時の社会福祉制度の最大の欠陥を「思いつきで、組織的、計画的で

ないこと、体系化への努力が払われていないことである」と指摘している。つまり、政策の計画的展開と効果的な再分配についての政府の役割を重視するようになった。

(3)「社会保障体制の再構築」(1995 (平成7) 年) (通称95年勧告)

同勧告は戦後の経済成長路線を踏襲できないという経済構造の変化、少子高齢化といった社会構造の変化、個人主義の進展などを踏まえ、「社会保障の経費問題」を取り上げ、「政府と企業と個人によって負担される」と指摘する。そのうえで、「今後、生活水準の上昇に伴い生活保障のあり方が多様化し、そこに社会保障の受け手の側に認めるべき選択権の問題が生じてくる。その選択の幅は生存権の枠を超えて拡大していく」と述べている。

これは一方で費用負担に関して国のみがその責任を負わないこと、もう一方で「与えられる福祉」（＝措置にもとづくサービス提供）からの脱却を表明したものである。つまり、サービスに対する利用権（エンタイトルメント）の問題がクローズアップされたのであった。

さらに「保健・医療・福祉のようなサービスの提供に関わる分野にあっては、地方公共団体、とりわけ住民に身近な市町村の役割が重視されなければならない。住民のニーズの把握や評価、サービスのネットワークの形成、サービスの供給組織の育成、サービスの質の確保、費用負担などについては、市町村が責任をもって行う必要がある」とし、基礎自治体を単位とした地方分権化の推進もうたっている。

この流れは同時期から2000年代にかけての社会保障構造改革（介護保険制度の成立）、社会福祉基礎構造改革（社会福祉法の成立）に結実する。

このように政府の役割や「公的責任」の具現化は時代や社会・経済構造の変動にともなって変化する。

しかし、一方で公的部門による直接供給が不要になったり軽んぜられたりすることは望ましくない。これは「市民権」(Citizenship) の観点から説明可能である。T.H. マーシャル（Marshall,T.H.）にしたがえば、市民権は①自由を重視する18世紀的な「市民的権利」、②参政

権などに代表される19世紀的な「政治的権利」、③そして、その社会における生存を要求できる20世紀的な「社会的権利」からなるという。とくにどのような状態や誰を社会福祉の対象にするのかは、社会的権利の文脈によって決定される。

なお、これに関連し秋元美世は生存権の議論が経済的保障を念頭において論じることの限界を指摘し、経済的問題に還元し得ない問題には「道徳的権利レベルでの生存権論」を展開する必要があり、「公益や社会的効用を理由とした政策的判断に不必要に振り回されないようにするためにも重要である」と述べている[1]。

3．福祉の社会的分業における政府の役割
（1）ティトマスの再分配プロセス

イギリスの社会政策学者であるR.ティトマス（Titmuss, R.M.）は福祉国家にける再分配プロセスを研究し、3つに類型化した。

第1は「職域的福祉」（Occupational Welfare）である。これは雇用関係にもとづいて再分配されるものであり、「フリンジ・ベネフィット」（Fringe Benefit）と呼ばれる賃金・給与以外に提供される経済的利益をも含んで考えられる場合もある。代表的な制度には被用者保険、被用者年金制度がある。もっとも、福祉国家における再分配政策では常用雇用・完全雇用を前提としているため、現代のように雇用が流動的な時代にあっては、その対象から疎外される層が出現していることに注意が必要である。

第2は「財政的福祉」（Fiscal Welfare）である。これは税制を通じた再分配である。具体的には、補助金、手当、税控除制度がある。わが国の場合、配偶者や扶養親族、障害者がいる世帯などがその対象となるが、一定の所得制限が設けられている場合が多く、また、時としてバラマキ化する危険性を持っている。

第3は「社会福祉」（Social Welfare）である。具体的な福祉サービスの給付を指す。イギリスではパーソナル・ソーシャル・サービス（Personal Social Service）と呼ばれる。これはほかと異なり、具体的なサービスの給付によって生活を支えるため、社会的平等がめざされることになるという。

以上のように、ティトマスは福祉国家時代における政府が行う所得再分配プロセスに注目して類型化を試みたわけであるが、時代的制約による限界もあり、近年では所得再分配をめぐって新しい考え方も議論されるようになってきている。

（2）所得保障をめぐる近年の考え
　その第1は、「負の所得税」（Negative Income Tax）である。これは実際の所得が最低生活水準に達しない個人または世帯に対し、政府がその差額の一定割合について行う現金給付[2]とされる。通常、所得税は所得に比例して徴収されるが、一定額以下だと非課税となる（正の所得税）。しかし、非課税のままにしておくと、結局、低所得者はその得られた所得でしか生活を営めない。この場合、公的扶助制度の活用などが考えられるものの、スティグマ（恥辱）や過度な依存を生み出しやすい（貧困のわな）。負の所得税では、このような欠点を克服できるが、「差額の一定割合」など、どのような線引きを行うのか、課題も多い。
　第2は、「ベーシック・インカム」（Basic Income）の考え方である。「最低所得保障」とも訳される。すべての個人に無条件に一定額を給付することを特徴とする。これは社会保障と税控除を置き換え、実施できるとする考え方である。しかし、実験的構想であり、海外においてもさまざまな議論がある。わが国では民主党政権時代に議論されたことはあるが、成案を見ることはできなかった。
　以上のように所得保障については、近年における不安定就労層の増大、ワーキングプア層の発生などを背景として議論されるようになった。わが国の政策動向をみれば、直接税よりも間接税の重視、納付要件の緩和などによって徴収範囲と給付範囲を拡大する傾向にあるが、所得税と異なり、逆進性の問題や低年金者を新たに生み出すという問題点もある。

（3）政府の具体的役割
①供給主体
　役割の第1は、財源もサービスも公的部門が供給するというもので

ある。これは他の供給主体ではなし得ない保護的なサービスの場合にみられる。たとえば、生活保護制度（ナショナル・ミニマムの確保）や養護老人ホーム（「環境上の理由および経済的理由」、老人福祉法第11条1）や児童養護施設（「保護者のない児童、虐待されている児童、環境上養護を要する児童」、児童福祉法第41条）などへの措置が代表例としてあげられよう。この場合、行政より委託を受けた社会福祉法人が行うことがほとんどである。公的供給はともすれば画一的・硬直的・非効率的になりがちである。

したがって、財源は公的部門がその責任で確保し、サービスの供給は対象者にバウチャー（利用券）を交付し、供給主体間で競争させるという方法も海外などでは採用されている。たとえば、イギリスにおける学校選択などがそれである。

②条件整備主体

近年の規制緩和により、「原則自由・例外規制」が定着しつつあるが、そうであっても「神の見えざる手」に委ねているわけではない。

条件整備といった役割の第1は、計画主体としての役割である。たとえば、古くは「ゴールドプラン」に始まった計画化の流れは、現代では市町村を主体とした地域福祉計画や介護保険事業計画の策定といったものにみることができる。ニーズ量の算定やサービス量の見込み、費用の見込み、負担額の見込みなどを踏まえ、当該地域から全国に至るまでのサービス提供体制に関わる計画を立案している。資源の偏在やサービスの過不足などを調整するのに重要な役割である。

第2は、規制主体としての役割である。競争条件の設定（たとえば、税法上の取り扱い方法の統一）、サービス価格の統制（たとえば、介護報酬）、人員配置基準や設備基準などサービスの質をコントロールするための規制がある。また、事後的なチェックによって問題のある事業者に対し、認可や指定を取り消すといったことも規制主体としての役割である。以前は事前規制を重視していたが、その場合、その後の質の保証が明確でなく、問題も多発したことから事後的なチェックが重視されるようになってきている。ただし、その場合でも十分に眼が行き届いているとはいえないこと、取り消し処分などに該当した場合の利用者の引き受け先の確保などといった課題も多い。

4．選別主義・普遍主義と多元主義

　今まででみてきたように、政府の役割はサービスの供給にとどまらず、対象となる状態や人、供給主体についての「ルールづくり」もあることがわかった。保護の必要性や緊急度が高いものについてはその要件を厳格に定めることが必要であるため、このような立場に立った制度のあり方を「選別主義」（Selectivism）にもとづく給付として位置づけることができる。一方、要件を厳格とせず、幅広く対象を設定し、サービスを提供するような制度のあり方は「普遍主義」（Universalism）として位置づけられる。

　近年の政策動向では福祉ニーズの多様化、高度化と経済社会の成熟を背景として、対象を広くとらえ、サービスを供給しようとする普遍主義の立場が採用されることが増えてきた。公的部門が供給者としての役割を果たすことは一部に限られ、他の供給主体（民間営利・非営利部門）の役割を拡大し、利用者のサービスの選択権の保障ともあいまってサービスの普遍化が進行している。

　ただし、財政的な理由やニーズの増大によって制限されることも増えてきた。たとえば、要支援者に対する介護給付を市町村給付に移行したり、高齢者の介護保険施設入所を原則として要介護3以上とするなど、普遍主義をうたいながらも（「介護の社会化」）、現実には制限的、選別的な要素が組み込まれる場合もある。

5．近年における政策展開の手法

　世界的に長期停滞過程に突入した現代においては、従来のような政策手法には限界がみられるようになってきた。高度経済成長期のように税収がふんだんに見込め、かつ福祉ニーズも多様化していない状況であれば優先順位に従った政策展開で十分であったが、近年では財政的制約、人的・資源的な制約から科学的管理手法の必要性が指摘されるようになった。以下では3つの手法を紹介する。

（1）新公共管理（New Public Management）

　これは公共部門のマネジメント力、競争力を高め、効率化や活性化を図るものである。具体的には、民間委託（わが国だと指定管理者制

度）や業績評価、事後的検証、独立行政法人化による予算管理などがあげられる。

（2）企画計画予算制度
　　（Planning、Programming and Budgeting System）

　これは財政規律を重視し、決定された支出規模のなかで各領域に資源配分を決定する方法である。類似するものにキャップ制がある。わが国の予算でも支出上限を定め、自然増を除く伸びを極力抑制するという政策手法が採用されている。継続的な経済成長が見込めないなかで効率的な予算の使用、納税者への説明責任（accountability for Tax Payers）を果たしうる仕組みである。

（3）証拠にもとづく政策立案（Evidence-Based Policy Making）

　2017（平成29）年8月、内閣府にEBPM推進委員会が設置された。これは行政改革の一環で「限られた資源を有効に活用し、国民により信頼される行政を展開するためには、証拠に基づく政策立案」[3]が必要であるとする政府の立場によるものである。より詳細にいえば、「確かな証拠に基づかず政策を決めてしまうというエピソードベースではなく、政策の立案の前提となる事実認識をきちんと行い、立案された政策とその効果を結びつけるロジックを踏まえ、その前提となるエビデンスをチェックすることで、合理的な政策立案に変えていこうということ」[4]である。政策決定が不透明であるという批判にEBPMの考え方は力をもつことができるだろうか。今後の展開が注目される。

注
1）秋元美世「福祉の権利」日本社会福祉学会辞典編集委員会『社会福祉学事典』丸善出版、2014年、pp.17－18
2）金森久雄・荒憲治郎・森口親司『経済辞典　第5版』有斐閣、2013年、p.1104
3）内閣府EBPM推進委員会・第1回EBPM推進委員会（平成29年8月1日）議事要旨における担当大臣の発言。
4）同上における担当大臣補佐官の発言。

さらに深く学ぶために

1）横川正平『地方分権と医療・福祉政策の変容』創成社、2014年
2）一圓光彌・林宏昭編『社会保障制度改革を考える』中央経済社、2014年
3）桂木隆夫編『ハイエクを読む』ナカニシヤ出版、2014年

社会福祉実践との関連を考えるために

1）わが国の福祉政策における厚生労働省の役割、業務内容について調べてみよう。
2）介護保険制度の形成過程について年表をつくり、その特徴をまとめてみよう。

MEMO

第6章　福祉政策の構成要素

第21回：福祉政策における市場の役割

学びへの誘い

　わが国の社会福祉は長年、行政および社会福祉法人への措置、あるいは措置委託などによって取り組まれてきたが、少子高齢化や国民の福祉ニーズの多様化、福祉財政の逼迫、規制緩和を受け、市場供給によるシルバーサービスなどの福祉産業が台頭してきた。

　しかし、市場供給は利潤を最優先した経済活動であるため、その動向には注意深く見守っていく必要がある。なぜなら、文字どおり、市場原理が働かなければ多様、かつ良質なサービスが廉価で供給されやすくなるものの、そうでなければ「福祉の沙汰も金次第」になるだけでなく、利用者・消費者の生命や財産の侵害、さらには人権そのものに抵触しかねないおそれもあるからである。

1．近年の社会・経済状況とシルバーサービス

(1) 政治・経済的背景と措置制度

　上述したように、福祉政策の構成要素として、まず中央政府、すなわち、国、および地方政府、すなわち、都道府県と市町村からなる地方公共団体、いわゆる地方自治体を合わせた政府の役割が考えられる。

　現に、日本国憲法第25条第1～2項にもとづく国民の生存権およびその保障を行うべく、政府は、中央政府、すなわち、国は戦後約50年にわたり、社会保障・社会福祉制度の基盤の整備・拡充に努め、福祉国家をめざした。もっとも、この間、高度経済成長に伴う産業・就業構造の変化や人口の大都市への集中による家族形態の変容、過疎・過密化による地域社会の崩壊、また、平均寿命の伸長や合計特殊出生率の低下による少子高齢社会、および人口減少の進行により、家庭における老親の介護機能が低下した。このため、寝たきりや認知症、虚弱高齢者の介護や健常（元気）高齢者の健康の増進や社会参加、就労、生きがいの促進、あるいは障害者の自立支援や保護者に対する子育て支援など、国民の福祉ニーズが多様化している。もっとも、石油危機やバブル崩壊に伴う財政の逼迫のため、措置制度を中心とした制度・政策の充実による解決が困難となってきた。

一方、産業界では1970年代の石油危機に伴う景気低迷がこれに拍車をかけ、減速経済へと一転し、長年、消費需要を支えてきた若者や女性向けの商品開発や販売が頭打ちとなり、国内の需要に陰りが見えてきた。このため、にわかに注目されたのが、おおむね60歳以上のシルバー層であった。なぜなら、このようなシルバー層、言い換えれば高齢者やその予備軍は戦後のわが国の高度経済成長を支え、預貯金やマイホームづくりに励む一方、終身雇用・年功序列のサラリーマン社会を現役で過ごしてきたため、退職金や年金に恵まれているうえ、持ち家率が高いものの、高齢化の進行により、老後に大きな不安を抱いているからである。

(2) 内需拡大としての福祉産業

そこで、企業など民間事業者のなかには、このような高齢者やその予備軍を新たな国内需要のターゲットとして注目し、市場原理にもとづき、**有料老人ホーム**や**個人年金**、在宅介護サービスなどを次々と商品化し、販売する財やサービスを供給し、内需拡大に努めることになった。これがシルバーサービス、すなわち、**高齢者福祉産業**である。

具体的には、1950年代の半ばから市場型供給サービスとして、アメリカにおいて世界で初めて**リタイアメントコミュニティ**、あるいは介護用具店などがお目見えした。わが国では1965（昭和40）年、旧協栄生命が千葉県流山市に有料老人ホームを建設したほか、各地でゲートボールやフィットネスクラブが登場したのが嚆矢とされている。もっとも、その後、都下の有料老人ホームが入居者難にあって倒産し、一部の入居者が路頭に迷う事態となった。

このため、厚生省（現・厚生労働省）は1987（昭和62）年、企業などの民間事業者がおおむね60歳以上のシルバー層を対象に、市場供給サービスを通じ、有料で供給する財やサービスをシルバーサービスとして概念づけ、省内にシルバーサービス振興指導室（現老健局振興課）を設け、業界の育成に乗り出した。

(3) 賛否両論のシルバーサービスだが

しかし、このような社会問題はその後も一部の有料老人ホームなど

有料老人ホーム
入居している高齢者に対し、食事の提供など、日常生活上、必要な便宜を供与する民間の老人ホーム。入居形態別に3つがある。介護保険制度上、特定施設入居者生活介護、地域密着型特定施設入居者生活介護、および地域密着型特定施設入居者生活介護として位置づけられている。

個人年金
公的年金、企業年金の不足分を補完する私的年金の1つ。民間金融機関が取り扱っており、貯蓄型と保険型がある。

高齢者福祉産業
福祉産業の1種。ほかに障害者福祉産業、児童福祉産業などがあるが、大半はシルバーサービスのため、シルバーサービスを単に福祉産業という場合もある。

リタイアメントコミュニティ
敷地内に有料老人ホームや病院、コミュニティセンター、ゴルフ場、映画館、農園、図書館、スーパーマーケットなどを一体的に整備した高齢者向けの総合福祉施設。アメリカやオーストラリアに多い。

で財やサービスをめぐり、利用者との間でトラブルなどが相次いだ。このため、それまで富裕層にみられたシルバーサービスに対する購買欲も薄れ、1990年代に入ったバブル崩壊とともに、市場はにわかに冷え込んだ。

このようななか、「介護の社会化」、あるいは民間活力の導入をキャッチフレーズに、2000（平成12）年4月に介護保険法が施行されたのを機に、シルバーサービスは介護ビジネスとして脚光を浴びることになり、少子高齢化の進展に伴う国家財政の逼迫に対する"救世主"として一気に花開くことになった。

もとより、このシルバーサービスに対する評価は現在でも賛否両論がないわけではないが、介護保険制度上の保険給付の1つとして、シルバーサービスの企業など民間事業者の参入が認められ、都市部における富裕層などの利用が増えている以上、福祉政策における市場の役割として無視できなくなった。それどころか、21世紀の本格的な少子高齢社会および人口減少を前に、国民の福祉ニーズはますます多様化し、かつ複雑化・高度化することが予測されるため、介護市場への参入は、好むと好まざるとにかかわらず、国民の多様な福祉ニーズに対応するサービスの選択肢の1つとして、その行方に大きな関心を持たざるを得なくなった。

2．シルバーサービスの位置づけ

(1) 国民のニーズと市場供給

このシルバーサービスについて、三浦文夫は1985（昭和60）年、行政型供給組織、認可型供給組織、参加型（相互扶助型）福祉供給組織に加え、市場型供給組織として位置づけた[1]。また、京極高宣は1987（昭和62）年、家庭的福祉供給システム、自発的福祉供給システム、公共的福祉供給システムに加え、市場的福祉供給システムとして位置づけた[2]。

なかでも三浦は、これらの福祉供給システムに関連し、利用者の福祉ニーズについて、独自の福祉ニード（ズ）論を踏まえ、基礎的ニード（ズ）とは、国民のだれもが享受すべき生存権の保障を受けるべき最低生活水準、いわゆるナショナルミニマムを保障すべき福祉ニー

ド（ズ）の基礎的な部分に対応すべきものであるとした。これに対し、付加的ニード（ズ）は、この基礎的ニード（ズ）を補完する福祉ニード（ズ）、すなわち、最低生活水準を確保する基本的、かつ文化的な生活を充実させたもの、つまり、適度な生活、または快適な生活として生活の質（QOL）の向上を追求すべきものであるとし、福祉政策における市場の役割をこの付加的ニード（ズ）に対応するものであるとして位置づけた。

　いずれにしても、このようなシルバーサービスは**ローズ**などが新自由主義（新保守主義）の経済理論にもとづく**ティトマス**に大きな影響を受け、提唱した福祉ミックス論がその基底にあることは否めない。

(2) 高齢者福祉産業とは

　これを受け、筆者は1987（昭和62）年、この三浦のシルバーサービスの位置づけ、および福祉ニード（ズ）論を参考に、国民の最低生活の保障、すなわち、ナショナルミニマムに関わる基礎的ニーズは公共部門、すなわち、国や地方自治体が行政施策、つまり、制度・政策として担うべきものであるとした。これに対し、付加的ニーズはこの基礎的ニーズを補完する付加的ニーズに対応するものであるため、個々の国民に与えられた権利とはいいがたく、国民の自由な選択に委ねるべき任意的、かつ社会契約的な事業・活動というべきものであるとした。

　そのうえで、この付加的ニーズのうち、国民の最適生活の保障、すなわち、ナショナルオプティマムに関わる部分は、同じ民間部門でも社協や生協、農協、住民の有償在宅福祉サービスの供給組織、ボランティアグループ、NPOなどによる福祉事業・活動にその役割があるのに対し、国民の最高生活の保障、すなわち、ナショナルマキシマムにかかわる部分は、企業など民間事業者にその役割があるとした。そして、上述したシルバーサービスは、老人福祉の分野における企業など民間事業者の営利団体による福祉事業・活動を老人福祉産業として位置づけ[3]、のちに高齢者福祉産業に言い換えた。

　なお、このような福祉サービスの供給主体、言い換えれば、レベルも公共部門としての中央政府の国から地方政府の都道府県、さらには

ローズ（R.Rose）
アメリカ国籍で、イギリス・ストラスクライド大学教授。『現代イギリスの政治』、『世界の福祉国家』（編著）などの著書がある。

ティトマス（R.M.Titmuss）
イギリスの社会福祉学者。ソーシャルアドミニストレーションとして、福祉サービスの政策の開発や運営管理、組織、計画論の視点に立ち、社会的ニード（ズ）やサービスの効果測定などの重要性を提唱した。

ケアホテル
高齢者の介護サービスを提供するホテル。健康型、あるいは住宅型の有料老人ホームに併設されるのが一般的で、いずれも要介護になればホテルに通ったり、短期間入所したりすることになる一時的な施設。

サービス付き高齢者向け住宅
2011（平成23）年の「高齢者の居住の安定確保に関する法律（高齢者住まい法）」の改正に伴い、従来の高齢者円滑入居賃貸住宅、高齢者専用賃貸住宅、高齢者向け優良賃貸住宅を一本化された新たな制度にもとづく住宅。介護保険サービスの1つの介護老人福祉施設（特別養護老人ホーム）の不足分を補う民活導入策。都道府県への登録が義務づけられたるものの、生活支援サービスに止まっており、"ミニ介護施設"としての課題が指摘されている。サ高住と略称される。

企業年金
従業員が退職したり、死亡したりした場合、企業が本人、あるいはその家族に一定額の年金を支給する私的年金の1つ。その種類により、厚生年金基金、適格退職年金、自社年金、確定拠出年金、確定給付企業年金に分けられる。

市町村へと役割が移行されれば、その分、中央集権から地方分権へと図られることはいうまでもない（前出・図表16－3）。

リタイアメントコミュニティはわが国にも

沖縄県名護市郊外にて筆者撮影

3．シルバーサービスの現状と課題
(1) 6つの事業分野

次に、わが国におけるシルバーサービスの現状をみてみると、住宅関連サービス、金融関連サービス、ホームヘルプ関連サービス、福祉用具関連サービス、ベターエイジング関連サービス、その他関連サービスの6つに大別される。

このうち、住宅関連サービスは有料老人ホームや老人マンション、**ケアホテル**、リタイアメントコミュニティ、三世代住宅、**サービス付き高齢者向け住宅（サ高住）**、老人部屋の住宅リフォームなど、また、金融関連サービスは個人年金や**企業年金、財形年金、民間介護保険**などがその主なものである。

一方、ホームヘルプ関連サービスは家事代行サービスや入浴サービスなど、また、福祉用具関連サービスは療養ベッドや車椅子、杖などの商品化、販売、レンタルなどがその主なものである。

このほか、ベターエイジング関連サービスはゲートボール大会の開催や用具の商品化・販売、レンタルなど、また、その他関連サービスには入れ歯や老眼鏡などの加工・販売や増毛剤、健康飲料水などのレンタルなどの商品開発・販売、病院の建設や経営コンサルティングな

どが主なものである（図表21－1）。

図表21－1　シルバーサービスの事業分野

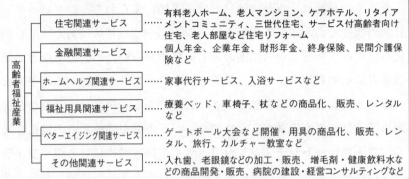

出所：川村匡由編著『シルバーサービス論（シリーズ・21世紀の社会福祉⑫）』ミネルヴァ書房、2005、p.25に一部加筆・修正

財形年金
私的年金の1つ。民間被用者（会社員）が、勤務先の導入している個人年金に対し、毎月、一定額の保険料を積み立て、公的年金や企業年金の不足分を補完する仕組み。

民間介護保険
公的介護保険で不足する介護費用、介護サービスをカバーする民間保険。生命保険会社や損害保険会社などが扱っている。

図表21－2　シルバーサービスのニーズとサービスの関係

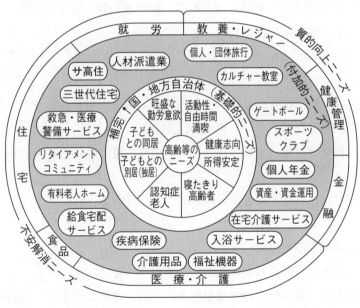

出所：川村匡由『老人福祉産業論』ミネルヴァ書房、1987、p.68を一部修正

　また、これらのシルバーサービスに対する国民の福祉ニーズとシルバーサービスの関係を整理すると、不安解消ニーズと生活の質的向上ニーズに大別することができる。このうち、不安解消ニーズは医療や介護、食品、住宅、就労であるのに対し、生活の質的向上ニーズは金

融や健康管理、教養・レジャーなどである（図表21－2）。

(2) 業界の健全育成・社会貢献・消費者保護

そこで、最後に、福祉政策における市場、すなわち、シルバーサービスの課題であるが、まず第1は、シルバーサービスはあくまでも国民の付加的な福祉ニーズに関わるものにすぎないため、企業など民間事業者はその利用者に対し、粗悪な財やサービスを供給することのないよう、消費者の保護を図ることが必要である。第2は、企業など民間事業者は利潤を追求するだけでなく、その財やサービスの供給を通じ、**コーポレートシチズンシップ**（企業市民意識）にもとづく**フィランソロピー**により、利用者の福祉の増進はもとより、地域において社会貢献活動に取り組むことが必要である。

そして、第3は、企業など民間事業者はこれらのサービスの供給にあたり、社会福祉士など社会福祉専門職の有資格者を積極的に雇用し、サービスの質の向上を図るとともに、利用者の個人情報の保護に万全を期すことが必要である。

> **コーポレートシチズンシップ**
> 企業市民意識。地域社会で営利事業・活動を行っている企業もその地域における一市民であるため、地域におけるさまざまな行事やイベントなどの事業・活動に協力し、社会貢献すべき精神。
>
> **フィランソロピー**
> 企業による地域社会での社会貢献活動。コーポレートシチズンシップにもとづく事業・活動。

注

1）三浦文夫『福祉供給システム多元化の動きと有料福祉サービスの展開』生命保険文化センター、1985年、p.62
2）京極高宣『市民参加の福祉計画』中央法規出版、1987年、pp.246－249
3）川村匡由『老人福祉産業論』ミネルヴァ書房、1985年

さらに深く学ぶために

1）川村匡由『老人福祉産業論』ミネルヴァ書房、1985年
　・シルバーサービスの意義や概念、現状、課題に言及した先駆的な文献である。
2）京極高宣監修『明日の福祉（⑥民間協力とシルバーサービス）』中央法規出版、1987年
　・1）と同じ時期に刊行された共著書として、今なお注目される貴重な文献の1つである。

3）川村匡由編著『シルバーサービス論（シリーズ・21世紀の社会福祉⑫）』ミネルヴァ書房、2005年
・2000（平成12）年4月の介護保険制度の導入を踏まえ、住宅、金融、ホームヘルプ、福祉用具、ベターエイジングについて論述し、その課題について提起している。

社会福祉実践との関連を考えるために

1）民間事業者、とりわけ、企業がなぜ、シルバーサービスに進出してきたのか、その背景について述べて下さい。
2）シルバーサービスと高齢者福祉との接点について述べて下さい。
3）シルバーサービスに対する福祉政策のあり方について述べて下さい。

参考文献

1）横山寿一『社会保障の市場化・営利化』新日本出版社、2003年
2）川村匡由『介護保険とシルバーサービス』ミネルヴァ書房、2000年
3）浅井春夫『市場原理と弱肉強食の福祉への道』あけび書房、2002年
4）川口清史『ヨーロッパの福祉ミックスと非営利・協同組織』大月書店、1999年
5）川村匡由『これからの有料老人ホーム』あけび書房、1994年

異業種交流
業種の異なる企業が互いの技術や人脈、経営のノウハウを出し合い、双方で納得のいく事業・活動を行い、成果をあげること。

福祉の産業化
地域社会の住民に対し、その福祉ニーズに応じ、サービスを供給して利潤を追求し、一産業として位置づけて福祉活動・事業として普及させること。

産業の福祉化
地域社会の住民に対し、福祉サービスを供給する福祉事業・活動はもとより、業界そのものを福祉マインドを持ったものへと変革させ、業界全体として福祉コミュニティの構築のための一翼を担う状態。

column

　シルバーサービスは、長年、中央政府の国、とりわけ、厚生労働省を中心に業界の福祉事業・活動に先導され、かつこれを追認する形で健全育成に力点が置かれてきており、その利用者に対する消費者保護はあくまでも二の次であった。なぜなら、上述したように、有料老人ホームの入居者難などに伴う経営の危機や倒産を受け、社会問題化してやっと重い腰を上げ、利用者を消費者としてとらえ、その保護に努めることになったからである。

　一方、シルバーサービスに乗り出した営利団体は当初、一部の社会福祉法人や個人、あるいは家政婦紹介所など中小・零細の民間事業者であった。

　ところが、少子高齢化の進行とバブル崩壊に伴う国家財政の逼迫による土建型公共事業の予算の削減を受け、大企業が内需拡大を図るべく、それまですでに市場に参入しており、かつサービスの供給や経営のノウハウに熟知した中小・零細の民間事業者の間に分け入り、その資金力とブランド力にものをいわせ、**異業種交流**という名によって囲い込んだり、アメリカの専門業者と提携したりしてシルバーサービスに本格的に乗り出し、今日のシルバーマーケットへと拡大させた。それが、実は厚生労働省など中央政府によるシルバーサービスの市場参入による民活導入の真のねらいであるが、シルバーサービスは利用者、それも富裕層の多い都市部において成立するものにすぎない。

　また、シルバーサービスは所詮は企業など民間事業者の営利団体による福祉事業・活動にすぎず、今後、21世紀の本格的な少子高齢社会および人口減少を考えれば業界は利潤の追求のためだけの**福祉の産業化**でなく、その財やサービスの供給を通じ、地域社会における福祉コミュニティの構築の一翼を担う社会資源の1つとして、＜**産業の福祉化**＞へと普遍化すべき社会的自覚が求められるのではないか、と考える。

第21回：福祉政策における市場の役割

シルバーサービスのメッカ、アメリカでは"福祉弱者"が急増している

ロサンゼルス市の福祉用具店にて筆者撮影

MEMO

第22回：福祉政策における国民の役割

学びへの誘い

　第21回で述べたように、わが国の社会福祉は長年、行政および社会福祉法人の措置、あるいは措置委託などによって取り組まれてきたが、裏を返せば国民は行政などに依存し、自らの理念や行動によって政治参加してきたとは言い切れない、ともいえる。

　現に、地域で困ったことがあった場合、役所の首長や職員、ケースによっては議員にその解決を依頼する。首長や職員、なかでも議員もその点は心得たもので、選挙の際の「貴重な一票」をプールすべく、陳情者の利益にかなうように行動をとる。

　しかし、このような実態では福祉政策における国民の役割などあるはずがない。まして21世紀の本格的な少子高齢社会、および人口減少の真っ只中である。国民一人ひとりが地域や国の置かれている現状を理解し、「自治・分権・共生」の精神のもと、福祉の増進のために政治に参加・参画していくことが求められている。

1．わが国の福祉政策と国民
（1）権利条項が希薄な法制

　福祉政策における国民の役割という観点で、わが国におけるこれまでの経緯を検証してみると、戦後、国民主権や基本的人権の尊重、平和主義などをうたった日本国憲法の第3章では国民の権利および義務に関する条文として、第10条の「日本国民たる要件」を踏まえ、第11条の「国民の基本的人権の永久不可侵性」から、第40条の「刑事補償」までさまざまな条項を定めている。もっとも、これらの権利はいずれも「有する」という表現にとどまっており、「権利を行使することができる」とまでは言い切っていないのが実態である。

　具体的には、社会保障・社会福祉に関わる権利の条項では、同法第25条1項で「すべて国民は、健康で文化的な最低限度の生活を営む権利を有する」、また、同第2項で「国は、すべての生活部面について、社会福祉、社会保障及び公衆衛生の向上及び増進に努めなければならない」と規定されているだけである。それだけではない。この憲法の

官尊民卑
官僚が尊敬され、国民、とりわけ、庶民はその命令や指示に従えばよい、という非民主主義的な考え方。

条項を受けた老人福祉法などの福祉6法における関連の条項を見渡してみても、たとえば、老人福祉法第2条で「老人は、多年にわたり社会の進展に寄与してきた者として、かつ、豊富な知識と経験を有する者として敬愛されるとともに、生きがいを持てる健全で安らかな生活を保障されるものとする」などと定めているように、社会福祉のサービスを受ける国民の権利に対する規定は、いずれも「有する」、あるいは「保障されるものとする」などという表現にとどまっており、あまりにも希薄であることは否めない。

(2) 官尊民卑・官治行政

なぜ、わが国の憲法や社会福祉各法では、このように国民の権利に関する条項が不十分なのであろうか。

それは、わが国は近代国家の建設をめざした明治維新以来、一貫して**官尊民卑**と揶揄されるように、**官治行政**、言い換えれば中央政府、すなわち、国、わけても官僚主導によって国家を統治してきたため、国民に対し、義務の履行は迫るものの、これと表裏一体の関係にあるべき国民の権利は二の次とし、ひたすら国策に協力するよう、要請してきたからである。それはまた、単に関係法令において国民の権利に関する条項が希薄であるというだけでなく、わが国の行財政システムそのものも中央集権化されているため、国民、言い換えれば住民の行政需要に対し、適切なサービスを提供しなければならない地方政府、すなわち、都道府県および市町村も国の**地方交付税交付金**や**国庫支出金**、いわゆる補助金に依存しなければ住民の行政需要に応えることができない、という構造的な問題もある。

とりわけ、社会保障・社会福祉の分野においては2000（平成12）年に施行された介護保険法はもとより、この制度の創設の前後、民法の改正による**成年後見制度**や**地域福祉権利擁護事業**（現・日常生活自立支援事業）、さらにはスウェーデンなどの北欧諸国におけるオンブズマン制度の普及に伴い、ようやく社会保障・社会福祉のサービスを利用できる、という国民としての当然の権利の行使が利用者の間に広く認識されるようになった。それでも、わが国の社会保障・社会福祉は、元々、貧困者の救済や高齢者などの介護にあっては家族や地域社

官治行政
官僚が政治家をコントロールし、政治や行政の指導権を握り、主権者である国民の権利や利益、保護をないがしろにしている行政。

地方交付税交付金
中央政府である国が、地方政府である地方公共団体、いわゆる地方自治体の都道府県、および市町村に対し、その地域特性や行政需要に応じ、配分する交付金。

国庫支出金
中央政府である国が、地方政府である地方自治体の都道府県、および市町村に委託している事務や業務に対し、配分される補助金。このような財政制度は中央集権化の元凶といわれている。

成年後見制度
判断（意思）能力が減退としている認知症などの高齢者や障害者に対し、法定後見、または任意後見により本人の利益行為を代行して後見する制度。2000（平成12）年の介護保険法の施行に併せ、民法改正によって創設された。

地域福祉権利擁護事業
判断（意思）能力が不十分な認知症などの高齢者や障害者に対し、社協に配置された生活支援員がその福祉サービスの利用・援助やそれに付随した金銭管理などを行う制度。成年後見制度を補完する福祉サービスの利用援助事業。

第6章　福祉政策の構成要素

会の住民による自助や互助、および施設においては**劣等処遇の原則**によって行われていた。

もっとも、戦後、これらの貧困者の救済は貧困の防止、あるいは高齢者などに対する施設における劣等処遇の原則は保護や養護、療護、更生に変わったものの、その財源は公私分離の原則に対し、社会福祉事業については社会福祉事業法（現・社会福祉法）を制定し、措置費という名の租税、すなわち、公費負担にもとづく措置制度により、社会福祉法人格を有する民間非営利団体の社会福祉法人に対し、措置委託されてきた。その結果、国民の行政への依存をぬぐいきれず、挙げ句の果ては国民・住民の政治や行政への参加、あるいは社会連帯による国づくりや地域づくり、まちづくりなどという福祉土壌が育たず、今日に至っているわけである。

（3）国民協治のソーシャルガバナンスへ

そこで、社会保障・社会福祉は、少子高齢化やバブル崩壊などに伴う国家財政の逼迫に対する健全化という財政的な背景を受け、社会保障構造改革に伴う介護保険法や障害者自立支援法の制定などにより、措置制度から社会保険方式による契約制度に改められた。

また、次世代育成支援対策推進法の制定や社会福祉法の改称・改正による地域福祉の法定化に伴い、地方政府、とりわけ、市町村による地域福祉や子育て支援の推進などがクローズアップされ、国民に対し、権利意識の醸成や社会連帯への理解と協力が望まれるようになった。それでも、人によって、あるいは地域によっては旧態依然として「お上（かみ）」に対する遠慮や世間体を気にしたスティグマが働くことに伴い、これらの権利を行使せず、それへの理解は国民の間に徐々に浸透しつつあるものの、まだまだ時間がかかりそうなのが現状である。

しかし、戦後約70年経った今日、このような国民の行政依存からの脱却のため、また、人間として社会保障および社会福祉のサービスを受けることのできる権利主体としての自覚のため、さらに、官僚主導の国家統治である中央集権から、国民の政治や行政への参加による地方分権により、国民本位の行財政システムの構築のため、重視されているのが**ソーシャルガバナンス**である（図表22－1）。

劣等処遇の原則
中央政府、すなわち、国から救済を受ける貧困者や要介護者の地位は独立・自営（自活）している最低階層の労働者の地位よりも劣るという蔑視のための原則。

ソーシャルガバナンス
国民が政治・行政のイニシアチブをとり、国民協治による政治・経済システム。政官財の癒着による、国民不在の国家統治のソーシャルガバメントの反対語。

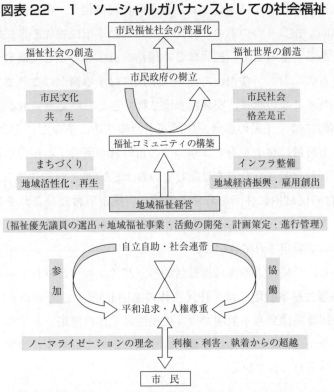

図表22-1　ソーシャルガバナンスとしての社会福祉

出所：川村匡由『地域福祉とソーシャルガバナンス』中央法規出版、2007、p.302を一部修正

2．国民の位置づけ

(1) 権利主体

　ところで、このような福祉政策における国民の位置づけであるが、この場合の国民とは国民個人はもとより、地域社会において地域福祉を推進していくべき民間非営利団体の社協や生協、農協、ボランティアグループ、NPOなど、さまざまな福祉事業・活動に取り組んでいる構成員としての住民でもある。その意味で、単に国民といった場合は政府、とりわけ、中央政府との関係で表現した概念にすぎず、地方政府との関係では住民としてとらえるのが一般的である。

　もっとも、社会保障・社会福祉のサービスを当然のこととして利用できる権利主体である利用者として考える場合、文字どおり、権利主体としての利用者、あるいは消費者としてとられることも必要である。

　このようななか、近年、地方分権化され、社会福祉の分野において

も地域福祉の推進が法定化され、従来の住民に代え、市民としてとらえる傾向が強まりつつある。住民参加に代わる市民参加や市民参画がそれである。もっとも、国民は日本国籍を有する者として概念づけられているのに対し、住民、あるいは市民に対する概念はこれまで十分議論されてこないまま、安易に表現されてきたのが実態である。

具体的には、住民の場合、住民基本台帳法第2条などにもとづき、特定の市町村に住所を有し、かつその市町村が所管する住民基本台帳にそのむね登載された者を意味している。また、地方自治法第10条で、「市町村の区域内に住所を有する者は、当該市町村及びこれを包括する都道府県の住民とする」として、地方自治体における構成員である住民として規定されてはいる。

しかし、社協による地域福祉活動の"バイブル"とされている**社会福祉協議会基本要項**では「住民主体の原則」、また、その改正である新社会福祉協議会基本要項では「住民活動主体の原則」とそれぞれ定めていながら、その具体的な概念はとくに定めておらず、事実上、社会通念に委ねられている。

社会福祉協議会基本要項
全国社会福祉協議会（全社協）が定めた地域福祉活動の推進のための要項。1962（昭和37）年に策定されたのち、1990（平成2）年に改定された。

(2) 住民から市民へ

一方、市民については、いずれの法令にあってもその規定は明示されていない。ちなみに、フリー百科事典の「ウィキペディア」によると、「市民とは、その理想とするところの社会、共同体の政治的主体としての構成員を表す」としている。

これに対し、国民とは「その国家の国籍を保持する構成員」としているだけで、はっきりとは説明し切れていない。そのせいか、地域福祉計画の策定などで審議する際、委員から「住民というと単にその地域社会に住んでいる者というイメージが強いため、地域福祉に意識的に関わる者として"市民"に言い換えてはどうか」などの意見が出されても、当局は、一体、そのいずれの概念がより的確なのかどうか、答えるのに難渋していることが日常茶飯事となっている。

いずれにしても、このような議論は国民とは中央政府、すなわち、国に対するさまざまなサービスを受けることができる権利主体、あるいはそのサービスの財源である租税や社会保険料の納付の義務主体と

してとらえるものである。これに対し、住民とは地方政府、すなわち、都道府県や市町村に対する、さまざまなサービスを受けることができる権利の行使、あるいはそのサービスの財源である租税や社会保険料の納付の義務を負う者としてとらえるものである。

ただし、このような国民・住民は国や都道府県、あるいは市町村に対し、さまざまなサービスを利用できる権利主体、あるいはそのサービスの財源である租税や社会保険料の納付の義務主体としてとらえるだけでなく、他者のさまざまなサービスを利用できる権利主体、あるいはそのサービスの財源である租税や社会保険料の納付の義務主体に対する理解と協力、すなわち、社会的扶養のために社会連帯することが求められている。とりわけ、社会保障・社会福祉の分野において、このような国民個人の自助はもとより、住民による互助や共助も重要である。

(3) 福祉コミュニティ構築の一員として

しかし、その一方で、国民および住民は地域で地域福祉を推進していくべき民間非営利団体の社協や生協、農協、ボランティアグループ、NPOなど、さまざまな福祉事業・活動に取り組んでいる構成員の一人として参加・参画し、それぞれの福祉ニーズに応じ、あるときは利用者としてそのサービスを利用できる権利主体、言い換えれば需要主体になったり、また、あるときは他者のサービスを受ける権利の行使を保障し、かつその福祉ニーズを充足させるため、支援すべく、供給主体となったりして従来の行政依存の体質から脱皮し、自立自助および社会連帯し、福祉コミュニティを構築していく一員として社会参加していくことが必要である。

したがって、国民・住民は今後、これまで中央政府の国、または地方政府の都道府県、もしくは市町村に対し、政治的なイデオロギーを持って直接的な利権・利害に関わる運動的な権利主体としての住民から、間接的な利権・利害に関わる活動的な権利主体としての市民に変革すべきではないだろうか（図表22－2）。すなわち、市民活動を通じ、文化としての福祉を創造すべく、市民社会、あるいは**福祉文化**を実現するのである。**2007年問題**の1つとして、**団塊の世代**の定年退職

福祉文化
定説はないが、一般に福祉を文化活動としてとらえ、住民、市民の立場から必要な制度・政策や事業・活動に取り組み、地域社会および国づくりをめざす目的概念および実体概念。

2007年問題
団塊世代が2007（平成19）年以降、60歳となって定年退職することに伴い、懸念されている社会・経済状況。その1つが就労やボランティア活動などによる社会参加、あるいは老後の生活保障などの問題。

団塊の世代
1947～1949（昭和22～24）年生まれの第1次ベビーブームの人たち。広義にはその前後の戦後生まれも含め、考えられている。

後の社会参加、あるいは地域デビューに対する期待もそこにある。

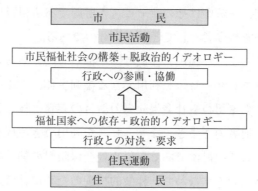

図表22－2　住民から市民へ

出所：川村匡由『地域福祉とソーシャルガバナンス』中央法規出版、2007、p.14

3．住民・市民事業・活動の現状と課題
（1）互助から自助自立活動へ

次に、住民・市民事業・活動の現状であるが、わが国は古来、各地で血縁・地縁組織を通じ、冠婚葬祭や農作業、**頼母子講**などによる自助、互助、すなわち、ボランティア活動が行われてきたが、戦後の高度経済成長に伴う産業・就業構造の変化による人口の大都市への集中や家族形態の変化、過疎・過密化に伴う地域社会の崩壊とともに、このような血縁・地縁組織も希薄になった。もっとも、その後の少子高齢化や介護の不安の増幅に伴い、一部では伝統的な血縁・地縁組織の再生や社協、生協、農協、福祉公社、**社会福祉事業団**などの**住民参加型在宅福祉サービス**供給組織が設立され、高齢者に対する安否確認や家事代行、外出介助などが行われるようになった。

また、1998（平成10）年、民間活力の導入の一環として特定非営利活動促進法（NPO法）が制定されたことに伴い、NPOが法人化され、保健、医療、福祉、環境保全、まちづくり、災害救援など20の分野においてさまざまな活動が各地で取り組まれるようになった。さらに、最近では認知症高齢者の介護を在宅で当たる家族および障害者自身が一般就労による経済的自立をめざすセルフヘルプ型の自立生活運動を展開するグループも結成され、一般社会に対し、関係者を取り巻くさまざまな問題を提起しつつある。

頼母子講
特定の地域などで有志が講を設立し、一定の金銭や物品を払い込み、その利息の額をセリで競ったり、抽選によって希望する金銭や物品を受け取ったりして日々の生活の助けとすること。無尽（むじん）ともいう。

社会福祉事業団
地方政府、すなわち、都道府県や市町村が施設および在宅サービスをよりきめ細かに供給するため、行政庁と別の組織で設立した機関。

住民参加型在宅福祉サービス
行政の意向や住民の有志などにより、在宅福祉サービスの充実のため、設立された組織。多くは有償で、近年、NPOの法人化をめざすところが増えている。

(2) 自立自助・社会的包摂・公私協働

　そこで、最後にその課題であるが、まず第1は、国民・住民一人ひとりがまず家庭や地域、職域で、自身の福祉ニーズなど日常生活におけるさまざまな問題の解決にあたり、自立自助に努める一方、社会連帯し、個人の利権・利害を超えた価値観を持ち、他者、あるいは地域社会や国のため、ボランティア活動や有償在宅福祉サービスなどを通じ、福祉サービスの供給主体として関わることが必要である。第2は、そのためには、家庭や学校、地域、職域において、ノーマライゼーションの理念およびソーシャルインクルージョン（社会的包摂）の重要性を習得させるべく、中央政府および地方政府は福祉教育や消費者教育を拡充させることが必要である。

　そして、第3は、国民・住民は、それぞれの地域社会において、その特性や国民、住民の福祉ニーズおよび福祉課題を把握し、自助、あるいは社協や生協、農協、福祉公社、社会福祉事業団などの住民参加型在宅福祉サービス供給組織、ボランティアグループ、NPOなど民間非営利団体、あるいは企業など民間事業者などの社会資源を調達し、互助にそれぞれ努める。それでもなお解決できない場合、地方政府、すなわち、市町村および都道府県、あるいは中央政府、すなわち、国に対して提起し、その解決の方策を陳情するなどソーシャルアクションを展開することが重要である。すなわち、住民・市民自治にもとづく公私協働によって福祉課題を解決し、福祉コミュニティの構築をめざすのである。

さらに深く学ぶために
1）川村匡由『社会福祉普遍化への視座』ミネルヴァ書房、2004年
　・平和と人権を基軸に、人間科学としての社会福祉普遍化における国民の役割を訴えている。
2）岩田正美・武川正吾・永岡正己・平岡公一編『社会福祉の原理と思想（社会福祉基礎シリーズ①）』有斐閣、2003年
　・社会福祉から地域福祉への展望のなか、市民社会における福祉活動の意義について提言している。
3）川村匡由『地域福祉とソーシャルガバナンス』中央法規出版、

2007年
・国家統治の社会福祉から国民協治の地域福祉へ転換すべく、「自治・分権・共生」をキーワードに国民・市民のアイデンティティについて提言している。

社会福祉実践との関連を考えるために
1）福祉政策における国民の役割の経緯についてまとめて下さい。
2）ソーシャルガバナンスとソーシャルガバメントを比較し、それぞれの特徴について述べて下さい。
3）地方分権化や地域福祉の推進上、国民・住民の果たすべき役割について具体的に述べて下さい。

参考文献
1）藤村正之『福祉国家の再編成』東京大学出版会、1999年
2）宮本憲一・自治体問題研究所第三セクター研究会編『現代の地方自治と公私混合体』自治体研究社、1992年
3）桜井政成『NPOマネジメントシリーズ ③ボランティアマネジメント』ミネルヴァ書房、2007年
4）横倉節夫『共同と自治の地域社会論』自治体研究社、1998年
5）川村匡由編著『ボランティア論（シリーズ・21世紀の社会福祉⑪）』ミネルヴァ書房、2006年

column

　社会福祉における公私の役割分担については古くから論じられているが、21世紀の本格的な少子高齢社会、および人口減少における国民・住民の多様な福祉ニーズに対応し、かつ社会保障・社会福祉の持続的、かつ安定的な運営を行っていくためには今後も国民・住民の生存権および生活権は、社会・経済状況に左右されることなく、国がナショナルミニマムとして保障していくことが必要である。

　また、これらの保障を基調としながらも、国民、住民は個人で、あるいは社協や生協、農協、福祉公社、社会福祉事業団などの住民参加型在宅福祉サービス供給組織、ボランティアグループ、NPOなど民間非営利団体の一員として、さらに、企業など民間事業者も国および都道府県や市町村に対する権利主体としてだけというのではなく、義務主体として、また、福祉サービスの供給主体として地域社会、あるいは国をあげて福祉コミュニティの構築に公私協働すべきである。

　具体的には、公共部門としての行政型供給組織の国および都道府県、市町村である地方自治体、民間部門としての認可型供給組織の社協や生協、農協、福祉公社、社会福祉事業団、参加型（相互扶助型）福祉供給組織のボランティアグループやNPO、住民参加型在宅福祉サービス供給組織、市場型供給組織の企業など民間事業者に大別する。

　そして、国および都道府県、市町村である地方自治体の福祉サービスの供給主体を第1セクター、企業など民間事業者の福祉サービスの供給主体を第2セクター、国、および地方政府、すなわち、都道府県、市町村である地方自治体と企業など民間営利団体を中心とした民間事業者を連携した福祉サービスの供給主体を第3セクター、また、国および都道府県および市町村である地方自治体との福祉サービスの供給主体と社協や生協、農協、福祉公社、社会福祉事業団、参加型（相互扶助型）福祉供給組織のボランティアグループやNPO、住民参加型在宅福祉サービス供給組織の連携による供給主体を第4セクター、企業など民間事業者の福祉サービスの供給主体と社協や生協、農協、福祉公社、社会福祉事業団、参加型（相互扶助型）福祉供給組織のボランティアグループやNPO、住民参加型在宅福祉サービス供給組織の連携による供給主体を第5セクター、さらに、これらのすべての福祉サービスの供給主体を連携した連合セクターとしてそれぞれ位置づける。

　そのうえで、個々の制度・政策や事業・活動のために必要な福祉サービスの供給主体について、地域の特性や住民の福祉ニーズ、あるいは住民・市民自治にもとづく公私協働によって福祉課題の解決を図るという新たな**福祉のパラダイム**を描き、「自治・分権・共生」による＜**市民福祉社会**＞への地平を拓くべきではないか、と考える。

福祉のパラダイム
福祉サービスの供給主体の類型化により、新たな社会福祉のシステムをめざす概念。

市民福祉社会
筆者の私見で、従来の中央政府、すなわち、国家統治による福祉国家から、地方政府、すなわち、都道府県および市町村における国民協治、言い換えれば「自治・分権・共生」による福祉社会をさらに市民文化としてとらえ、より高次元の地域社会、および国における市民社会としての福祉社会。

第6章　福祉政策の構成要素

第23回：福祉政策の手法と政策決定過程と政策評価

学びへの誘い

　福祉政策の形成主体は政府であることはすでに学んだが、実際の運用に当たっては財源だけでなく、人員や組織も調達しなければならない。また、政策評価についても近年、説明責任が求められるようになってきている。やりっぱなしではなく、その効果が検証されることも増えれば新たな政策展開の可能性が広がる。もっとも、その効果を評価するにはある程度の期間が必要な場合もある。

　そこで、大局的見地からの政策評価の重要性も見逃してはならないことを理解しよう。

1．財源的政策手法
（1）税と保険料

　福祉政策は公的な政策の1つであるから、予算措置が当然とられ、その適正な執行が求められる。しかも、その財源は国民から徴収した租税や社会保険料である。

　租税とは、一般に国、地方公共団体が行政サービスを提供する経費を賄うために、国民や住民から強制的に徴収する金銭である。これには法人が支払う税（法人税）、個人が所得や世帯人員数、あるいは資産（動産、不動産）の保有に応じ、累進的に課税される税（所得税、住民税、固定資産税など）、財やサービス消費の際に負担する税（消費税）などがある。

　このうち、間接税である消費税は比較的景気に左右されず、安定的な税収を見込めるとされ、近年では社会保障財源としての期待が高まっている。しかし、これは逆進性を持つため、低所得層の負担が増す。いずれにしても、このようにして集められた租税が政府を通じ、各種社会保障や福祉サービスに支出される。

　一方、社会保険料は社会保険制度の財源である。わが国の場合、被保険者本人と雇用者で折半して納付されることが多い。例外的には国民年金の保険料が本人のみによる納付、労働者災害補償保険の保険料は雇用主が納付の義務を負う。

社会保険は社会連帯の考えにもとづき、強制加入方式でリスクを分散する。保険料の納付と給付が対となり、負担と給付の関係が明確であるとされる。逆にいえば、保険料が未納であれば給付が削減されたり差し止められたりすることもある。

　たとえば、ある一定の年齢に達したこと、要介護状態になったことを「保険事故」として年金や介護費用が給付される。しかし、保険料の未納の期間があったり、滞納が続くと支給額が減ったり、サービスを利用できなくなったりする。ただし、社会保険だからといって公費（租税）が投入されていないわけではない。国民年金制度や介護保険制度でも2分の1が公費で賄われている。

　わが国の社会保障制度の多くは高度経済成長期につくられたため、現代のような少子高齢化や人口減少、雇用形態の変化、長期停滞経済の下では必ずしも適切に機能しない。このため、2012（平成24）年に「社会保障・税一体改革大綱」が閣議決定され、消費税の引き上げを中心とした社会保障の費用負担を幅広く国民が担うことにした。幼児教育や保育の無償化に始まり、年金制度に至るまで「全世代対応型」の社会保障制度の実現のため、さまざまな政策が実行されようとしている。

　一方、こういった政策がばら撒きにならないよう、持続可能性（サステナビリティ）を維持する観点も必要である。負担能力を踏まえつつ、給付の重点化や不公平の是正が求められよう。また、給付それ自体を防貧・予防的にとらえるだけでなく、将来的な投資として位置づけ、分野によっては積極的に展開する必要もある（保育など）。

　以上のように租税と保険料は社会保障・社会福祉政策の展開にあたり、必要不可欠な要素である。それは所得再分配や社会連帯の考え方にもとづき、生涯にわたって不測の事態を支えたり、生活上の困難に直面したときに、サービスが提供されたりする前提となる。それゆえ、その使途や水準には注意を払うことが必要である。それだけに、浪費や重複などがないか、負担者である国民による監視が求められよう。

（2）利用者負担の目的

　福祉サービスを利用した場合、基本的には租税や保険料とは別に利

用者負担が生じる。これは財源に組み入れられるほか、以下の機能を持つ。

　①利用上の公平性の確保（同一サービス・同一負担）
　②乱用・フリーライド（ただ乗り現象）の防止
　③需要抑制

　①については、介護サービスの利用料負担がある。たとえば、要介護度や所得に関わりなく、訪問介護で身体介護を1時間利用すると564円が基本的な自己負担額となる（2017（平成29）年度単価）。

　②については、過去において「老人医療費無料化制度」（1973（昭和48）年）と廃止の例があげられる。この制度は所得が一定額以下の70歳以上の高齢者に対し、本人による窓口負担を廃し、全額を公費で賄なった。すると療養給付費は全体の2割、受診率は2倍に、一人当たり医療費は他の3.7倍に上った。この結果、その年の国民医療費は国民所得比で4.46％と過去最高を記録したという[1]。これは「無料」であることから乱用が発生したことの例である。

　ただし、過剰診療を行った側にも問題がある。結局、この制度は政治的な事情もあり、老人保健法（1982（昭和57）年）で自己負担が導入されるまで継続された。

　③については、医療費の自己負担割合の引き上げが好例である。現在の窓口負担は基本的に3割になっているが、サラリーマン本人の場合、窓口負担が無料であった時代があった。また、入院費についても通院と負担割合が異なっていた時代もあった。実際に負担割合が引き上げられた直後は受診抑制が起こっている。もっとも、制度間でのばらつきがあった点や医療需要が変化したこと、医療財政が逼迫してきたことも負担割合の引き上げ・統一の背景にある。

　なお、現在における「セルフ・メディケーション税制」の導入も受診抑制の一手段とみることができよう。

（3）利用者負担の方法―応能負担と応益負担―

　上述したように、利用者負担にはさまざまな目的がある。しかし、その計算にあたっての考え方には、支払い能力に応じて負担する「応能負担」と、支払い能力に関わりなく、利用したサービス量に応じ、

負担する「応益負担」の2つの方式がある。

応能負担方式は、同じサービスを利用しても支払い能力が高いか低いかで負担する金額が異なる。低所得層にとっては負担が軽いが、中所得層や高所得層には不公平感をもたらす。

一方、応益負担方式はサービス量に見合った額を負担するので、低所得層には逆進的で、高所得層にとっては負担が軽くなるという性質を持っている。

図表23－1　養護・特別養護老人ホーム費用徴収基準額表

＊（1979（昭和54）年現在）

世帯階層区分			費用徴収基準月額
A	生活保護法による被保護世帯（単給を含む）		0円
B	A階層を除き前年度分の市町村民税非課税世帯		0
C1	A階層及びB階層を除き前年分の所得税非課税世帯	前年度分の市町村民税所得割非課税世帯（均等割のみ課税）	3,200
C2		前年度分の市町村民税所得割課税世帯	3,800
D1	A階層及びB階層を除き前年分の所得税課税世帯であって、その税額の年額区分が次の額である世帯	4,800円以下	4,700
D2		4,801円　～　9,600円	5,300
D3		9,601　～　16,800	5,900
D4		16,801　～　24,000	6,700
D5		24,001　～　32,400	7,800
D6		32,401　～　42,000	8,900
D7		42,001　～　92,400	11,800
D8		92,401　～　120,000	14,000
D9		120,001　～　156,000	17,300
D10		156,001　～　198,000	21,100
D11		198,001　～　287,500	27,400
D12		287,501　～　397,000	33,600
D13		397,001　～　929,400	39,800
D14		929,401　～　1,500,000	65,000
D15		1,500,001 以上	その月におけるその措置者にかかる措置費の支弁額

出所：中央社会福祉審議会『養護老人ホーム及び特別養護老人ホームに係る費用徴収基準の当面の改善について』より

図表 23 − 2　介護福祉施設サービス費の基準表（抜粋）

＊（2015（平成 27）年現在）

別表	
指定施設サービス等介護給付費単位数表	
１．介護福祉施設サービス	
イ　介護福祉施設サービス	
⑴　介護福祉施設サービス費（１日につき）	
㈠　介護福祉施設サービス費	
a　介護福祉施設サービス費(I)※ 従来型個室	
ⅰ　要介護１	547 単位
ⅱ　要介護２	614 単位
ⅲ　要介護３	682 単位
ⅳ　要介護４	749 単位
ⅴ　要介護５	814 単位
b　介護福祉施設サービス費(Ⅱ)※ 多床室	
ⅰ　要介護１	594 単位
ⅱ　要介護２	661 単位
ⅲ　要介護３	729 単位
ⅳ　要介護４	796 単位
ⅴ　要介護５	861 単位

出所：厚生労働省ホームページより

　図表23−1は、1979（昭和54）年当時の老人ホームの入所に関わる費用徴収基準額表である。図表23−2は、介護保険制度における介護福祉施設サービス費の基準表（2015（平成27）年現在）である。

　両者をみると前者は「所得階層区分」（応能負担）、後者は「要介護度」（応益負担）と区分されていることに気づくであろう。

　現代では負担方法は応益負担へとシフトしている。年金制度の成熟化などの背景もあり、「豊かな高齢者」像のもと、応分の負担が求められることになっている。また、これとは別に、施設入所の場合の家賃や光熱水費、食費等の実費（ホテルコスト）は保険適用とならず、全額を自己負担することになっている。

2．政策執行過程と配分方法

(1) 地方分権と地方事務

　近年、中央集権的なサービス供給体制が硬直的で、かつ非効率であり、地方の実情に必ずしもあっていないことから地方分権化が唱えられるようになった。このため、2000（平成12）年には「地方分権の推

進を図るための関係法律の整備に関する法律」(地方分権一括法)が施行され、規制緩和の流れとあいまって、対人福祉サービスの領域では基本的に基礎自治体である市町村が中心となり実施することとなった。

　具体的には、機関委任事務制度と団体委任事務制度の組み合わせを、法定受託事務と自治事務とに再編した。かつての機関委任事務は自治体の首長を国の機関としてみなし、その事務を行わせるものであった。しかし、地方分権改革では自治体が主体となり「法定受託」するものとなり、委任されるという受動的な位置づけではなくなった。また、都道府県が設置する各種の専門的相談機関の名称、設置形態の弾力化、職員の名称規制の廃止など、規制緩和も進められた。さらに、自治事務は自治体本来の事務との位置づけから、中央政府から下級の行政機関に対する指揮監督権も廃止され、「通知」や「通達」は助言・指導やガイドラインとしての明示へと変化した。

　具体的な福祉領域での変化をあげると、生活保護の実施が象徴的である。それまでは生活保護制度はナショナル・ミニマムの確保の必要性から、機関委任事務として福祉事務所を設置する都道府県知事、市町村長が実施するものとなっていたが、それを、①保護の決定および実施を法定受託事務に、②自立助長を目的とするケースワーク業務は自治事務とした。換言すれば保護費に関わる部分は法定受託事務に、ケースワークは自治事務となったのである。

　ケースワーカーの配置には一定の基準があるが、それに要する費用は自治体が負担すべき費用となった。このことは一般に1人当たり業務量を増大させることになったり、有資格者や経験ある人員の配置を一層困難にする側面も持つ。

　大多数の自治体は地方交付税交付金の対象であり、近年の長期停滞社会における地方財政は楽観を許さない状況にある。

　以上を踏まえると、地方分権化は財源の確保が同時に進められる必要があるが、権限が委譲されただけでは「地域の実情にあったサービスの提供」は困難である。

　なお、国や都道府県の役割は市町村の支援、広域的見地からの連絡調整へと変化した。たとえば、市町村－地域福祉計画、都道府県－都

道府県地域福祉支援計画という形である（社会福祉法第107条、108条）。

（2）補助金政策の変化

　地方自治体の基礎的需要（基礎的行政サービス）を賄うのに必要な額を「基準財政需要額」というが、これを確保し得ない場合、「地方交付税交付金」が国により交付される。2004（平成16）年以降の「三位一体の改革」（「国庫補助負担金の廃止・縮減」「税財源の移譲」「地方交付税の一体的な見直し」）ではとくに国庫負担の削減が行われた。たとえば、児童扶養手当は国が4分の3、残りを都道府県が負担する形であったが、以後、国は3分の1を負担し、残り3分の2を都道府県が負担する形となった。

　しかし、社会経済構造の変化によって長期的に税収増が見込めないなか、都道府県や市町村の負担が増している。また、地方税財政の不均衡が拡大するなか、安定的でその地域で暮らし続けるための取り組みが期待されている。

　なお、この文脈で最近、「我が事・丸ごと」の「地域共生社会の実現」が政策的に模索されているところであるが、相互扶助やボランタリズムに過度に依拠したものであってはならない。公的責任の所在を明確にしたうえでの活用が期待される。

3．政策形成と決定

（1）法治主義と行政運用

　憲法第41条には「国会は、国権の最高機関であって、国の唯一の立法機関である」と定められ、内閣がその事務を行う（憲法第73条）。もっとも、実務上のさまざまな運用についてはその法制度の趣旨に反しない限り、行政機関である省庁が具体化する。

　行政は公平、透明が旨であるから、恣意的な運用が行われてはならず、その意味でも一定のルールを明示し、それにのっとって実務が展開される必要がある。このような組織、運用形態を「官僚制」という。

　古くはドイツ社会学の泰斗であるM.ウエーバー（M.Weber）により分析されたこのシステムはP.M.ブラウの『現代社会の官僚制』に

より、その消極面と積極面とが明らかにされている。前者は儀礼主義、繁文縟礼主義（形式主義）であり、後者は組織の目標の達成と次の改革への努力の原動力となるという[2]。この見解からすれば、官僚制の持つ積極的な側面を活用しつつ、実態に合った運用が望まれるところである。

実務上、参考になるのは生活保護の実務を体系的に編纂した『生活保護手帳』や、施策の概要と基礎資料をまとめた『社会保障の手引』である。ストリートレベルで実践にあたるには行政の責任と公平性を確保しつつ、透明かつ多様なニーズに応えられるような実務上の要領を学ぶことが重要である。

4．政策目標と政策評価

社会福祉における政策目標の設定と計画化の源流は、1971（昭和46）年の「社会福祉施設緊急整備5カ年計画」にみることができる。これは高度経済成長を背景にしたもので、その時代的限界はあったものの、予算をつけ、整備目標を示した点で画期的であった。もっとも、その後の低成長期に移行するなかで福祉見直しの論議が高まり、その機運は停滞した。

しかし、1989（平成元）年に個別の数値目標を定めた、いわゆる「ゴールドプラン」などの福祉3プランが登場し、福祉計画の時代へと移行した。現代においては、たとえば、市町村介護保険事業計画において5年間のサービス需要の見通しを3年ごとに見直すという手法がとられ、サービス量の確保のみならず、財源の確保（介護保険料の算定）に至るまで計画されている。自治体におけるニーズ調査や事業者の参入状況や見通しなどを積算し、国とのやり取りを通じて精緻化されている。また、このプロセスに関係者（住民や企業など民間事業者）も参画し、透明性と実効性を確保するよう努めている。

以上のような計画立案は、検証作業までも視野に入れるものである。いわゆるPDCA（Plan-Do-Check-Action）サイクルと呼ばれるものである。重要なことは政策形成過程が開かれたものであり、また、一方的に決められるものではなく、住民などが主体的に参画できる仕組みづくりである。行政が地域の実情をくわしく知っているのはその立場

上、当然のことである。しかし、住民の日々の生活実感までは把握は困難である。地域における計画策定にはそのような「生の声」を反映できるような取り組みが必要である。

注
1）小山路男『社会保障教室』有斐閣、1975年、p.133
2）見田宗介、上野千鶴子、内田隆三ほか編『社会学文献事典』弘文堂、2014年、p.510

さらに深く学ぶために
1）渋谷博史・根岸毅宏・塚谷文武編『福祉国家と地方財政』学文社、2014年
2）H.カウフマン・今村都南雄訳『官僚はなぜ規制したがるのか　レッドテープの理由と実態』勁草書房、2015年

社会福祉実践との関連を考えるために
1）身近な人で福祉サービスを利用している人にその利用にあたって助かった点、困っている点を聞いてみよう。
2）自分の住んでいる市町村の地域福祉計画について、その特徴を調べてみよう。
3）住民と直接接する機会の多い市町村の職員にどのようなことを心がけ、業務に当たっているかを聞いてみよう。

MEMO

第24回：福祉供給部門

　　　　　　　　　　学びへの誘い
　福祉ニーズの充足の方法は多様である。法制度にもとづいて充足される場合もあれば、その正反対の家族や友人によって充足される場合もある。しかも、近年、とくに顕著なのは公的部門に属さない営利部門や非営利部門による福祉供給がみられるようになった。
　そこで、ここではわが国の特徴も踏まえつつ、福祉多元化時代の福祉サービスの供給体制の特徴を理解しよう。

1．ニーズ充足の3ルート

　個々人の困りごとはそれが主観的である限り、制度的対応によって解決されえない。個々人の主観性を超え、社会全体での問題認識がなされたときがいわば福祉ニーズ成立の契機である。これを「要救護性の社会的認識」ともいう。

　近代においては生活上の問題が個人的問題として把握されがちであったため、それへの対応はごく限られた共同体（家族、地域、同業者）による互恵的、相扶的問題解決でしかなかった。しかし、現代においてはそのような問題が社会構造上出現せざるを得ないという認識が成立したことにより、さまざまな制度的なルートの確立にも至った。

　そこで、ニーズ充足の3ルートについて武川正吾の所説をみてみよう。

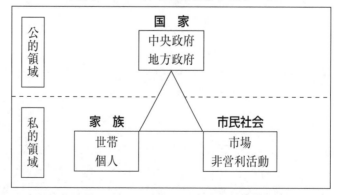

図表24－1　資源充足の3ルート

出所：武川正吾『福祉社会〔新版〕－包摂の社会政策』有斐閣、2011を参考に一部改変

武川はまず、公的領域・私的領域に大別し、公的領域によるルートには国家（中央政府・地方政府）があることを示す。そのうえで、私的領域には伝統的な枠組みである家族と、現代的な枠組みである市民社会（市場および非営利活動）を位置づける。これらの三者が互いに結ばれることにより、それぞれの特徴を生かしたニーズ充足が可能となるとしている（図24 - 1）。

２．サービス供給主体の多元化の背景

　第二次世界大戦後に成立した福祉国家体制は「大きな政府」の立場のもとで、行政がサービス供給の大半を独占しており、それがまた、国家責任を果たすものと位置づけられてきた。しかし、石油危機を分節点とする福祉国家の危機に直面すると、財政的な制約や社会の変動により、公的部門が独占的に供給する必要性に疑問が出された。
　その１つの論拠が、イギリスで公表された「ウルフェンデン報告」（1978（昭和53）年）であった。この報告では福祉供給部門を以下の４つに分類した。

①民間非営利システム（Voluntary system）
②民間営利システム（Commercial system）
③インフォーマルシステム（Informal system）
④制度的システム（Statutory system）

　もう１つの論拠がR. ローズ（R. Rose）の「福祉ミックス論」[1]で、サービス供給における公私分担論の端緒を開いた。さらに、わが国においてもバブル経済崩壊以後の長期的な停滞に直面したことによって「構造改革」が展開されるようになり、自己決定・自己責任、相互扶助、民間営利部門の積極的な活用が実現されるに至った。また、地方分権改革によって地方へ権限が委譲された一方、その財源確保も迫られることになった。地方の衰退が叫ばれる現代においては公的な供給よりも民間営利部門、民間営利部門よりもボランタリー部門、そして、「我が事・丸ごと」といった地域社会全員の参加型の充足方法が模索されるに至っている。

第6章　福祉政策の構成要素

　以上のような潮流は「大きな政府」から「小さな政府」へ、成長社会から停滞社会へという現実における新自由主義の台頭という文脈で説明できる。なお、イギリスではブレア（T. Brair）政権時代（1997－2007年）、コミュニティ再興による「第三の道」[2]路線が模索されたが、現状では全世界的に新自由主義的政策がみられる。

3．福祉供給部門の特徴
（1）公的部門（政府および行政）

　これには中央政府、地方自治体、それに準ずる組織（特殊法人、外郭団体）を含む。

　主要な役割の第1は、ナショナル・ミニマムの確保である。これは民間部門によって供給することができず、また、国家が基本的人権の保障の一環として行うものであるから、主たる財源を租税とし、所得再分配の形をとる。第2は条件整備主体（イネーブラー）としての役割である。財政支援、諸法諸規則の制定、社会的規制がその内容となる。直接供給の比重が低下しつつある現在、この役割が大きくなっている。第3は供給全体の管理運営および支援である。必要なサービスの量や質を確保するため、市町村単位で地域福祉計画などが策定されるが、重層的に都道府県、国が支援する枠組みとなっている。

（2）民間非営利部門

　福祉サービスは、かつて慈善活動や地縁や同業者によって供給されていたが、現代においては、わが国の社会福祉法人や社会福祉協議会が典型例である。また特定非営利活動促進法（1998（平成10）年）にもとづき、利益を目的としない（Non-Profit）活動を会員制などで展開するものもある（特定非営利活動団体）。これは現代市民社会における重要なアクターの1つとして存在感を発揮しているが、現状では玉石混交の一面もある。

　民間非営利組織（NPO）の特徴を村田文世は下記のようにあげている[3]。

　①「政府の失敗」に対応すること
　②「契約の失敗」に対応すること

③「ボランタリーの失敗」に対応すること
④互酬性にもとづく社会関係資本（ソーシャル・キャピタル）の形成

また、当事者を中心とした自助団体（セルフヘルプ・グループ）の活動も分野によっては近年とくに顕著である。

（3）民間営利部門（市場部門）

社会における経済活動の主柱である営利組織によって供給される。利益の追求がサービスの提供の主な目的となる。民間非営利組織とは参入や事業の動機が異なる。これらが重視されるようになったのは福祉ニーズの多様化と増大、所得水準の向上、私的部門によるサービス供給の効率性などが重視されたからであった。

古くは1980年代の「シルバーサービス」の登場により、現在においても富裕層を中心とした有料老人ホームや賃貸方式が大半を占めるサービス付き高齢者向け住宅などが供給されている。

一方、現代において特徴的な動向として、第2種社会福祉事業に分類される在宅福祉サービスの領域への民間営利部門の参入がある。2000（平成12）年の介護保険制度の施行および社会福祉法制定により、自宅で必要なサービスを自らの選択で利用するため、民間営利部門の参入による効率的で質のよいサービス供給が求められたからであった。このような多様な供給主体によって競争的にサービスが提供されるような市場形態を「準市場」（Quasi-Market）と呼ぶ。

（4）インフォーマル部門

私的領域における一次集団（家族、親族、友人、近隣）によって構成、提供される。公的部門が公的責任、民間非営利部門は社会問題への着目を基礎に、民間営利部門が金銭的な動機づけを持って展開されるのに対し、インフォーマル部門は情緒的な紐帯が基礎となることがほとんどである。

とくにわが国では伝統的に家族を重視する傾向にある。民法の親族扶養義務や生活保護法における親族扶養優先の原則、1970年代後半の「日本型福祉社会論」にみる「家族は福祉の含み資産」という位置

づけ、さらに、直近の改正児童福祉法においても「児童の保護者は児童を…(略)…育成することについて第一義的責任を負う」(第2条②)とされている。

このような視点はともすれば家族主義をもたらし、問題をかえって潜在化させたり、深刻化させたりする場合がある（対象を問わず、「手遅れの事態」が減少しないことを考えればよく理解されよう）。

以上のように福祉サービスの供給主体はさまざまで、これらが明確に線引きできるわけではない。

たとえば、社会福祉法人は公の支配に属するものとして位置づけられ、高い公共性を持っていることから憲法第89条の公金支出禁止規定を回避している。このような見方をすれば準公的部門に属するともいえる。また、近隣組織やボランティア団体などはインフォーマルな要素とボランタリーな要素を兼備しているともいえる。さらに、近年では「企業の社会的責任」（Corporate Social Responsibility）の観点から社会貢献活動として事業を展開している場合もある点に注意が必要である。

4．わが国における福祉多元化の状況

今までみてきたように経済社会の変化等を背景として福祉多元化が進行しているが、現状はどのようになっているだろうか。厚生労働省発表の資料を手がかりにみてみよう。

まず、2016（平成28）年10月1日現在の社会福祉施設の概況をみてみよう（介護保険事業所を除く）。

福祉施設の総数は70,101か所、対前年比では、5.9％の増となっている。この中で在宅・通所系サービスである保育所（26,265か所）の場合、市区町村が行っているものが33.7％であるのに対し、社会福祉法人が53.5％、営利法人が行っているものが5.1％存在する。障害福祉事業では居宅介護事業（22,943か所）を行っているものうち、地方自治体と社会福祉協議会、社会福祉法人の合計が17.5％であるのに対し、営利法人が67.4％となっている。就労継続支援A型の場合（3,455か所）、地方自治体と社会福祉協議会、社会福祉法人の合計割合が

16.7％であるのに対し、営利法人の割合は57.3％、非営利法人の割合は16.4％である。また、放課後等デイサービス事業については（9,385か所）、地方自治体と社会福祉協議会、社会福祉法人の合計割合が18.8％であるのに対し、営利法人の割合が52.5％、非営利法人の割合は20.8％となっている。

次に、「2016（平成28）年介護サービス施設・事業所調査」（2017（平成29）年9月28日公表）では、訪問介護サービスの構成比は地方公共団体が0.3％であるのに対し、社会福祉法人は18.7％、営利法人は65.5％、NPO法人は5.2％となっている。通所介護も同様の傾向である。構成比は地方公共団体が0.7％であるのに対し、社会福祉法人は39.7％、営利法人は47.3％、NPO法人は1.7％となっている。

一方、一定の設備と人員を常に必要とする短期入所生活介護では地方公共団体が1.9％であるのに対し、社会福祉法人は83.0％と大半を占め、営利法人は10.4％、NPO法人は0.4％にとどまっている。

さらに、地域密着型サービス事業所の構成比をみると、地域密着型通所介護は地方公共団体が0.3％であるのに対し、社会福祉法人は11.5％、営利法人は75.6％、NPO法人は6.3％となっている。対照的に認知症対応型通所介護の構成比は地方公共団体が0.4％であるのに対し、社会福祉法人は44.2％、営利法人は35.0％、NPO法人は5.7％となっている。

最後に居宅介護支援事業所（ケアマネジャーが主にケアプラン（居宅サービス計画）を作成する）の構成比は地方公共団体が0.8％であるのに対し、社会福祉法人は25.2％、営利法人は49.5％、NPO法人は3.2％となっている。詳細は次ページに示す。

入所施設は第1種社会福祉事業として位置づけられているため、現在、地方自治体および社会福祉法人以外は実施できないが、在宅系サービスでは民間営利部門を中心として、かなり多元化が進行している。重要な点は、多元化の進行によって効率的で効果的なサービスが提供され、かつサービスの質向上が求められている点である。果たしてそのようになっているのか。ともすれば事業の採算を重視し、利用者にとっては質が必ずしも保証されず、従事者にとっては低賃金で働かざるを得ない構図になっていないか、が問われよう。専門的、個別的な

サービスが提供されるという理念と実態の乖離が憂慮される。

図表24－2　障害福祉サービス事業所の経営主体構成割合（基本票）（2016（平成28）年10月1日現在）

	総数	国・独立行政法人	地方公共団体	社会福祉協議会	社会福祉法人	医療法人	公益法人	協同組合	営利法人（会社）	特定非営利活動法人	その他
					構成割合（%）						
居宅介護事業	100.0	－	0.2	6.7	10.6	2.6	0.3	1.6	67.4	8.7	2.0
重度訪問介護事業	100.0	－	0.1	6.5	10.1	2.5	0.3	1.5	68.6	8.5	1.9
同行援護事業	100.0	－	0.1	7.1	8.7	1.2	－	1.5	70.3	9.0	1.7
行動援護事業	100.0	－	0.3	8.8	24.2	1.3	0.3	0.9	42.8	19.7	1.7
療養介護事業	100.0	43.9	5.0	－	46.6	－	－	0.5	－	－	4.1
生活介護事業	100.0	0.4	3.1	5.0	58.4	1.1	0.2	0.1	12.1	17.9	1.6
重度障害者等包括支援事業	100.0	－	2.6	2.6	28.9	－	－	－	50.0	15.8	－
計画相談支援事業	100.0	0.1	3.7	6.4	44.4	4.3	0.6	0.2	19.5	17.8	3.1
地域相談支援（地域移行支援）事業	100.0	0.1	1.2	5.9	54.2	7.4	1.0	0.1	10.9	16.3	2.8
地域相談支援（地域定着支援）事業	100.0	0.1	1.2	5.9	53.9	7.5	0.9	0.1	11.3	16.5	2.7
短期入所事業	100.0	1.5	3.6	0.6	76.1	4.1	0.3	0.3	5.9	6.2	1.4
共同生活援助事業	100.0	0.0	0.4	0.5	55.6	8.2	0.8	0.0	8.3	23.3	2.8
自立訓練（機能訓練）事業	100.0	－	5.4	11.4	31.1	3.5	0.2	1.2	36.4	8.9	1.9
自立訓練（生活訓練）事業	100.0	－	2.0	4.1	38.2	9.5	0.6	0.2	17.5	22.3	5.5
宿泊型自立訓練事業	100.0	－	1.3	0.4	40.9	43.1	3.0	0.4	3.0	2.2	5.6
就労移行支援事業	100.0	0.0	1.3	0.9	42.4	2.5	0.5	－	27.0	19.7	5.5
就労継続支援（A型）事業	100.0	－	0.0	0.1	16.0	0.3	0.1	－	57.3	16.4	9.8
就労継続支援（B型）事業	100.0	0.0	1.3	2.8	44.8	1.9	0.4	0.0	12.6	32.0	4.2
児童発達支援事業	100.0	0.6	8.9	1.4	19.9	1.4	0.3	0.1	43.8	17.7	5.7
放課後等デイサービス事業	100.0	0.3	1.5	0.9	16.1	0.9	0.2	0.1	52.5	20.8	6.8
保育所等訪問支援事業	100.0	－	21.1	1.7	42.3	1.5	0.2	0.3	12.0	17.1	3.6
障害児相談支援事業	100.0	0.2	5.1	6.7	43.4	2.7	0.2	0.2	21.3	16.8	3.3

注：複数の事業を行う事業所は、それぞれの事業に計上している。
　　障害者支援施設の昼間実施サービス（生活介護、自立訓練、就労移行支援及び就労継続支援）を除く。
　1）社会福祉法人には社会福祉協議会を含まない。

出所：厚生労働省「平成28年 社会福祉施設等調査の概況」平成29年9月27日

図表 24-3　開設（公営）主体事業所数の構成割合（詳細票）
（2016（平成 28）年 10 月 1 日現在）

（単位：％）

	総数	地方公共団体	日本赤十字社・社会保険関係団体・独立行政法人	社会福祉法人1)	医療法人	社団・財団法人	協同組合	営利法人（会社）	特定非営利活動法人（NPO）	その他
居宅サービス事業所										
（訪問系）										
訪問介護	100.0	0.3	…	18.7	6.2	1.3	2.3	65.5	5.2	0.4
訪問入浴介護	100.0	0.2	…	37.3	2.1	0.7	0.6	58.7	0.5	−
訪問看護ステーション	100.0	2.2	2.1	7.0	28.4	8.9	2.1	47.2	1.7	0.4
（通所系）										
通所介護	100.0	0.7	…	39.7	8.4	0.5	1.6	47.3	1.7	0.1
通所リハビリテーション	100.0	2.8	1.3	8.7	77.0	2.7	…	0.1	…	7.5
介護老人保健施設	100.0	3.6	2.0	16.5	74.0	2.9	…	−	…	0.9
医療施設	100.0	2.0	0.7	1.4	79.7	2.5	…	0.1	…	13.5
（その他）										
短期入所生活介護	100.0	1.9	…	83.0	3.6	0.1	0.4	10.4	0.4	0.2
短期入所療養介護	100.0	3.9	1.6	12.0	77.4	2.8	…	−	…	2.3
介護老人保健施設	100.0	3.6	1.9	15.6	75.0	2.9	…	−	…	1.0
医療施設	100.0	4.7	0.9	0.5	84.9	2.3	…	−	…	6.6
特定施設入居者生活介護	100.0	0.8	…	23.7	5.9	0.6	0.3	67.7	0.4	0.6
福祉用具貸与	100.0	0.0	…	2.3	1.2	0.4	1.7	93.3	0.7	0.4
特定福祉用具販売	100.0	−	…	1.7	0.9	0.3	1.7	94.4	0.7	0.3
地域密着型サービス事業所										
定期巡回・随時対応型訪問介護看護	100.0	−	…	31.6	17.3	1.8	2.4	45.2	1.3	0.5
夜間対応型訪問介護	100.0	0.5	…	36.3	8.2	2.2	0.5	50.5	1.6	−
地域密着型通所介護	100.0	0.3	…	11.5	3.8	0.9	1.1	75.6	6.3	0.5
認知症対応型通所介護	100.0	0.4	…	44.2	12.1	0.9	1.4	35.0	5.7	0.2
小規模多機能型居宅介護	100.0	0.1	…	31.7	12.9	0.8	2.0	46.2	6.0	0.3
認知症対応型共同生活介護	100.0	0.1	…	24.4	16.8	0.4	0.6	53.2	4.4	0.2
地域密着型特定施設入居者生活介護	100.0	−	…	32.9	15.9	0.7	0.7	47.4	2.1	0.3
複合型サービス（看護小規模多機能型居宅介護）	100.0	−	…	20.0	20.7	4.4	2.2	49.1	3.6	−
地域密着型介護老人福祉施設	100.0	4.5	−	95.5	.	.	.	.	.	−
介護予防支援事業所（地域包括支援センター）	100.0	25.6	…	54.1	13.5	3.5	1.0	1.4	0.6	0.2
居宅介護支援事業所	100.0	0.8	…	25.2	16.0	2.4	2.3	49.5	3.2	0.6

注：訪問看護ステーション、通所リハビリテーション、短期入所療養介護及び地域密着型介護老人福祉施設については、開設主体であり、それ以外は、経営主体である。
　1）「社会福祉法人」には社会福祉協議会を含む。

出所：厚生労働省「平成 28 年 介護サービス施設・事業所調査の概況」平成 29 年 9 月 27 日

注

1）白鳥令・R. ローズ編、木鳥賢、川口洋子訳『世界の福祉国家：課題と将来』新評論社、1990 年、第 1 章
2）A. ギデンズ、佐和隆光訳『第三の道―効率と公正の新たな同盟』

日本経済新聞社、1999 年
3）村田文世「社会福祉における公私協働と NPO の社会的機能」『社会福祉学』53 － 2、日本社会福祉学会、2014 年、pp.69 － 81

さらに深く学ぶために
1）武川正吾『福祉社会－社会政策とその考え方』有斐閣、2001 年
2）渋谷博史・平岡公一編著『講座・福祉社会 11　福祉の市場化を見る眼　資本主義メカニズムとの整合性』ミネルヴァ書房、2004 年
3）李宣英『準市場の成立は高齢者ケアサービスを変えられるか』ミネルヴァ書房、2015 年

社会福祉実践との関連を考えるために
1）各サービス供給主体の特徴を考えたとき、少量で希少なニーズはどのようなものによって供給されるのが適当だろうか。
2）自分の住んでいるまちの「市町村地域福祉計画」を調べ、その特徴を整理してみよう。

MEMO

第25回：福祉供給過程

学びへの誘い

　第25回では、福祉サービスが歴史的にどのように供給されてきたかをもとに、供給過程の公私関係について理解を進める。とくに近年、多くの分野で措置制度から契約制度へと福祉サービスが大きく転換したが、その先駆けとなった介護保険サービスと障害者福祉サービスについて、具体的な給付の手続きやサービスの種類について学ぼう。

1．福祉の供給の歴史

　わが国の福祉供給は、第2次世界大戦前は個人的な慈善事業としての私的な社会事業活動や社会福祉施設、団体による活動などが行われていた。この第2次世界大戦後、日本国憲法第25条で国家が責任をもって福祉の供給を行うことが位置づけられ、これにより福祉の供給は国や都道府県、市町村などの行政と社会福祉法人によって行われるようになった。

　その後、高度経済成長を経て国民の生活環境は激変した。女性の社会進出に伴い、児童・家庭福祉のニーズも多様化し、保育所の待機が問題化した。また、24時間にわたる保育体制がなければ子育てと勤労が両立できない家族も増えたため、**ベビーホテル**ができた。このほか、都市化や核家族化により家族扶養の考え方が変わってきた。これにより介護に関するニーズも多様化し、これまでの公的部門や社会福祉法人に限らない有料老人ホームなど、企業など民間事業者によるシルバーサービスの供給が行われるようになった。

　また、最近では特定非営利活動法人（NPO法人）など、非営利組織による福祉供給が行われるようになっているなど、さまざまな運営母体による福祉供給部門が登場した。

2．福祉供給過程の公私（民）関係

　しかし、国家が責任をもって福祉の供給を行うとしても、国家がすべての福祉供給の過程を担わなければならない、という意味ではない。最終的な責任は日本国憲法第25条による生存権の保障にあるが、現

ベビーホテル
公立や社会福祉法人による保育所とは異なり、企業など民間事業者による無認可の保育施設。東京都の分類では、①午後7時以降の保育を行っているもの、②児童の宿泊を伴う保育を行っているもの、③時間単位での児童預かりを行っているものとなっている。

在は、上述したようなさまざまな福祉供給部門が福祉のサービスを提供していることがわかる。これらの公私（民）関係の考え方として代表的なものとして、岡村重夫によるものがあげられよう。

　岡村は、「法律による社会福祉が社会福祉の全部ではない。いな全部であってはならない」とし、公的な福祉供給がすべてではなく、法律によらない民間の自発的な社会福祉が、「社会福祉全体の自己改造の原動力として評価されなければならない」としている。これにより法律に縛られない、独創的、かつその地域や利用者のニーズに応じた柔軟な福祉供給の重要性を主張している。

3．公的福祉供給の評価と限界

　戦争によって国民が疲弊していたわが国では政府が主導し、福祉の対象となる国民の救済が急がれていた。これは民間のボランタリーな慈善的福祉供給というものが、質、量とも不確定で期待できないものであったからである。これにより生活保護法、児童福祉法、身体障害者福祉法などの法整備と供給体制が整った。

　このように国家の緊急的な場合や国民1人ひとりの経済力（国民所得）が低迷しているとき、国家の責任のもとで福祉の供給が行われることは国民の安心や安全を守るうえで非常に役立ってきた。また、民間社会福祉事業として位置づけられている社会福祉法人も公的社会福祉事業を補完することから始まっており、社会福祉法上での厳格な規制のうえで福祉供給を行っている。

4．福祉供給過程の機能

（1）所得の再分配

　社会保障制度における福祉供給の過程においては、国民に対して**所得の再分配**が機能している。これは国民が払った税金や社会保険料などが国に集まったものが必要な社会福祉の供給の財源となってサービスとなり、そのサービスを国民が受けるという流れである。

　この所得の再分配にはいくつかの機能に分けることができる。

　①垂直的再分配　高所得者から低所得者への所得の移転をいう。
　　　　　（負担能力の高い者ほど重い負担をし、所得階層間での所得の

> **所得の再分配**
> 所得の再分配の効果については、所得分配の不平等度を測るジニ係数によって示すことができる。係数の範囲は0～1で、係数値が0に近いほど格差が少ない状態となる。2014（平成26）年度のわが国の再分配後のジニ係数は0.3759となっている。

格差を縮小すべきであるという基準であり、累進性のある所得税などを指す)

②水平的再分配　同一所得間において、働けなくなった人々に対し、働ける人々からの移転や子どもの多い家計への再分配を指す。

③「世代間再分配」　若年世代から老年世代への所得の転移をいう。年金制度が代表的な例で、現在、老年世代が受け取っている年金は現在の若年世代が支払っている。

　しかし、若年世代人口が減り、老年人口が増え続けている現在では、若年世代の負担が増え、安定した年金体制を維持することが厳しいといわれている。

(2) 割当 (ラショニング) 機能

　割当 (ラショニング) とは、武智秀之によれば「資源が必要量に対して不足しており、かつ価格機構、つまり、市場が資源配分の機能を果たさない状況において用いられる、特定の資源配分方法」としている。また、行政による福祉供給過程における割り当てとして、秋元美世によれば4種類あり、「1．資格要件を通じた対象者の絞り込み、2．抽選による順位付け、3．順番待ち、4．裁量的判断による順位付け」となっている。

　このように少ない福祉資源を的確に効率的に配分するためには割当機能により、福祉ニーズの優先順位の高いものなどから配分する機能を持っている。

5．福祉供給過程の方式

　これまで福祉供給過程には生活保護制度による保護申請方式や措置方式が大勢を占めていたが、その後の福祉ニーズや対象者の変化、福祉制度の変更などを受け、措置制度から利用・契約制度へ多くが移行していくこととなった。そこで、ここでは福祉供給方式の代表的な3つの方式についてみていく。

(1) 保護申請方式

　国民の保護請求権にもとづき、希望者が受給資格の有無を申請し、

行政機関が決定するという流れで手続きがされるという過程を経る。これは申請保護の原則にもとづく手続きであるが、生活保護制度がこれに該当する。

（2）措置方式

　福祉サービス希望者のニーズの判定や相談により、福祉サービス供給実施機関の職権にもとづき、利用の可否が行政処分として行われる方式である。この措置制度における行政処分では福祉サービスは国民に対する反射的利益による受給と解釈されており、国民側の請求権は必ずしも認められないと考えられている。この方式は養護老人ホームや児童養護施設、婦人保護施設などが該当する。

（3）利用契約方式

　かつて福祉サービスの供給システムとの代表的なものとして、福祉措置制度が位置づけられていたが、社会福祉基礎構造改革以降、以下に代表される利用契約方式が導入されている。

①サービス提供事業者（施設、事業所）との利用契約

　この方式の代表的なものとして介護保険方式と障害者総合支援方式、保育所利用による方式があげられる。

　介護保険方式では保険者は市町村および特別区で、被保険者は第1号被保険者（65歳以上）、第2号被保険者（40歳〜65歳未満）となる。介護が必要になった被保険者は要介護認定を申請し、認定されればサービスを利用できる受給権者となる。利用者は介護サービス計画にもとづき、あらかじめ都道府県や政令指定都市、中核市より指定を受けた事業者に利用の申し込みを行い、事業者と契約を結ぶ。事業者は契約にもとづいてサービスの提供を行い、利用者は原則として1割の自己負担を行い、事業者は保険者に9割の請求を行い、保険者は事業者に費用の支払いを行う。

　障害者総合支援方式では実施主体は市町村で、利用者は市町村に対して支給の申請を行い、市町村が障害支援区分を行い、支給の要否を決定する。利用者はあらかじめ指定を受けた事業者に対し、サービス利用を申込み、施設の選択を行う。利用者と事業者が契約を結び事業

者は契約にもとづいてサービスの提供を行い、利用者は利用者負担段階区分に応じた所得により利用者負担を行う。事業者は市町村に対し、自己負担分を除く部分について請求を行い、市町村は事業者に支払う。

保育所方式では子ども・子育て新制度により実施され、実施主体は市町村である。保育が必要な保護者は市町村に「保育の必要性」の認定の申請を行う。保育認定には3つの認定区分があり、保育所利用の場合には2号認定（子が3歳以上）、3号認定（子が3歳未満）となる。保育認定を受けたのちに市町村より認定証が交付され、保護者は市町村へ利用の申し込みを行い、市町村は保護者の希望や保育所の状況などにより市町村が利用調整やあっせんを行う。利用先の決定後、市町村と契約を行う。

このほかにも供給の仕組みが用意されている。たとえば、軽費老人ホームでは利用者は希望する軽費老人ホームの事業者と直接交渉し、契約を結んだうえで、サービス提供を行う。事業者は利用者から直接サービス料金を収受しつつ、市町村に対して事業にかかった費用の補助申請を行い、市町村が事業費を補助する。

②行政との契約（利用申し込み）による方式

この方式の代表的なものとして母子生活支援施設があげられる。母子生活支援施設へ入所を希望する者は福祉事務所に相談する。福祉事務所には母子・母子家庭の相談窓口があり、相談内容を踏まえ、適切なサービスや施設について説明する。そのうえで希望する者が福祉事務所に利用の申し込む。福祉事務所は、希望した母子生活支援施設にサービス提供を委託し、受託した母子生活支援施設はサービスの実施を行う。利用者は所得に応じた利用者負担を行い、福祉事務所はサービスの実施に要した費用を母子生活支援施設に支給する。

6．高齢者分野における福祉供給過程の概要

少子高齢化が進むなかで、高齢者に対する福祉供給体制を整えることが課題となっている。

高齢者関係はこれまで老人福祉法による措置制度における運営および、老人保健法における制度のもとでの運営が主であったが、利用手続きや利用者負担の面での不均衡などの課題があったため、2000（平

成12)年度、介護保険制度がスタートした。これにより、**措置制度での課題**が改善され、利用者がサービスを自由に選べるようになった。

> **措置制度での課題**
> 措置制度は行政が入所やサービスの決定を行う行政処分であるため、たとえば、自分が希望する施設と契約を直接行うことができなかった。

(1) 介護保険制度の概要
①保険者(運営主体)
国民に1番身近な行政単位である市町村および特別区が保険者となる。そのうえで、国や都道府県、医療保険者、年金保険者が市町村および特別区が重層的に支え合う。

②被保険者
第1号被保険者　65歳以上
第2号被保険者　40〜65歳未満の医療保険加入者

③給付の手続きと内容
(a) 要支援・要介護認定
介護保険サービスを利用したい者が要支援・要介護状態にあるのかどうか、どの程度の要介護状態かを調べるため、要介護認定が行われる。

介護認定審査会は保健・医療・福祉の学識経験者により構成され、コンピューターによる1次判定と主治医(かかりつけ医)の意見書などにもとづき、審査判定を行う。

1次判定では、市町村の認定調査員による心身の状況調査(認定調査)および主治医意見書にもとづくコンピュータ判定を行い、1次判定の結果と、主治医の意見書などにもとづき、介護認定審査会による2次判定を行う。

(b) 介護サービス計画
この要介護認定を経て利用者がサービスを選択し、決定することとなるが、そのためには介護サービス計画(ケアプラン)を作成しなければならない。

ケアプランの作成は利用者自らが作成することも可能であるが、多くは介護支援専門員(ケアマネジャー)に作成を依頼し、本人の心身の状態や希望などを勘案して作成してもらう。

在宅の利用者に対しては居宅介護事業者を通じ、派遣された介護支援専門員に依頼する。これに対し、施設入所の場合、施設内の介護支

第6章 福祉政策の構成要素

援専門員によって作成される。介護予防サービスの場合、地域包括支援センターにより、介護予防サービス計画が作成される。

図表25-1 介護サービスの利用の手続き

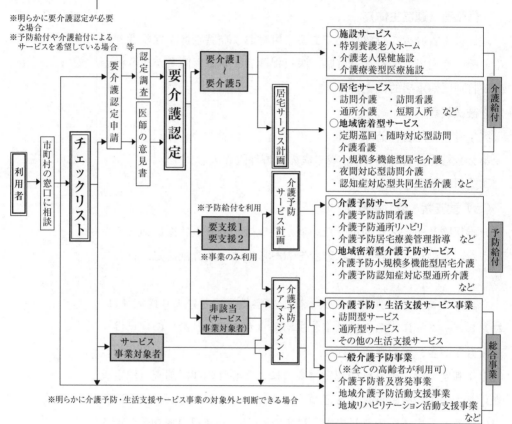

出所：厚生労働省ホームページ『公的介護保険制度の現状と今後の役割』平成27年度

（c）介護サービスの種類

介護保険制度より給付されるサービスの種類は以下となっている。

要介護認定において「要介護1～5」に該当している要介護者に対しては、居宅、あるいは施設にわたる多様なサービス費を給付していることがわかる。「要支援1～2」に該当している要支援者に対しては、要介護状態に陥らないための介護予防サービス費を給付している。

地域密着型サービスは2005（平成17）年の法改正で位置づけられたサービスで、住み慣れた地域での生活を支えるため、市町村で指定などを行う小規模多機能型居宅介護などがある。その後、2011（平成

23）の改正では、単身・重度の要介護者に対応できるよう、定期巡回・随時対応型サービスや複合型サービスが創設された。さらに、2014（平成26）年の改正では全国一律の予防給付（訪問介護・通所介護）を市町村が取り組む地域支援事業に移行された。

（d）費用について

費用については要介護度に応じ、介護保険の給付の上限が定められている（区分支給限度基準額）。この限度内では利用者は**1割負担**であるが、限度基準額を超えると全額が自己負担となる。

施設利用については、2005（平成17）年10月より、在宅の利用者と施設での利用者との公平性などの観点から、施設入所者の居住費・食費（ホテルコスト）は原則として全額自己負担とされた。

> **1割負担**
> 2015（平成27）年8月より、一定以上の所得のある利用者の自己負担が2割へ引上げされた。

7．障害者分野における福祉供給過程の概要

障害者分野は、第2次世界大戦後にできた身体障害者福祉法や知的障害者福祉法、精神障害者保健福祉法により、それぞれ福祉サービスの供給が行われてきた。

しかし、社会福祉基礎構造改革の流れを受け、措置から契約制度への転換が求められ、2003（平成15）年4月、身体障害者や知的障害者について支援費制度に改正された。2006（平成18）年より障害者自立支援法、さらに2013（平成25）年4月より、障害者総合支援法に移行した。なお、障害者自立支援法以後、精神障害者も総合的に包括された。

（1）障害者自立支援制度の概要

①これまで実施主体が都道府県や市町村であったものを基本的には市町村にし、供給過程の一元化を図った。国と都道府県は市町村を支援するという仕組みである。

②身体障害、知的障害、精神障害という枠を超え、福祉供給を実現させた。供給にあたってはサービスの体系を再編し、介護給付、訓練等給付、地域生活支援事業という区分に再編した。

また、施設利用者に対しての福祉供給は日中の活動と居宅支援事業に分け、施設にいても利用者に応じた日中活動の内容の選択が可能となった。

③費用負担については、これまでの所得に応じ、負担額を決める応能負担から、サービスを利用する全員で制度を支え合うということに変わり、応益負担へと変更した。

具体的には、費用の1割を負担することを原則とし、低所得者への配慮なども行ってきた。しかし、応益負担に変更したことにより、サービスを利用したくても利用者側の利用料の負担が増すなどの課題が出てきた。本来、この制度は障害者が地域で普通に暮らせる社会の構築をめざすものであるが、利用者の負担増を招く事態となった。このため、2010（平成22）年12月に法律が改正され、利用者負担について応能負担を原則にするとともに、障害児支援の強化や相談支援の充実などが図られてきた。

図表25－2　介護サービスの種類

	都道府県・政令市・中核市 が指定・監督を行うサービス		市町村が指定・監督を行うサービス
介護給付を行うサービス	◎居宅介護サービス 【訪問サービス】 ○訪問介護（ホームヘルプサービス） ○訪問入浴介護 ○訪問看護 ○訪問リハビリテーション ○居宅療養管理指導 ○特定施設入居者生活介護 ○福祉用具貸与 ◎居宅介護支援	【通所サービス】 ○通所介護（デイサービス） ○通所リハビリテーション 【短期入所サービス】 ○短期入所生活介護（ショートステイ） ○短期入所療養介護 ◎施設サービス ○介護老人福祉施設 ○介護老人保健施設 ○介護療養型医療施設	◎地域密着型サービス ○定期巡回・随時対応型訪問介護看護 ○夜間対応型訪問介護 ○認知症対応型通所介護 ○小規模多機能型居宅介護 ○認知症対応型共同生活介護（グループホーム） ○地域密着型特定施設入居者生活介護 ○地域密着型介護老人福祉施設入所者生活介護 ○複合型サービス（看護小規模多機能型居宅介護）
予防給付を行うサービス	◎介護予防サービス 【訪問サービス】 ○介護予防訪問介護（ホームヘルプサービス） ○介護予防訪問入浴介護 ○介護予防訪問看護 ○介護予防訪問リハビリテーション ○介護予防居宅療養管理指導 ○介護予防特定施設入居者生活介護 ○介護予防福祉用具貸与	【通所サービス】 ○介護予防通所介護（デイサービス） ○介護予防通所リハビリテーション 【短期入所サービス】 ○介護予防短期入所生活介護（ショートステイ） ○介護予防短期入所療養介護	◎地域密着型介護予防サービス ○介護予防認知症対応型通所介護 ○介護予防小規模多機能型居宅介護 ○介護予防認知症対応型共同生活介護（グループホーム） ◎介護予防支援

このほか、居宅介護（介護予防）福祉用具購入費の支給、居宅介護（介護予防）住宅改修費の支給、市町村が行う介護予防・日常生活支援総合事業がある。

出所：厚生労働省ホームページ『公的介護保険制度の現状と介護の役割』平成27年度、p.19

2012（平成24）年6月には「地域社会における共生の実現に向けて新たな障害保健福祉施策を講ずるための関係法律の整備に関する法律について」が可決され、2013（平成25）年4月から障害者総合支援法とされた。

また、2016（平成28）年5月には、「障害者の日常生活及び社会生活を総合的に支援するための法律及び児童福祉法の一部を改正する法律」が成立した。

図表25－3　障害者の日常生活及び社会生活を総合的に支援するための法律及び児童福祉法の一部を改正する法律（概要）

趣　旨	（平成28年5月25日成立・同年6月3日公布）
障害者が自らの望む地域生活を営むことができるよう、「生活」と「就労」に対する支援の一層の充実や高齢障害者による介護保険サービスの円滑な利用を促進するための見直しを行うとともに、障害児支援のニーズの多様化にきめ細かく対応するための支援の拡充を図るほか、サービスの質の確保・向上を図るための環境整備等を行う。	

概　要
1．障害者の望む地域生活の支援
（1）施設入所支援や共同生活援助を利用していた者等を対象として、定期的な巡回訪問や随時の対応により、円滑な地域生活に向けた相談・助言等を行うサービスを新設する（自立生活援助）
（2）就業に伴う生活面の課題に対応できるよう、事業所・家族との連絡調整等の支援を行うサービスを新設する（就労定着支援）
（3）重度訪問介護について、医療機関への入院時も一定の支援を可能とする
（4）65歳に至るまで相当の長期間にわたり障害福祉サービスを利用してきた低所得の高齢障害者が引き続き障害福祉サービスに相当する介護保険サービスを利用する場合に、障害者の所得の状況や障害の程度等の事情を勘案し、当該介護保険サービスの利用者負担を障害福祉制度により軽減（償還）できる仕組みを設ける
2．障害児支援のニーズの多様化へのきめ細かな対応
（1）重度の障害等により外出が著しく困難な障害児に対し、居宅を訪問して発達支援を提供するサービスを新設する
（2）保育所等の障害児に発達支援を提供する保育所等訪問支援について、乳児院・児童養護施設の障害児に対象を拡大する
（3）医療的ケアを要する障害児が適切な支援を受けられるよう、自治体において保健・医療・福祉等の連携促進に努めるものとする
（4）障害児のサービスに係る提供体制の計画的な構築を推進するため、自治体において仕組みを設ける障害児福祉計画を策定するものとする
3．サービスの質の確保・向上に向けた環境整備
（1）補装具費について、成長に伴い短期間で取り替える必要のある障害児の場合等に貸与の活用も可能とする
（2）都道府県がサービス事業所の事業内容等の情報を公表する制度を設けるとともに、自治体の事務の効率化を図るため、所要の規定を整備する

施行期日
平成30年4月1日（2．（3）については公布の日（平成28年6月3日））

出所：厚生労働省『平成29年版　厚生労働白書』2017年、p.419

（2）障害者総合支援法の概要

障害者総合支援法では障害者の範囲に難病者を加え、障害の程度を測る「障害程度区分」から心身の状態に応じて必要とされる支援の度合いを測る「障害支援区分」へと変更されている。

また、地域生活支援事業に障害者に対する理解を深めるための研修や啓発事業、意思疎通を行う者の派遣にかかる市町村相互間の連絡調整事業などが追加される。

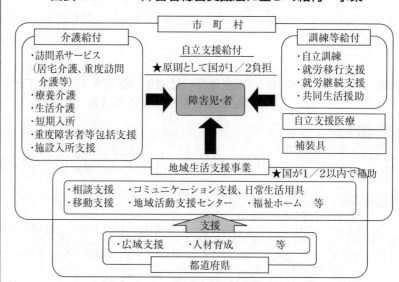

図表25-4 障害者総合支援法に基づく給付・事業

出所：厚生労働省ホームページ「地域社会における共生の実現に向けて新たな障害保健福祉施策を講ずるための関係法律の整備に関する法律について」

さらに深く学ぶために

1) 厚生統計協会編『国民の福祉の動向 2017/2018』厚生統計協会、2017年
2) 厚生労働省編『平成29年度版　厚生労働白書』ぎょうせい、2017年

社会福祉実践との関連を考えるために

1) 自分の住んでいる地域にある介護サービス事業者を探し、経営主体に違いがあるか、あるとすればどのような主体が事業所となっているか、調べて下さい。
2) 現在、「格差」という言葉が話題となっているが、所得格差における問題点と所得の再分配機能の関係性について考えてみよう。
3) 自分の住んでいる自治体の第1号被保険者の介護保険料が成立当時から現在までどのように変化しているか、また、介護保険サービスを利用している者の数がどのように変化しているか、広報などを活用して調べて下さい。

参考文献

1）岡村重夫編『社会福祉原論』全国社会福祉協議会、1983 年
2）丸尾直美『日本型福祉社会』日本放送協会出版、1984 年
3）京極高宣『現代福祉学の構図』中央法規出版、1990 年
4）武智秀之『行政過程の制度分析』中央大学出版部、1996 年

第26回：福祉利用過程

学びへの誘い

　福祉サービスの利用は、その時代における社会福祉制度の仕組みにもとづく一連の手続きを必要とする。戦後の日本では、50年あまりにわたって福祉サービスの提供・利用は措置制度における行政処分として実施されてきたが、1990年代後半から大きな方向転換が行われた。まさに社会福祉のあり方を規定する基礎構造が新たな姿へと生まれ変わったのである。

　その象徴が2000（平成12）年の社会福祉法である。そこでのポイントは、福祉サービスが普遍主義的性格を帯びるものとして位置づけられ、一定の基準を踏まえつつ利用者の意向をもとに選択され、利用されるようになった点にある（自己選択・自己決定）。同時に、この変更は新たに利用者支援システムを必要とすることになった。そこで、以下では福祉サービス利用方式が変更された背景、福祉サービス利用方式の種類、福祉サービスの利用支援の仕組みについてみていく。

1．社会福祉基礎構造改革による福祉サービス利用方式の変更

　1951（昭和26）年の社会福祉事業法（現社会福祉法）の制定以来、わが国の福祉サービスは基本的に措置制度によって提供されてきた。これは福祉サービスの利用可否、あるいは必要度を**行政処分**として決定する仕組みで、「福祉の措置」と呼ばれるものである。利用者からみれば、福祉サービスの利用のためは市町村等の行政窓口へ申し出ることを原則としつつ（申請主義）、行政の定めた所定の審査などを得て行政の権限による決定を受けなければならない。このような全国統一の基準による制度運用は当時の社会福祉制度の成熟度からすれば妥当であったものと考えられ、福祉サービスの提供や利用において措置制度が果たした役割は一定の評価がされる必要がある。

　しかし、経済成長による生活水準の向上を背景として、国民の福祉ニーズが高度化、多様化することに加え、家族関係や地域社会の状況が変化してきた段階においては、一部の対象者に限定して福祉サー

> **行政処分**
> 行政庁が法律等にもとづいて行う行為。

ビスを提供する選別主義的仕組みでは社会経済の変化に適切に対応できないことが指摘されるようになってきた。むしろ現代における福祉サービスの位置づけは、全国民を対象とした普遍主義的サービスとされる必要性が高まってきたのである。

このような変化を踏まえるとき、従来の措置制度には以下の問題点が指摘された。

①行政（市町村）がサービスの種類、提供機関を決めるため、利用者がサービスの選択を（十分に）することができない。②所得調査が必要なため、利用に当たって心理的抵抗感が伴う。③市町村が直接、あるいは委託により提供するサービスが基本であるため、競争原理が働かず、サービス内容が画一的となりがちである。④本人と扶養義務者の収入に応じた利用者負担（応能負担）となるため、中高所得層にとって重い負担となる。

このような問題点を解決し、新たな時代の福祉ニーズに対応するため、1990年代終わりに進められたのが「社会福祉基礎構造改革」である。1998（平成10）年に中央社会福祉審議会社会福祉構造改革部会より提出された報告書「社会福祉基礎構造改革について（中間まとめ）」においては、社会経済や国民のニーズは変化してきているにも関わらず、社会福祉の基礎構造である「社会福祉事業」「社会福祉法人」「福祉事務所」などについては戦後50年の間、基本的な枠組みが変更されていないことを問題視し、その抜本的改革を行うことの必要性がとなえられた。そして、改革の基本的方向として、①福祉サービス利用者と提供者間における対等な関係の確立、②利用者本位の考えにもとづく地域での総合的な支援、③多様なサービス提供主体の参入促進、④市場原理の活用による福祉サービスの質と効率性の向上、⑤情報開示による事業運営の透明性の確保、⑥公平、かつ公正な負担、⑦地域に根ざした個性ある福祉文化の創造を提示した。

以上のような戦後の社会福祉の基礎構造に関する改革が検討されているなかで、1997（平成9）年に児童福祉法が改正され、保育所の利用方法が措置制度から契約制度へ変更された。これにより、保護者が行政（市町村）と契約を締結し、保育サービスを利用する仕組みへと改められた。高齢者分野においても介護保険法（1997年成立、2000年施行）

の成立に伴い、従来の措置制度による福祉サービスの利用が契約制度へと変更された。利用者が自らの希望を踏まえ、複数の福祉サービス事業者・福祉施設のなかから選択し、福祉サービスを利用する方式が導入されたのである。

このような**社会福祉基礎構造改革**の結果、2000（平成12）年に社会福祉法が成立し、福祉サービスを取り巻く基本的理念や考え方は大きく変更されることになった。その具体例は同法の第1条（目的）、第3条（福祉サービスの基本理念）、第4条（地域福祉の推進）、第5条（福祉サービスの提供の原則）などに示されているとおりである。

社会福祉の基礎構造改革
①社会福祉事業、②社会福祉法人、③措置（委託）制度等がある。

2．今日における福祉サービスの利用方式

（1）措置方式

利用者等からの相談や申請により行政庁（措置権者）が福祉サービス利用の可否、ならびに必要度を決定される。多くの場合、実際の福祉サービス提供や支援は社会福祉法人等の福祉サービス事業者・各種福祉施設へ委託される（措置委託）。利用者負担は応能負担である。代表的な例として乳児院や児童養護施設等の児童福祉施設があげられる。

図表26－1　措置方式

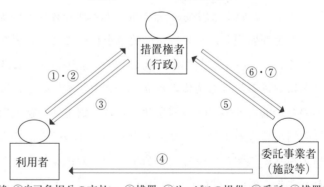

①相談、②自己負担分の支払い、③措置、④サービスの提供、⑤受託、⑥措置委託、⑦措置委託費

出所：仲村優一・一番ヶ瀬康子・右田紀久恵監修、岡本民夫・田端光美・濱野一郎・古川孝順・宮田和明編『エンサイクロペディア社会福祉学』中央法規出版、2007、p.774を一部改変

（2）保育所方式

保護者が利用する保育所を選択して市町村などへ申し込みを行い、

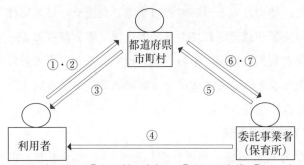

図表26-2　保育所方式

①選択と利用の申し込み、②利用料の支払い、③利用の応諾、④サービスの提供、⑤受託、⑥委託、⑦実施委託費

出所：仲村優一・一番ヶ瀬康子・右田紀久恵監修、岡本民夫・田端光美・濱野一郎・古川孝順・宮田和明編『エンサイクロペディア社会福祉学』中央法規出版、2007、p.774を一部改変

市町村は申込内容が利用要件を満たしていれば応諾する。これは保護者と行政の契約関係を前提としており、実際の保育サービスは公立保育所あるいは社会福祉法人などが運営する認可保育所から提供される。利用者負担は応能負担である。この方式は1997（平成9）年の児童福祉法改正により導入されたが、2001（平成13）年の児童福祉法の改正に伴い、母子生活支援施設等の利用でも採用されている。

（3）介護保険方式

利用者等が被保険者であることを前提とし、要支援・要介護者（＝

図表26-3　介護保険方式

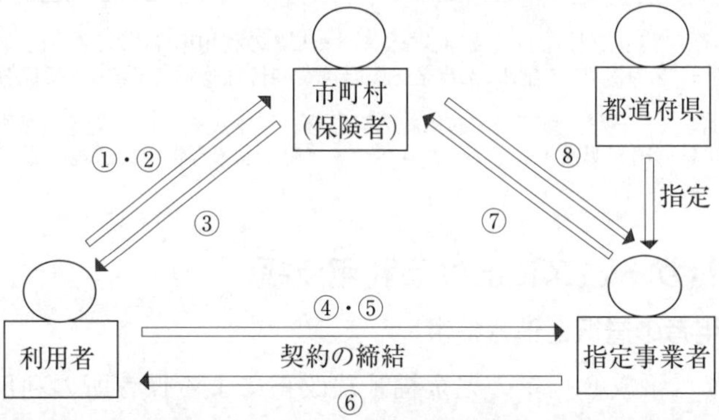

①保険料負担、②要介護認定の申請、③要介護認定結果の通知、④サービス利用の申し込み、⑤自己負担分の支払い、⑥サービスの提供、⑦介護報酬の請求、⑧介護給付の代理受領

出所：仲村優一・一番ヶ瀬康子・右田紀久恵監修、岡本民夫・田端光美・濱野一郎・古川孝順・宮田和明編『エンサイクロペディア社会福祉学』中央法規出版、2007、p.774を一部改変

受給権者）として認定された場合、自ら介護サービス事業者・施設などを選択し、契約にもとづいて利用する。介護サービスには1ヶ月ごとの利用限度額が設定されており、要支援・要介護度によって決定される。利用者負担は原則1割の応益負担であるが、所得要件によっては2割負担となる。この方式は介護保険制度における居宅サービスや施設サービスに適用される。

（4）自立支援給付方式

介護保険方式と同様、利用者が福祉サービス事業者・福祉施設と直接契約を結んで福祉サービスを利用する。サービスの必要度は市町村における障害支援区分の認定によって決定される。利用者負担は応能負担を原則とする。この方式は障害者総合支援法における障害福祉サービスで採用されている。

図表26−4　自立支援給付方式

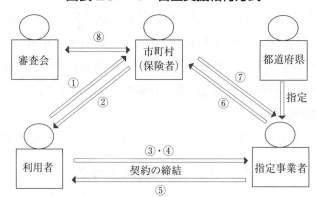

①支給申請、②自立支援給付の支給決定、③サービスの利用申し込み、④自己負担分の支払い、⑤サービスの提供、⑥請求、⑦自立支援給付費の代理受領、⑧障害支援区分の認定

出所：仲村優一・一番ヶ瀬康子・右田紀久恵監修、岡本民夫・田端光美・濱野一郎・古川孝順・宮田和明編『エンサイクロペディア社会福祉学』中央法規出版、2007、p.774を一部改変

3．福祉サービスにおける利用支援

（1）利用者の選択と情報提供

1997年（平成9）年の児童福祉法改正による保育所の利用における契約制度の導入以降、今日における福祉サービスの利用は契約制度を基本としている。そこでは「利用者の選択」が前提とされており、「利用者本位」の理念は今日における福祉サービス利用の基礎といえる。このような仕組みを円滑に運用するためには福祉サービスの量的、質

的な充実・確保が不可欠となるが、そのためには充たさなければならない条件が存在する。言い換えれば、「利用者の選択」を可能とするための条件が整備されている必要があり、そこで重要になってくるのが適切、かつ十分な情報提供である。利用者が自ら福祉サービスを選択し、福祉サービス事業者・福祉施設と対等な関係で契約を締結し、福祉サービスを利用するためには、その判断材料となる情報提供が適切にされることが欠かせない。

社会福祉法第75条（情報の提供）では、社会福祉事業の経営者は、福祉サービスを利用しようとする者が、適切かつ円滑にこれを利用することができるように、その経営する社会福祉事業に関し、情報の提供を行うよう努めなければならないことが規定されている。また、国及び地方公共団体は、福祉サービスを利用しようとする者が必要な情報を容易に得られるように、必要な措置を講ずるよう努めなければならないとされている。さらに、同法第76条（利用契約の申込み時の説明）で社会福祉事業の経営者は、その提供する福祉サービスの利用を希望する者からの申込みがあつた場合には、その者に対し、当該福祉サービスを利用するための契約の内容及びその履行に関する事項について説明するよう努めなければならない。

福祉サービスの内容や利用手続きなどは、法制度の改正等により目まぐるしく変化することに加え、利用者（あるいは家族）からすれば難解なものも少なくない。また、福祉サービスに関する適切かつ膨大な情報を保有しているのは福祉サービス事業者や福祉施設であり、利用者、あるいは家族との比較において量・質の両面において大きな格差が存在する。これは**「情報の非対称性」**と呼ばれ、福祉サービスを利用する側と提供する側の間での対等な関係にもとづく契約を実現するためには是正される必要がある。このため、福祉サービスに関する情報提供はきわめて重要といえる。

（2）権利擁護

契約制度にもとづく福祉サービスの利用は利用者の自己選択・自己決定を前提としているが、福祉サービス利用を必要としている者のなかには認知機能等の理由から十分かつ適切にそれを実行することが困難な者もいる。このため、福祉サービス事業者・福祉施設と

情報の非対称性
人々が保有する情報の分布に偏りがあり、関係者間において情報格差が生じている状況を示すもの。

対等な関係で契約を結ぶことができず、不利益を被る可能性があるため、福祉サービスの利用を必要としている者の権利擁護の仕組みが要請される。その具体的な仕組みが日常生活自立支援事業や成年後見制度である。

日常生活自立支援事業とは、社会福祉法で「福祉サービス利用援助事業」とされているものであり、認知症高齢者や知的障害者、精神障害者などのうち、判断能力が不十分な者が地域において自立した生活が送れるよう、利用者との契約にもとづき、福祉サービスの利用援助等を行うものである。実施主体は、都道府県・指定都市社会福祉協議会であるが、利用相談や申し込み手続き等は市町村社会福祉協議会などで行うことができる。

対象者は、判断能力が不十分な者で、具体的には認知症高齢者、知的障害者、精神障害者等で、日常生活を営むのに必要なサービスを利用するための情報の入手、理解、判断、意思表示を本人のみでは適切に行うことが困難な者等である。支援の内容は、①福祉サービスの利用援助（福祉サービスの利用・解約手続き、福祉サービスの利用料支払い手続き、福祉サービスについての苦情解決制度の利用手続き）、②日常的金銭管理（年金などの受領手続き、税金・社会保険料・医療費・公共料金などの支払い手続き、日常的な生活費の払戻しや預け入れ手続き）、③書類などの預かり（本人名義の預貯金通帳・年金証書・権利証・契約書類・保険証書・印鑑）となっている。利用料は実施主体が定める額を負担することになっているが、訪問1回（1時間）あたり利用料は平均1,200円で、契約締結前の初期相談等に係る経費や生活保護受給世帯は無料である。

成年後見制度は、民法にもとづき認知症・知的障害・精神障害により判断能力の不十分な者を保護し、支援することを目的にしている。具体的には法定後見制度と任意後見制度の2つに分けられる。このうち、法定後見制度は家庭裁判所によって選ばれた成年後見人など（成年後見人・保佐人・補助人）が、本人の利益を考えながら本人を代理して契約などの法律行為をしたり、本人が自分で法律行為をするときに同意を与えたり（同意権）、本人が同意を得ないで行った不利益な法律行為を後から取り消したりする（取消権）ことにより本人を保護・

支援する。法定後見制度は「後見」「保佐」「補助」の3つに分かれており、判断能力の程度など本人の事情に応じ、制度を選べるようになっている。

任意後見制度は、本人が十分な判断能力があるうちに、将来、判断能力が不十分な状態になった場合に備え、あらかじめ自らが選んだ代理人（任意後見人）に自分の生活、療養看護（身上監護）や財産管理に関する事務について代理権を与える契約（任意後見契約）を公証人の作成する公正証書で結ぶ。本人の判断能力が低下したのちに、任意後見が任意後見契約で決めた事務について家庭裁判所が選任する「任意後見監督人」の監督のもと、本人を代理として契約などをすることで本人の意思にしたがった適切な保護・支援をすることが可能になる。

以上のように認知症、知的障害、精神障害等が理由で財産管理や日常生活等に支障がある者を支援するため、成年後見制度があるが、その利用は十分とはいえない状況にある。このため、2016（平成28）年に「成年後見制度の利用の促進に関する法律（成年後見制度利用促進法）」が公布・施行された。同法ではその基本理念を定め、国の責務等を明らかにし、基本方針、その他の基本となる事項を定めるとともに、成年後見制度利用促進会議および成年後見制度利用促進委員会を設置することなどにより、成年後見制度の利用の促進に関する施策を総合的、かつ計画的に推進するとされている。

（3）苦情解決

今日における福祉サービスの基本理念は、社会福祉法第3条において「福祉サービスは、個人の尊厳の保持を旨とし、その内容は、福祉サービスの利用者が心身ともに健やかに育成され、又はその有する能力に応じ自立した日常生活を営むことができるように支援するものとして、良質かつ適切なものでなければならない。」とある。このように福祉サービスは「良質」かつ「適切」なものであることが求められている。しかしながら、利用者（あるいは家族）から福祉サービス利用に係る不満が生じる場合もある。このため、苦情解決に関する仕組みが設けられている。

同法第82条では「社会福祉事業の経営者は、常に、その提供する福祉サービスについて、利用者等からの苦情の適切な解決に努めなけ

ればならない。」と規定されている。このため、福祉サービス事業者や福祉施設などは苦情対応の窓口・担当者を決め、苦情解決のための迅速かつ適切な手続きや対応をすることが求められている。

また、同法第83条は都道府県の区域内において、福祉サービス利用援助事業の適正な運営を確保するとともに、福祉サービスに関する利用者などからの苦情を適切に解決するため、都道府県社会福祉協議会に人格が高潔であって、社会福祉に関する識見を有し、かつ社会福祉、法律、または医療に関し学識経験を有する者で構成される運営適正化委員会を置くことを定めている。

(4) 福祉サービスの質の向上と評価

社会福祉法第3条（福祉サービスの基本的理念）では、福祉サービスが良質、かつ適切なものでなければならないことを規定しているが、この考え方は福祉サービス事業者・福祉施設などにも経営努力の中で求められている。たとえば、同法第24条（経営の原則）では、社会福祉法人は社会福祉事業の主たる担い手としてふさわしい事業を確実、効果的かつ適正に行うため、自主的にその経営基盤の強化を図るとともに、その提供する福祉サービスの質の向上および事業経営の透明性の確保を図らなければならない、とされている。

また、同法第78条では福祉サービスの質の向上のための措置などとして、社会福祉事業の経営者は自らその提供する福祉サービスの質の評価を行うこと、その他の措置を講ずることにより、常に福祉サービスを受ける者の立場に立ち、良質、かつ適切な福祉サービスを提供するよう努めなければならないことが明記されている。さらに、国は社会福祉事業の経営者が行う福祉サービスの質の向上のための措置を援助するため、福祉サービスの質の公正、かつ適切な評価の実施に資するための措置を講ずるよう努めなければならないとされており、サービスの質の向上と確保は、福祉サービス事業者・福祉施設のみならず、行政の責任でもあることが示されている。

このように今日における福祉サービスは利用者の意向を踏まえ、提供されればよいわけではなく、その質の向上と確保がきわめて重要な命題である。国は福祉サービスの質の向上を支援するため、福祉サービス第三者評価事業の普及促進などについて指針を定めている。それ

が「福祉サービス第三者評価事業に関する指針」(2004) であり、これにもとづき、国・都道府県において第三者評価事業を推進することとされている。

しかし、次の4点が課題として指摘されている。①サービスの種別にかかわらず、共通的に取り組む項目（共通評価項目）にばらつきがみられる、②福祉サービス第三者評価事業の目的・趣旨が他制度との違いが明確でないなどの要因により広く認識されていない、③第三者評価機関や評価調査者により、評価結果のばらつきがみられる、④受審件数が少ない。

図表26－5　福祉サービス第三者評価事業の推進体制

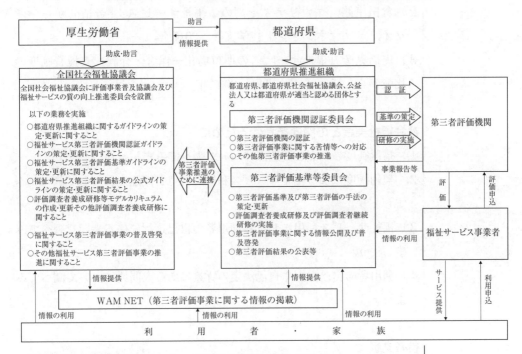

出所：全国社会福祉協議会ホームページ「第三者評価事業」2017年
　　　http://shakyo-hyouka.net/evaluation/

このため、福祉サービス第三者評価事業の本来の目的である①個々の事業者が事業運営における問題点を把握し、サービスの質の向上に結びつけること、②福祉サービス第三者評価を受けた結果が公表されることにより、結果として利用者の適切なサービス選択に資する情報となることをめざし、2014（平成26）年4月に2004年の「指針」が全面的に改正された。その内容は「共通評価基準ガイドライン及び判

断基準ガイドラインの見直し」と「公表ガイドラインの見直し」である。
　以上のように、福祉サービスの評価は福祉サービス事業者・福祉施設による自己評価のみならず、第三者による客観的かつ公平・公正な観点からの評価が継続的に行われることで、福祉サービスが利用者の最善の利益を実現することに資するものとなっていくことが求められている。

さらに深く学ぶために
1）秋元美世『社会福祉の利用者と人権―利用者像の多様化と権利保障』有斐閣、2010年
2）倉田康路『クオリティを高める福祉サービス：「苦情」から学ぶクオリティマネジメント』学文社、2017年
3）佐橋克彦『福祉サービスの準市場化―保育・介護・支援費制度の比較から』ミネルヴァ書房、2007年

社会福祉実践との関連を考えるために
1）措置制度の利点と問題点について調べてみましょう。
2）契約制度による福祉サービス利用の利点と問題点について調べてみましょう。
3）福祉サービス利用における利用者の自己選択に係る課題を調べてみましょう。
4）利用者の自己選択や自己決定の背景にある人間観について調べてみましょう。

参考文献
1）中央社会福祉審議会社会福祉構造改革分科会「社会福祉基礎構造改革について（中間まとめ）」1998年
2）法務省「成年後見制度」
　　http://www.moj.go.jp/MINJI/minji17.html#a15
3）厚生労働省「日常生活自立支援事業」
　　http://www.mhlw.go.jp/stf/seisakunitsuite/bunya/hukushi_kaigo/seikatsuhogo/chiiki-fukusi-yougo/

4）厚生労働統計協会編『国民の福祉と介護の動向 2017/2018』2017年
5）仲村優一・右田紀久恵・一番ヶ瀬康子 監修『エンサイクロペディア社会福祉学』中央法規出版、2007 年
6）社会福祉法人北海道社会福祉協議会ホームページ「北海道地域福祉生活支援センター」2017 年
　　http://www.dosyakyo.or.jp/chiiki_seikatsushien/support.html
7）社会福祉の動向編集委員会編『社会福祉の動向 2017』中央法規出版、2017 年
8）全国社会福祉協議会ホームページ「第三者評価事業」2017 年
　　http://shakyo-hyouka.net/evaluation/

第 7 章
福祉政策と関連政策

この章で学ぶこと

　本章では社会福祉政策と教育政策、住宅政策、労働政策の関係について学ぶ。

　これらの関係は、さかのぼれば第 2 次世界大戦中、イギリスで公表された「ベヴァリッジ報告」に逢着する。すなわち、国民の福祉を阻害するものとして「5 つの巨人」があげられ、戦後体制においてその克服がめざされた。「5 つの巨人」とは、①貧困、②疾病、③無知、④不衛生、⑤怠惰で、これらを克服するため、イギリスでは公的扶助、医療制度、義務教育制の導入、公衆衛生の向上、完全雇用体制の達成が図られた。

　前述したように、イギリス福祉国家を端的に表したスローガンとして、「ゆりかごから墓場まで」がある。これは人の一生を広義の社会保障政策でカバーするということにほかならなかった。とりわけ、広義の社会保障制度には教育政策（義務教育）、住宅政策（公営住宅）、労働政策（完全雇用）が盛り込まれた。

　ひるがえって、現代における社会福祉政策とこれらの政策の関係はどうなっているのであろうか。

　まず教育制度との関係であるが、わが国では日本国憲法第 26 条で義務教育が定められており、税でまかなわれる公教育が障害の有無に関係なく保障されている。

　次に住宅サービスの提供であるが、母子世帯には公営住宅への入居に関し、特別の配慮をしなければならないとされているほか、低所得者に対しても公営住宅の優先的供給が行われている。

　最後に、社会福祉政策と労働政策の関係についてであるが、雇用保障がその前提となる。これは完全雇用体制の達成を意味しており、日本国憲法第 27 条 1 項に定める勤労権で国が雇用を保障することが明確にされている。また、失業者に対しては職業紹介や雇用保険制度、失業救済事業などが行われており、万一、失業に陥った場合でも生活保障および労働市場への復帰を可能にしている。

　また、労働者災害補償保険（労災保険）は政府が運営し、補償が行われている。現代においてはサービス残業の横行や過労死、疾病、自殺が増加しており、これらへの対策が求められるが、労災の認定そのもののハードルが高く、補償を得ることが難しい状況となっている点にも留意しなければならない。

第27回：福祉政策と教育政策

学びへの誘い

福祉と教育は異なる分野のようにみえるが、私たちの生活に必要不可欠なものである。近年、虐待、不登校、いじめなど児童を取り巻く課題は複雑化している。このような学校教育における諸問題を解決する方法として、また、**生涯学習**の一環として「福祉教育」という言葉があり、福祉と教育の連携の強化が求められる。本テーマ「福祉政策と教育政策」では、「福祉教育」を中心として、福祉と教育のつながりを考え、その意義を理解する。

生涯学習
人間が生涯にわたって行うあらゆる学習、すなわち、学校教育、社会教育、文化活動、スポーツ活動、レクリエーション活動、ボランティア活動、企業内教育、趣味など様々な場や機会において行う学習のこと。また、生涯学習を通して、学歴だけではなく、様々な「学習の成果」が適切に評価される社会を築いていくことで、これまで進められてきている教育改革の課題の一つである学歴社会の弊害を見直すことにつながると考えられている。

1．福祉と教育の関係

（1）福祉教育の概念

福祉と教育の連携の具体的な方策として、「福祉教育」の考えがある。その概念について、大橋謙策は、「憲法13条、25条等に規定された人権を前提にして成り立つ平和と民主主義社会を作りあげるために、歴史的にも、社会的に疎外されてきた社会福祉問題を素材として学習することであり、それらとの切り結びを通して社会福祉制度、活動への関心と理解をすすめ、自らの人間形成を図りつつ社会福祉サービスを受給している人々を、社会から、地域から疎外することなく、共に手をたずさえて豊かに生きていく力、社会福祉問題を解決する実践力を身につけることを目的に行われる意図的な活動」であると定義している。つまり、福祉教育の特色は、①人権思想をベースとし、②歴史的、社会的存在としての社会福祉問題を学習素材とする。また、③社会福祉問題との切り結びを通し、社会福祉制度や活動への関心と理解を深める。そして、④社会福祉問題を解決する実践力を身につけるため、実践に基づく体験学習を重視し、⑤自立と共生の福祉社会の主体形成を図ることである。

福祉教育とは単なる社会福祉の知識や技術の伝授ではない。体験型学習を含む実践的行動を通して、地域に存在するさまざまな福祉問題に気づき、解決する力を身につける教育といえる[1]。

（2）歴史的発展

①福祉教育の始まり

福祉教育の源流については諸説があるが、平岡国市による「**子供民生委員制度**」（1947（昭和22）年）であろうといわれている。1947（昭和22）年8月、「社会事業協同募金中央委員会（後の社会福祉法人中央共同募金会）が創設された。そして、共同募金に関する教材として、「国民たすけあいの共同募金―社会科教材参考資料」などの資料の刊行や、「社会福祉についての全国学童作文コンクール（1953（昭和28）年～1962（昭和37）年）」の開催も福祉教育の発展に大きな意味を持った[2]。

②高度経済成長期における変化

その後、1955（昭和30）年～1973（昭和48）年ごろの**高度経済成長**を背景とし、社会状況も変化してきた。めざましい経済発展を遂げた影響も受け、教育においては能力主義を中心に経済界主導の教育政策が展開された。その一方で、都市化や工業化により、公害問題、人口の過密化や過疎化の減少、核家族化、高齢化などの家族をめぐる問題は深刻となった。生活の場も従来の施設から地域での在宅生活へと変化していった。そうなると、これまでのように行政や専門職のみで福祉問題を解決するだけではなく、地域住民も地域に存在する福祉問題の解決に向けて行動していくことが必要になってきた。

このような背景があり、全国社会福祉協議会は1968（昭和43）年3月、「市町村社協当面の振興方策」を策定し、そのなかで当面の活動目標とその推進方策の一つとして、初めて、「福祉教育の推進」を明文化した。それを受け、1970年代以降、社会福祉協議会関係者を中心に福祉教育の必要性がより明確に認識されるようになった。県の単独事業として、福祉教育事業が開始された[3]。

③高度経済成長後の福祉教育

高度経済成長を遂げていた日本経済はその後、**ドルショック**（1971（昭和46）年）、第一次**オイルショック**（1973（昭和48）年）を引き金に衰退していった。従来の制度の枠組みでは対応し切れなくなり、「日本型社会福祉論」が唱えられ、社会福祉は抑制傾向となった。子どもや教育についても、いじめや不登校・校内暴力、学校教育の画一

子供民生委員制度
徳島県の活動が始まり。平岡国市は子供民生委員を始めた理由として、子どもが犠牲になった戦争を繰り返してはならず、そのためにはすべての人間が笑顔で暮らせる社会を作らなければならないとしている。留守番・子守り・防犯活動、地域の清掃・美化活動や衛生活動、地域の高齢者や社会事業施設への訪問活動、赤い羽根や歳末助け合いなどの募金活動、ボランティア活動などを行っていた。しかし、1960年代半ば以降、地域社会の共同性の崩壊、学校の地域性の喪失が進み、次第に衰退していった。

高度経済成長
戦後1955～1973年の間、経済成長率が年平均10％前後で成長を続けた。

ドルショック
1971（昭和46）年、アメリカ・ニクソン大統領により、金・ドル交換停止などが発表された。これは、世界経済に大きな影響をもたらした。

オイルショック
第一次オイルショック（1973（昭和48）年）と第二次オイルショック（1979（昭和54）年）がある。第一次オイルショックは第四次中東戦争、第二次オイルショックはイラン革命が契機であるが、これにより石油価格が高騰し、世界経済に大打撃をもたらした。

化などの問題が挙がってきた。そのようななかで、ボランティアへの関心は高まりをみせ、新しい社会福祉のあり方を模索し始めた。福祉教育も地域住民への広がりを求め、公民館を福祉教育推進施設として指定し、社会福祉協議会や学校、公民館との連携のもとに福祉教育の推進が図られていった[4]。

1977（昭和52）年に、厚生省（現・厚生労働省）と全国社会福祉協議会により、国庫事業として、「学童・生徒のボランティア活動普及事業（通称「社会福祉協力校事業」）が開始された。以後、社会福祉協力校は、増大し、都道府県や市町村による単独指定事業も加わり、学校を中心に福祉教育実践が全国的に拡大、定着されるようになった。

1980（昭和55）年には、全国社会福祉協議会・全国ボランティア活動振興センターでは福祉教育研究委員会を立ち上げ、1981（昭和56）年、「福祉教育の理念と実践の構造―福祉教育のあり方とその推進を考える」という報告書を提出した。また、1982（昭和57）年に「全国ボランティア学習主導者連絡協議会」、1983（昭和58）年に「福祉教育セミナー」を開催するなど福祉教育の実践や研究を重ねてきた[5]。

④近年の福祉教育の流れ

1987（昭和62）年の「社会福祉士及び介護福祉士法」の制定により、1989（平成元）年ごろから福祉コースや社会福祉科を設置する高校も出始め、社会福祉専門教育が活発化してきた。その後、1998（平成10）年から1999（平成11）年にかけて新しい学習指導要領が告示され、そこでの新しい試みとして「総合的な学習の時間」が設置された。総合的な学びのなかで「福祉・健康」が例示された。

1998（平成10）年の「社会福祉基礎構造改革について（中間まとめ）」では、改革の理念の1つに「福祉文化の創造」を掲げ、地域住民の福祉への関心を促進するため、教育からの働きかけの必要性を示した[6]。

2．福祉教育の実践

（1）学校における福祉教育

学校における福祉教育とは1つの科目、つまり、福祉科教育のことを指すのではなく、全教科・全領域にわたって取り組むことが重要である。実際に全教科にわたり、福祉教育に取り組んでいる学校の一例

を挙げるとすれば、物語文や伝記などから人間としての生き方や心のふれあいについて感じ、考える教育や自然に関心を持つことで、環境問題の大切さを学ぶ教育、社会の現状の関心を持ち、日本だけでなく、世界に視野を広げ、平和や福祉を考える教育などがある。また、ボランティアや地域住民、高齢者、障がい者との交流などの体験学習を通し、学校や地域で今問題となっていることを理解し、解決するため、行動する力を身につけることも重要である。

このような実践を行うため、教員も「福祉」＝「特定の人だけのこと」ではなく、すべての人が生きていくうえで考えていく必要がある課題である、という意識を持つことが必要であるといえる[7]。

(2) 地域における福祉教育

今日、可能な限り住み慣れた地域で生活していくため、近隣住民とのつながりや地域全体のネットワークの強化が求められている。そのなかで、福祉教育は学校教育だけではなく、地域のなかで社会福祉協議会やNPO法人、ボランティア団体なども含め、「住民主体」をめざして**ソーシャル・インクルージョン**の具現化に向け、取り組んでいく。福祉教育の対象をすべての地域住民とし、だれもが学ぶ権利を持つという視点が重要である。たとえば、手話サークルや子育てサロン、認知症カフェ、ワークショップなどの講座やサロン活動がある。また、東日本大震災以降、地域での防災や学校と地域が協働しての避難訓練などが取り組まれている[8]。

さらに、ゴミ屋敷問題やホームレス支援、外国人支援など制度のはざまにあり、支援の手が届かない人に住民が気づき、解決方法を考え、社会福祉協議会などと連携しながら実施する問題解決型の福祉教育の役割も重要である。

3．課題と展望

福祉と教育の関係は、長く、距離を置きながら進んできた。現在も福祉教育という視点では、ともに歩みより、連携しながら取り組んでいるようにもみえるが、学校教育という現場のなかで福祉分野との連携は非常に難しいようである。競争や能力主義の方針はますます強く

ソーシャル・インクルージョン
日本語で「社会的包摂」ともいう。全ての人々を孤独や孤立、排除や摩擦（まさつ）から援護し、健康で文化的な生活の実現につなげるよう、社会の構成員として包み支え合うことを理念としている。

脱ゆとり教育
1980年代から、従来のつめこみ教育ではなく、子どもの考える力を伸ばす「ゆとり教育」に重点が置かれてきた。しかし、「ゆとり教育」が学力低下をもたらしたとし、2011（平成23）年度から「ゆとり教育からの脱却」を目指した学習指導要領となっている。

なった。社会のなかで新しい生きる力を育てていく「**脱ゆとり教育**」をめざすとするが、現状とかけ離れた矛盾も抱えている。

教育現場のなかにおいては、いじめや虐待問題、発達障害のある子どもなど多様なニーズを抱えているため、何らかの福祉的なサポートも必要である。また、これからの社会で生きていくにあたり、多様性を認め合い、排除しない社会を築いていくことが重要である。

福祉と教育は切り離せるものではなく、人間が生涯を通し、学び、課題に気づき、行動していく力を養うため、連携・協働していくことが必要不可欠である。新崎国広は、『福祉教育を学校教育の一部として矮小化することなく、学校と地域が協同し、子どもたちや市民（住民）を巻き込み、「平和・民主主義・人権・自立・共生・自治」の6つの価値を、基本的価値・理念とする「市民福祉教育」をいかに構築していくことができるかが重要な課題』であると指摘している。私たちは一人ひとりを視る視点を持ち、教育と福祉の連携を強化していく必要がある。

注

1）村上尚三郎・阪野貢・原田正樹編『福祉教育論―「共に生きる力」を育む教育実践の創造―』北大路出版、1998年、pp.14 – 16
2）精神保健福祉士・社会福祉士養成基礎セミナー編集委員会編『地域福祉論―地域福祉の理論と方法―』へるす出版、2009年、pp.91 – 93
3）村上尚三郎・阪野貢・原田正樹編、前掲書、pp.4 – 6
4）同上書、pp6-7
5）精神保健福祉士・社会福祉士養成基礎セミナー編集委員会編、前掲書、p94
6）阪野貢監修／新崎国広・立石宏昭編『福祉教育のすすめ－理論・歴史・実践－』ミネルヴァ書房、2006年、pp.31 – 33
7）村上尚三郎・阪野貢・原田正樹編、前掲書、pp.58 – 73
8）社会福祉法人全国社会福祉協議会　全国ボランティア・市民活動振興センター編『社会的包摂に向けた福祉教育－福祉教育プログラムの7つの実践－』2017年

さらに深く学ぶために
1）伊藤良高編『教育と福祉の課題』晃洋書房、2014年：福祉と教育における現状と課題について学ぶことができる。
2）阪野貢監修／新崎国広、立石宏昭編『福祉教育のすすめ－理論・歴史・実践－』ミネルヴァ書房、2006年：福祉教育の歴史や具体的な実践について学ぶことができる。
3）村上尚三郎、阪野貢、原田正樹編『福祉教育論－「共に生きる力」を育む教育実践の創造－』北大路書房、1998年：福祉教育の歴史から福祉教育の実践までを体系的に学ぶことができる。

社会福祉実践との関連を考えるために
1）社会的な排除や孤立が生まれないよう、私たちが気をつけなければいけないことはどのようなことだろうか。
2）福祉教育は私たちが社会や地域の現状や課題に『気づく』ことが重要である。なぜ、重要なのだろうか。
3）あなたの住んでいる地域にはどのような課題があるのだろうか。

参考文献
1）伊藤良高編『教育と福祉の課題』晃洋書房、2014年
2）社会福祉法人全国社会福祉協議会　全国ボランティア・市民活動振興センター編『社会的包摂に向けた福祉教育－福祉教育プログラムの7つの実践－』2017年
3）精神保健福祉士・社会福祉士養成基礎セミナー編集委員会編『地域福祉論－地域福祉の理論と方法－』へるす出版、2009年
4）阪野貢監修／新崎国広・立石宏昭編『福祉教育のすすめ－理論・歴史・実践－』ミネルヴァ書房、2006年
5）村上尚三郎・阪野貢・原田正樹編『福祉教育論－「共に生きる力」を育む教育実践の創造－』北大路出版、1998年

第28回：福祉政策と住宅政策

学びへの誘い

　高齢者と障害者が地域のなかで質の高い自立した日常生活を送るためには、住環境の整備が必要不可欠である。

　そこで、ここでは厚生労働省と国土交通省によって展開されている福祉政策と住宅政策を学び、高齢者と障害者への住環境の整備についての理解を深める。

1．高齢者への住宅政策

（1）わが国における高齢者世帯の居住状況

①高齢者人口の増加と居住環境整備

　わが国では1970年代ごろ、ノーマライゼーションの理念が導入され、地域福祉の重要性が認識されるとともに地域福祉政策が展開されるようになった。しかし、地域で生活している高齢者への住宅政策が十分に進められてきたとはいえない。

　総務省（2017（平成29）年9月15日現在推計）の発表によると、65歳以上の高齢者人口は3,514万人で、総人口に占める割合は27.7％に達し、過去最高の高齢化率となっている。年齢階級別にみると、75歳以上が1,747万人、80歳以上が1,074万人、また、90歳以上も206万人となっている。

　このような後期高齢者人口の増加や要介護者の重度化、独居高齢者世帯の増加、家族形態や機能の変化などにより、在宅で生活している個々の高齢者の身体機能や、要介護度、生活状況などに合わせた住宅環境の整備は急務である。

②高齢者世帯の居住状況

　わが国における高齢者の居住環境の特徴をみてみると、持ち家率がきわめて高いことがあげられる。2013（平成25）年に行われた総務省の「住宅・土地統計調査」では、65歳以上の世帯員がいる世帯を高齢のいる世帯と定義され、①高齢単身世帯②高齢者のいる夫婦世帯③高齢者のいるその他の世帯の3つの型に区分される。高齢者のいる世帯の持ち家率は82.7％で、わが国の全世帯の持ち家率の61.9％に比

べても高い。

　ただし、世帯別にみると、65.6％の高齢者単身世帯は持ち家であるが、34.0％は借家で暮らしている。借家の居住者のうち、民営借家の居住者は全世帯28％、高齢者のいる世帯10.7％、高齢者単身世帯22％で、公営・都市再生機構（UR）の居住者は高齢者のいる主世帯が6.2％で、このうち、高齢者単身世帯が11.8％となっている。

　一方、高齢者のいる世帯型別の居住水準は、2013（平成25）年の総務省の「住宅・土地統計調査」によると、高齢者のいる世帯の場合、最低居住面積水準以上の世帯が96.6％、誘導居住面積水準以上の世帯が72.5％で、主世帯全体に比べ共に割合が高い。高齢者単身世帯は最低居住面積水準以上が92.9％、最低居住面積水準以上が76.3％である。また、共同住宅に住む高齢者のいる世帯の53.8％がエレベーターのある住宅に居住している。

　そこで、持ち家の居住者と借家の居住者への住宅政策をみてみよう。

（2）持ち家居住高齢者への住み替え支援

　2006（平成18）年から、持ち家の居住高齢者への住み替え支援として、国土交通省の高齢者住み替え支援制度が実施された。この制度は耐震性などの一定基準を満たしている高齢者所有の戸建住宅を終身で借り上げ、子育て世帯に貸すことで資産運用を図り、住み替えを支援するものである。

　生活福祉資金貸付制度の実施主体は都道府県社会福祉協議会で、高齢者世帯・障害者世帯・低所得者世帯に対し、経済的援助による生活支援や社会参加を目的としている。不動産担保型生活資金は、家は所有しているが、生活資金がなくて生活保護を受けている要保護高齢者世帯に対し、持ち家を担保にして生活資金を融資する制度である。

（3）民間借家居住高齢者への住宅政策

　高齢者世帯の場合、経済的な理由や健康面への不安、身寄りの有無などが原因で、民営住宅を借りるときに拒まれるケースが少なくない。このことを踏まえながら、民営借家居住者への住宅制度をみてみよう。

①家賃債務保証制度

高齢者円滑入居住宅として登録された賃貸住宅に入居している60歳以上の高齢者を対象に、家賃の支払債務を高齢者居住支援センターが保証する制度である。この制度は高齢者の家賃の不払いに対する貸主の不安を解消することで、高齢者の借家の確保を図るものである。

②あんしん賃貸住宅の登録制度

2006(平成18)年、国土交通省により、**あんしん賃貸支援事業**がスタートした。この事業は、民間賃貸住宅市場において不動産業者や社会福祉法人などの連携により、高齢者世帯や障害者世帯、外国人世帯、子育て世帯の入居を拒まない賃貸住宅の確保を支援する事業である。

③サービス付き高齢者向け住宅登録制度

高齢者の単身世帯や高齢者夫婦のみの世帯の急激な増加に伴い、介護・医療と連携しながら高齢者の生活を支援するサービスを提供する住宅確保を目的に、「高齢者居住の安定確保に関する法律」（以下高齢者住まい法）が2011（平成23）年4月28日に改正され、同年10月20日から施行された。

高齢者住まい法の改正で、高齢者が安心して暮らせる良質な賃貸住宅または有料老人ホームにおいて、安否確認などの状況把握サービスや生活相談サービスなど、高齢者が日常生活を営むために必要な福祉サービスを提供する事業者に対し、都道府県知事による「サービス付き高齢者向け住宅の登録制度」が創設された。

この「サービス付き高齢者向け住宅の登録制度」の創設に伴い、高齢者が円滑に入居できる賃貸住宅の情報を貸主が都道府県に登録し、閲覧できるように公開する制度である「高齢者円滑入居住宅登録制度」（高齢者専用賃貸住宅（高専賃）登録制度も含む）と、高齢者向け優良賃貸住宅の供給計画の認定制度、高齢者居住支援センターの指定制度が廃止された。

（4）公的借家居住高齢者への住宅政策

わが国の公営住宅制度は1964（昭和39）年の老人世帯向け特定目的公営住宅の供給をはじめ、所得の低い世帯や高齢者世帯など、住宅確保の難しい世帯への住宅の確保を図ったものである。

あんしん賃貸支援事業
対象は、①高齢者世帯（単身の高齢者、または高齢者がいる世帯）、②障害者世帯（単身の障害者、または障害者がいる世帯）、③外国人世帯（単身の外国人、または外国人のいる世帯）④子育て世代（小さい子どもがいる世帯、または1人親世帯）。

公的住宅の入居基準は原則的に同居家族のいる2人以上の世帯であるが、1980（昭和55）年の公営住宅法の改正により、60歳以上の高齢者に関しては単身での公営住宅への入居が認められるようになった。

　さらに、1991（平成3）年に高齢者向け借り上げ公共賃貸住宅制度が創設されるなど、高齢者向けの賃貸住宅を確保するための事業が進められている。

（5）高齢者住宅のバリアフリー化
①高齢者の居住環境とバリアフリー化

　2013（平成25）年の総務省の「住宅・土地統計調査」によると、高齢者のいる世帯の持ち家率は82.7％と高率であるが、これらの住宅の多くは住宅築年数が古く、バリアフリー化されていない。また、1991（平成3）年以前に建設された公営住宅は老朽化が進み、狭い階段や玄関の段差など居住環境の整備が十分でないため、福祉サービスの必要な高齢者の生活支援の妨げになっている。

②家庭内での事故

　2016（平成28）年の厚生労働省「人口動態統計」によると、2016（平成28）年の1年間で家庭内の事故で亡くなった者のうち、65歳以上の高齢者は12,146人である。

　65歳以上の高齢者は20歳以上65歳未満の人よりも住宅内での事故発生の割合が高く、65歳以上高齢者の事故時の場所をみると、「居室」45.0％と最も多く、「階段」18.7％、「台所・食堂」17.0％が多い。また、行動別に分類すると、「歩いていた（階段の昇降を含む）」が最も多く約3割を占める（転落30.4％、転倒22.1％）。このような現状からみても、個々の高齢者の身体機能やライフスタイルに合わせた住環境の整備はきわめて重要である。

③バリアフリー化住宅政策

　高齢者に対し、バリアフリー化された住宅での生活をサポートする目的で、1987（昭和62）年、厚生労働省と国土交通省の連携で「シルバーハウジング・プロジェクト」がスタートした。また、1991（平成3）年には公営住宅および公団賃貸住宅のバリアフリー化が義務づ

けられるようになり、1995（平成7）年からは公社賃貸住宅のバリアフリー化が義務づけられるようになった。さらに、1996（平成8）年には住宅金融公庫の公庫住宅バリアフリー融資制度が導入され、バリアフリー住宅基準金利が適用されるようになった。

一方、民間賃貸住宅のバリアフリー化では1998（平成10）年から高齢者向け優良賃貸住宅制度が導入され、2001（平成13）年、「高齢者の居住の安定確保に関する法律」が創設され、バリアフリー化が進められた。

④ハートビル法・バリアフリー法・バリアフリー新法

在宅で生活している高齢者の生活向上のためには自宅のバリアフリー化だけではなく、高齢者の住んでいる地域全般や道路、移動手段のバリアフリー化なども必要である。

そこで、1994（平成6）年、「高齢者、身体障害者等が円滑に利用できる特定建築物の建築の促進に関する法律（ハートビル法）」が制定された。また、2000（平成12）年、「高齢者、身体障害者等の公共交通機関を利用した移動の円滑化の促進に関する法律（交通バリアフリー法）」が公布された。そして、2006（平成18）年にはハートビル法と交通バリアフリー法を統合して一本化する形で、「高齢者、障害者等の移動等の円滑化の促進に関する法律（バリアフリー新法）」が成立された。

（6）住宅改修・住宅改造

①住宅改修

介護保険法にもとづく居宅介護、住宅改修費の支給に関しては介護保険法第45条に規定されている。介護保険制度では高齢者の自立を支援する観点から、在宅介護サービスの一環として在宅で生活している要支援・要介護者の申請により、居宅介護住宅改修費が支給される。

住宅改修の対象は、手すりの取り付け、段差の解消、滑り防止および移動の円滑化のための床、または通路面の材料の変更、引き戸などへの扉の取り替え、洋式便器などへの便器の取り替え、その他、各住宅改修に付帯して必要となる住宅改修である。

介護保険制度における住宅改修費の支給限度額は20万円で、**償還**

償還払い式
サービスの利用者が一時的に全額を払い、あとで払い戻しを受ける方法。

払い方式である。利用者の負担は1割で、原則として一度しか利用できないが、要介護認定審査の結果、要介護度が3以上と高くなった場合や引っ越しで住居が変わり、住宅改修が必要になった場合、再度利用することができる。

②住宅改造

在宅で暮らしている高齢者の生活を支援するため、介護保険サービス以外、高齢者住宅改造費助成事業が展開されている。この制度は介護保険制度による住宅改修以外に、高齢者住宅の浴室やトイレ、玄関、廊下などの改修を支援するものであるが、地方自治体によって事業内容や助成金額が異なる。

（7）介護保険制度と高齢者の住まい

介護保険制度における、特定施設とは定員が30人以上（定員が29人以下の地域密着型特定施設でない施設）の施設で、都道府県から居宅サービスの一つである「特定施設入居者生活介護」の事業者指定を受けたものである。

①有料老人ホーム

有料老人ホームは介護保険制度が施行されてから急激に増加してきている。有料老人ホームの種類を大きく分けると、要介護者向けと自立者向けの2つがある。従来は高額の自立者向けの有料老人ホームが主流であったが、近年は要介護者向けの有料老人ホームが多く開設されており、9割が介護付有料老人ホームである。

なお、要介護者向けの有料老人ホームは、介護付と住宅型に分類され、介護付の場合、介護保険制度の**特定施設入居者生活介護**が利用できる。

また、要床面積25平方メートル以上、トイレ・洗面設備の設置、バリアフリー化、安否確認・生活相談サービスの提供など、「サービス付き高齢者向け住宅」の要件を満たせば都道府県の「サービス付き高齢者向け住宅」として登録ができ、老人福祉法の届出義務の適用外となる。

②軽費老人ホーム

老人福祉法を根拠法とした軽費老人ホームは、60歳以上で家庭環

> **特定施設入居者生活介護**
> 特定施設のうち、厚生労働大臣の定める運営基準が満たされ、都道府県知事の指定を受けているものが提供するサービス。

境や住宅事情などで居宅での生活が困難な者が利用できる施設として位置づけられている。軽費老人ホームはA型とB型に分類され、A型は給食サービスが行われるが、B型は原則として自炊である。

なお、ケアハウスは60歳以上の自炊できない高齢者で、家族からの支援が難しい者への住宅としての機能があり、介護保険制度上の生活相談や給食サービスなどが行われている。

③養護老人ホーム

養護老人ホームは、65歳以上で、経済的、環境的理由で居宅での生活が困難な者の入所施設である。外部サービス利用型特定施設の指定を受けることで、介護保険制度上のサービスが利用できる。

(8) 高齢者の住まいに対する今後の展望

近年、家族形態や機能の変化、独居高齢者の増加、要介護度の重度化が進み、施設への入所希望者が増加している。しかしながら、入所希望者の人数と施設数との需要と供給のバランスがとれず、入所できずに待機している高齢者が多く存在する。

東京都のある特別養護ホームの場合、入所に至るまでには平均して3年間の待機期間があり、現在の待機者は500人を超えている。このため、政府は今後の高齢者の住まいをかんがみて、「高齢者居住の安定確保に関する法律」（以下高齢者住まい法）を改正し、2011（平成23）年から「サービス付き高齢者向け住宅の登録制度」が誕生した。このため、**シルバーハウジングやグループリビング**（グループハウス）なども一定要件を満たせば「サービス付き高齢者向け住宅」として登録でき、介護や医療サービスを利用できる住まいの選択肢の1つになった。このような「サービス付き高齢者向け住宅」は、多様、かつ複雑化した高齢者のニーズに応えられる高齢者の住まいとして期待できる。

> **シルバーハウジング**
> 入居の対象は、60歳以上の単身、高齢者のみからなる世帯、高齢夫婦世帯。1996（平成8）年からは障害者世帯も対象になった。
>
> **グループリビング**
> 比較的に健康で、自立した高齢者が少人数で暮らす共同生活型の住宅。

2. 障害者への住宅政策

(1) わが国における障害者世帯の居住状況

①障害者基本法と居住環境整備

1970（昭和45）年の心身障害者対策基本法の一部改正とノーマラ

イゼーションの理念にもとづき、1993（平成5）年に障害者基本法が制定された。この法律において、「障害者とは、身体障害、知的障害または精神障害があるため、継続的に日常生活または社会生活に相当な制限を受ける者をいう」と、定義されている。

また、同法の第22条において、「国および地方公共団体は障害者の生活の安定を図るため、障害者のための住宅を確保し、および障害者の日常生活に適するような住宅の整備を促進するよう必要な施策を講じなければならない」と、障害者の住環境整備について明記されている。しかし、障害者向けの住宅政策は高齢者に対する住宅政策に比べると遅れている状況である。

②障害者世帯の居住状況

障害者の住まいを大きく施設と在宅に分けると、約1割は病院を含めた施設に居住しているが、約9割の障害者は在宅で生活している。

そこで、在宅で生活している障害者の割合を障害別にみてみる。

『障害者白書（平成29年版）』によると、身体障害者の人口は392万2千人で、このうち、386.4万人が在宅で生活している。また、知的障害者人口は74万1千人で、このうち、62.2万人が在宅居住者である。精神障害者は392万4千人で、このうち、外来の精神障害が361.1万人である。

在宅の障害児・者などの生活実態とニーズの把握を目的とした「平成23年 生活のしづらさなどに関する調査（全国在宅障害児・者等実態調査）」の結果によると、障害者手帳所有者3,971人のうち、現在の住まいの種類が自分の持ち家の者が1,137人（28.6%）、家族の持ち家が1,673人（42.1%）であった。同調査より65歳未満では「家族の持ち家」が41.9%と最も多く、65歳以上（年齢不詳も含む）では「自分の持ち家」に住んでいる者の割合が60.9%と最も高かった。

（2）公的借家居住障害者への住宅政策

身体障害者世帯の公的住宅への優先入居に関しては、1970（昭和45）年の心身障害者対策基本法の制定を契機に身体上の障害が「1～4級」の身体障害者のいる世帯の入居が優先されるようになった。

なお、1980年（昭和55）年の公営住宅法の改正に伴い、身体障害

者の公営住宅への単身入居が認められるようになり、2006(平成18)年からは知的障害者や精神障害者も単身で入居できるようになった。

(3) 障害者住宅のバリアフリー化

障害者基本法第9条に規定されている**障害者基本計画**に、「社会のバリアフリー化の推進」の視点が盛り込まれ、ハード面とソフト面のバリアフリー化やユニバーサルデザインの観点でのものづくり、まちづくりへの支援が推進されている。

この障害者基本法以降、住宅金融公庫バリアフリー基準が本格的に導入され、交通バリアフリー法、ハートビル法の改正、バリアフリー新法が施行されるなど、障害者の生活環境のバリアフリーが進みつつある。

(4) 住宅改修・住宅改造

障害者世帯の住宅の改修や改造は、在宅重度身体障害者住宅改造費の助成事業、日常生活用具給付制度などで支えられている。

在宅重度身体障害者住宅改造費の助成事業は助成金額と対象は市町村によって異なるが、おおむね身体障害者手帳「1～2級」、もしくは療育手帳「A」を所持している重度障害者の住宅改造を支援する制度である。この事業は在宅で生活している重度障害者に対し、浴室やトイレ、台所など、住宅改修に必要な一定の住宅改修費を市町村が助成する事業として位置づけられている。

一方、日常生活用具給付制度は、障害者が日常生活を自立した状態で円滑に過ごすために必要な機器の購入を公費で助成するもので、市町村により、実施の有無や対象、助成金額が異なる。

(5) 「障害者の日常生活及び社会生活を総合的に支援するための法律(障害者総合支援法)」

障害者制度改革推進本部等における検討を踏まえて、地域社会における共生の実現に向けて、障害福祉サービスの充実等障害者の日常生活及び社会生活を総合的に支援するため、新たな障害保健福祉施策を講ずることを目的に、2013(平成25)年4月から「地域社会におけ

障害者基本計画
2003(平成15)年から2012(平成24)年までの10年間にわたり、①社会のバリアフリー化、②利用者本位の支援、③障害の特性を踏まえた施策の展開、④総合的、かつ効果的な施策の推進の横断的視点を掲げ、共生社会の実現をめざしている。

る共生の実現に向けて新たな障害保健福祉施策を講ずるための関係法律の整備に関する法律」が施行されている。

「障害者自立支援法」を「障害者の日常生活及び社会生活を総合的に支援するための法律（障害者総合支援法）」とするとともに、障害者の定義に難病等が追加され、重度訪問介護の対象者も拡大された。また、障害者の地域移行を目指し、地域生活の基盤となる住まいの場の確保を目的に、2014（平成26）年4月1日からケアホームのグループホームへ一元化された。同法における、障害者向けの居住系福祉サービスは、以下の①～③である。

①福祉ホーム

身体障害者や知的障害者、精神障害者が利用できる。住居を必要としている障害者に低額な料金で居室等を提供するとともに、日常生活に必要な支援が行われる。

②共同生活介護（ケアホーム）

介護の必要な知的障害者、精神障害者（原則18歳以上）、身体障害者（2009（平成21）年10月から）が利用できる。共同生活を営む住居において食事や排せつ、入浴の介護等のサービスを提供する。

③共同生活援助（グループホーム）

地域において共同生活を営むのに支障のない介護の必要な知的障害者、精神障害者（原則18歳以上）、身体障害者（2009（平成21）年10月から）が利用できる。主に夜間や共同生活を営む住居において相談、その他日常生活上に必要な支援が行われる。

④共同生活介護（ケアホーム）・共同生活援助（グループホーム）の一元化

障害者の高齢化や重度化の進行を念頭に、介護が必要な障害者のグループホームの新規の入居や、グループホーム入居後に介護が必要となるケースが増加することを見込み、地域における住まいの選択肢の拡大、事務手続きの簡素化等の観点から、共同生活介護（ケアホーム）と共同生活援助（グループホーム）を一元化することになった。この改正に伴い、グループホームにおいて、日常生活上の相談に加えて、入浴、排せつ又は食事の介護その他の日常生活上の援助を行うようになった。

さらに深く学ぶために

1）介護保険六法編集員会編集『介護保険六法』中央法規出版、2010年
2）野崎和義監修『社会福祉六法』ミネルヴァ書房、2010年
3）厚生労働省編『平成21年版 厚生労働白書』ぎょうせい、2009年

社会福祉実践との関連を考えるために

1）介護保険サービスで住宅改修制度を利用している割合、また、要介護度によってどの程度の住宅改修を行っているか、調べ下さい。
2）高齢者が住み慣れた地域で安心して住み続けられるよう、創設された地域密着型サービスについて調べ、考察して下さい。
3）高齢者が地域で「住み続ける」か、また、「住み替える」か、悩んでいる場合、「住み続ける」ための政策や選択肢と「住み替える」場合の政策と選択肢を述べて下さい。

参考文献

1）高齢者専用賃貸住宅研究会編著『高齢者専用賃貸住宅の手引き』大成出版社、2006年
2）児玉桂子編『超高齢社会の福祉居住環境』中央法規出版、2008年
3）野村歓・橋本美芽『OT・PTのための住環境整備論』三輪書店、2007年
4）内閣府『2017年版 高齢社会白書』

column

　わが国の総人口は 2006（平成 18）年をピークに減少傾向にあるが、高齢化率は 2016（平成 28）年現在 27.3％を超え、超高齢社会となっている。超高齢社会の近年、地域で最も整備されて住みやすいといわれていたニュータウンの団地に住み続けている高齢者にとって、団地の生活環境は生活の妨げになっている。足腰が弱くなった高齢者にとって、バリアフリーになっていない団地の段差やエレベーターのない環境は危険との隣り合わせで、生活範囲を狭める原因となっている。

　また、玄関の幅が狭いため、車いすでの出入りがしにくい。狭い風呂も介護が必要になった高齢者にとっては住みやすい環境とはいいがたい現状である。さらに、団地内にあった商店が撤退したことで買い物もままならないなど、団地は高齢者にとって厳しい生活環境になっている。

　これらのことを踏まえ、高齢者が安心して安全に住み慣れた団地で住み続けられるよう、行政と地域住民が協働しながら居住環境や地域環境づくりに取り組んでいくことが必要である。

第29回：福祉政策と労働政策

学びへの誘い

　福祉政策は他の関連施策との関係のなかでその位置づけや違いを明確にしていくことができる。とくに労働政策は社会全体を広く対象とする、資本主義社会にとっての根幹的な政策で、福祉政策と同様に時代的変化に大きく影響を受ける。

　ここでは労働政策との関係のなかで、福祉政策の目的や内容が変化していくことに注目することが大切である。

1．労働＝雇用への変化

　人間にとっての労働は最も基本的な活動で、その意味は大きく次の3点に分けて考えることができる。①労働対象（自然等）への働きかけを通じ、その過程で自分自身を成長させ、自分の世界を広げていくこと、②労働を通じ、家族や友人との私的な関係とは異なる「社会的」な関係をつくり、社会的な役割を担うこと、③日々の生活を維持し、自分や家族を養うための「賃金」を得ることである。

　資本主義社会では労働力を販売することによって得られる「賃金」が労働者の生計を支えるものであり、それを得るため、労働者にとっては働くことが最も基本的な活動となっている。

　現代の私たちにとっての就労・就業は、第一次産業に代表されてきたような自営業などが戦後の産業構造の急激な変化により減少したため、会社などで雇われて働く「雇用」労働が大半となっている。このため、だれかに雇われて、つまり、雇用されることにより、はじめて「賃金」を得ることができるようになっている。

　そこで、まず、雇用労働を対象とする労働政策についてみていこう。

2．戦後の労働市場と労働力政策

　日本の企業などは、雇用の安定化を図るための「終身雇用」「年功序列制」「定年制」「企業別労働組合」という**日本的雇用慣行システム**に特徴があるといわれてきたが、一方では、産業間で生じる労働力不足を補うため、労働力の流動化（産業間における労働力の移動）もま

日本的雇用慣行システム
「終身雇用制」は、もともと労働市場における質的・量的に安定した労働力の継続的確保を目的としており、学校卒業後にいったん就職すれば、定年までの継続的雇用が見込まれる、というものであった。このことにより使用者にとっては安定した労働力の確保が見込まれ、労働者にとっても、つつがなく仕事をしていれば簡単に解雇されることはないため、生活の安定化が可能になっていた。「年功序列賃金」は、企業等において勤続年数や年齢等にもとづいて役職、賃金が上昇していくシステムで、終身雇用制を補完していくシステムとして機能している。定年制は労使の合意にもとづく雇用契約の終了を暦年齢に求めたもので、終身雇用の到達点。

た、同時に進められてきた。

　戦後の労働政策の展開に大きな影響を与えたのは敗戦による国家政治体制の転換であった。日本は戦後、GHQによる指導下で、戦前の天皇絶対制から憲法制定（1946（昭和21）年）に代表されるように、民主国家への移行という社会を根本から揺さぶる急激な変化を迫られた。また、このことは戦後の日本が資本主義国として西側社会の一翼を担うため、当然のこととしての「福祉国家」への途を示すものでもあった。

　戦前における労働問題はもっぱらその労働条件や労働環境をめぐる問題が中心で、その悲惨な労働実態が社会政策としての工場法（1911（明治44）年）、工場労働者最低年齢法（1923（大正12）年）、労働者災害扶助法（1931（昭和6）年）を成立させた。戦前では、社会福祉の対象となる社会福祉問題を考えるとき、その対象者を直接的生産関係からの脱落者としてとらえ、社会政策の対象としての労働者と線引きしてとらえていく考え方が示され、福祉問題を抱える人たちは直接的に労働力政策の対象としては位置づけられていなかった。

　しかし、「福祉国家」体制下では従来の「労働」と「福祉」をそれぞれ異なるものとして別々にとらえる考え方から、それらは相互に密接に関わるものとしてとらえるよう、その転換の必要性が生じた。

　それでも、戦後直後のわが国の労働力政策の課題は失業保険法（1947（昭和22）年）、職業安定法（1947（昭和22）年）、緊急失業対策法（1949（昭和24）年）に代表されるような「失業」対策が中心で、また、石炭から石油への急速なエネルギー政策の転換に伴う、石炭産業から他の産業への労働力の移動を促すための労働力流動化政策であった。「労働力流動化は、積極的労働力政策の、いわば日本型先行形態であった」[1]といわれるように、戦後経済からの復興に伴う高度経済成長期には失業への手当等の給付という対症療法的な労働力政策だけではなく、職業再訓練施策、職業紹介施策などに力を入れる積極的労働力政策へと転換が始まる。この積極的労働力政策は第2次大戦後の資本主義国の持続的発展支えるものとして、わが国だけではなく、世界的に多くの先進国で展開された。

　1964（昭和39）年OECD（経済協力開発機構）により、報告された

第7章　福祉政策と関連政策

「経済成長を促進するための手段としての労働力政策」は、積極的労働力政策を提唱するものであった。この積極的労働力政策の導入はわが国では雇用対策法（1966（昭和41）年）として結実し、同法にもとづく**雇用対策基本計画**（第1次～第9次）が策定された。

しかし、高度経済成長以降の低成長期では失業対策としての積極的労働力政策から、さらに、「市場原理」を基本とした「労働市場政策」へと政策転換が図られてきた。労働力市場を特徴づける終身雇用、年功序列賃金といった従来の雇用慣行制度からの転換を示すものとして労働市場の流動化を促進し、労働者供給事業としての「労働者派遣法（労働者派遣事業の適正な運営の確保及び派遣労働者の保護等に関する法律）」（1985（昭和60）年）が成立した。

この労働者派遣法は企業による「労働力調整＝派遣切り」という問題だけではなく、現在、社会の大きな課題となっている非正規雇用を一般化し、低賃金をはじめとする低い労働条件に甘んじなければならない労働者を生み出す一因となった。

3．雇用政策の補完としての福祉政策

戦後直後の雇用政策では、日本国憲法にもとづき、労働基準法、最低賃金法、職業安定法、労働者災害補償保険法、雇用保険法などすべての雇用労働者が労働者保護や雇用の安定化の対象として位置づけられることとなったが、福祉的機能を持つ職業安定法のような一部の対策を除き、福祉政策の対象者となる人たちは労働から切り離されていた。

しかし、経済成長に伴う社会・経済変動はわが国の雇用を大きく変化させることとなった。その1つが、急速な出生率の低下と高齢化による人口構造の変化である。とくに1970年代に入ると同時に日本が「**高齢化社会**」となったのを契機に、その後、「少子高齢社会」という状態をもたらし、下がり続ける出生率のなかで、2015（平成27）年には高齢化率が26.6％、つまり、65歳以上の高齢者の占める割合が国民の4人に1人となり、2036（平成48）年には33.3％で3人に1人となると予想されている（国立社会保障・人口問題研究所「日本の将来推計人口」）。

雇用対策基本計画
雇用対策法（昭和41年法律第132号）第8条に基づき、国は雇用に関する基本となるべき計画の策定が義務づけられている。また、同法第9条において「厚生労働大臣は、雇用対策基本計画の案を作成する場合には、あらかじめ、関係行政機関の長と協議し、及び都道府県知事の意見を求めるとともに、その概要について経済財政諮問会議の意見を聞かなければならない」とされている。
第1次雇用対策基本計画は1967（昭和42）年に策定され、第9次雇用対策基本計画1999（平成11）年まで策定された。

高齢化社会
高齢者の増加に伴い人口構造が高齢化した社会を指すが、総人口に占める65歳以上の高齢者の割合（高齢化率）が7％を超えた社会を「高齢化社会」という。また、高齢者の割合が14％を超えた社会を「高齢社会」、21％を超えた社会を「超高齢社会」と呼んでいる。

また、1950年代中ごろから始まった高度経済成長は日本の産業構造も急激に変化させた。日本経済は1973（昭和48）年のオイルショックによりその幕を閉じるまでの19年間、年平均実質成長率9.8％という驚異的な成長を遂げ「日本は、かつての、繊維産業中心の奇型的な資本主義から、強力な重化学工業で装備された、より高度に発展した資本主義に生まれ変わって」[2]いったと同時に、「図表29－1　産業3部門別就業者数」からわかるように、第3次産業を中心とする産業構造を作り出した。

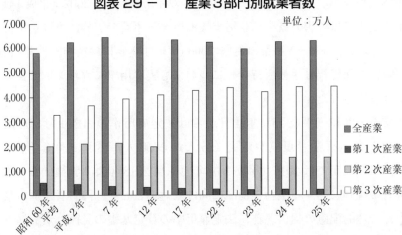

図表29－1　産業3部門別就業者数

「労働力調査」による。第1次産業は農業、林業及び漁業、第2次産業は鉱業、採石業、砂利採取業（平成17年以前は鉱業）、建設業及び製造業、第3次産業は第1次・2次産業以外の産業（分類不能の産業を除く）をいう。1）産業分類を変更したため、平成12年以前とは接続しない。2）岩手県、宮城県及び福島県を除く。3）分類不能を含む。
資料　総務省統計局統計調査部国勢統計課労働力人口統計室「労働力調査年報」
出典：総務省統計局「日本の統計　2015」より作成

　このように高齢化に代表されるような急速な日本の人口構造の変化、およびその影響による社会保障費用の増加はそれまで非労働力＝社会福祉の対象としてとらえられていた障害者や高齢者、母子家庭の母親たちも労働力政策の対象として明確に位置づけることとなった。同時に、どのような人でも働くことは権利であるという考え方への変化が「雇用」と「福祉」との距離を縮め、従来の雇用政策ではカバーしきれない範囲を対象とする政策を必要性が生まれてきた。
　障害者の雇用対策としては、1949（昭和24）年、身体障害者福祉法が身体障害者の職業更生という役割を担うため、制定されていたが、1960（昭和35）年、ILO「障害者の職業リハビリテーションに関する

勧告」(第99号勧告)の影響を受け、新たに身体障害者雇用促進法が制定された。身体障害者雇用促進法では企業や行政機関等が事業規模に応じ、身体障害者を雇用しなければならない割合を定めた「法定雇用率」が導入されたが、対象をあくまで身体障害者に限定するものであった。

その後、1987(昭和62)年には知的障害者も適用対象とし、新たにつくられた特例子会社制度の設置等を含め、「障害者雇用促進法(障害者の雇用の促進等に関する法律)」として改正された。この法律は1998(平成10)年の改正で知的障害者の雇用義務化、2002(平成14)年の改正では障害者就業・生活支援センター事業の実施、職場適用援助者(ジョブコーチ)事業の実施、2006(平成18)年には精神障害者(精神障害者保健福祉手帳所持者)についても実雇用率にカウントできるよう改正された。

また、2013(平成25)年4月からは法定雇用率の引き上げ、雇用義務のある事業者規模が変更(56人から50人)され、2013(平成25)年の改正では2016(平成28)年(一部2018年より実施)より障害者の権利に関する条約の批准に向けた対応として、障害者差別の禁止、合理的配慮の提供義務、法定雇用率の算定基礎の見直しが実施されることとなった。

次に高齢者についてであるが、高齢者の生活を支える中心は年金制度による所得保障が中心である。しかし国家財政の悪化に伴い、1994(平成6)年の厚生年金保険法の改正により年金支給開始年齢が定額部分について、2001(平成13)年度から2013(平成25)年度にかけて65歳に段階的に引き上げられた。また、報酬比例部分についても2013(平成25)年度から2025(平成27)年度にかけて65歳にまで段階的に引き上げられることになった。

また、高齢労働者の失業率は、「図表29-2 年齢別完全失業者数の推移」からもわかるように、他の年代と比べて増加が著しくなっており、高齢労働者の就職が容易でないこともみてとれる。

さらに、1971(昭和46)年に高齢者雇用対策として特別措置法が制定され、1986(昭和61)年には「高年齢者雇用安定法(高年齢者等の雇用の安定等に関する法律)」に改正された。この法律では定年(停

図表29−2　年齢別完全失業者数の推移

単位：万人

	1975年	1990年	2000年	2010年	2016年
計	100.1	134.1	319.5	319.0	208.0
15〜34歳	51.8	64.2	153.6	133.0	78.0
35〜54歳	31.5	41.5	94.8	123.0	82.0
55〜64歳	13.4	24.9	60.1	64.0	33.0
65歳〜	3.5	3.2	11.0	14.0	16.0

注）2010年、2016年までの数値については，ベンチマーク人口を2015年国勢調査基準（新基準）に切り替えたことに伴い、新基準のベンチマーク人口に基づいて遡及又は補正した時系列接続用数値に置き換えて掲載した。
出所：総務省統計局「労働力調査」平成29年より作成

年）の引き上げ、継続雇用制度の導入などによる高年齢者の安定した雇用の確保の促進、高年齢者等の再就職の促進、定年退職者、その他の高年齢退職者の就業の機会の確保等の措置を総合的に講じることとされた。

また、同法では年金受給開始年齢の引き上げに伴い、2008（平成20）年4月からは、雇用している65歳までの高年齢者の安定した雇用の確保等を図るため、事業主は①定年年齢の引き上げ、②継続雇用制度の導入、③定年制の廃止のいずれかの措置を講じなければならないこととされた。

母子家庭の状況については「図表29−3　所得の種類別一世帯当たりの平均所得金額」からもわかるように、2015（平成27）年の「国民生活基礎調査」によると、母子世帯の1世帯当たり平均所得金額は

図表29−3　所得の種類別一世帯当たりの平均所得金額

単位：万円

	総所得	稼働所得	公的年金・恩給	財産所得	年金以外の社会保障給付金	仕送り・企業年金・個人年金・その他の所得	世帯人員1人当たり平均所得金額
母子世帯	254.1	192.3	8.0	1.5	46.2	6.0	98.2
児童のいる世帯	712.9	656.5	25.5	10.0	16.2	4.7	176.5
全世帯	541.9	403.8	106.1	12.9	6.9	12.1	211.0
高齢者世帯	297.3	60.2	200.6	15.3	4.5	16.6	194.1

資料：厚生労働省「平成27年国民生活基礎調査」
（注）所得は、平成26年1年間の所得である。
出所：厚生労働省「平成27年度 母子家庭の母及び父自立支援施策の実施状況」より抜粋

254万1千円となっており、全世帯の1世帯当たり平均所得金額541万9千円と比べ、半分以下と経済的に著しく厳しい状況がみられる。

母親への対策としては、2003（平成15）年に5年間の時限立法として「母子家庭の母の就業の支援に関する特別措置法」が制定されたが、2012（平成24）年には「母子家庭の母及び父子家庭の父の就業の支援に関する特別措置法」が新たに制定された。

就業支援についてみてみると、従来のハローワークでの職業紹介だけでなく、**マザーズハローワーク**の設置や公共職業能力開発施設における公共職業訓練、職業訓練に伴う給付金の支給、母子家庭等就業・自立支援センター設置など、多岐にわたり生活を支える手段としての児童扶養手当の受給から就労による自立へ、という道筋を示していることがわかる。

> **マザーズハローワーク**
> マザーズハローワークでは、子育てをしながら就職を希望している人に対して子ども連れで来所しやすい環境を整備し、予約・担当者制による職業相談、保育所等の情報提供、仕事と子育ての両立がしやすい求人情報の提供など就職支援を行っている。マザーズハローワークの他にも「マザーズコーナー」等もある。

4．「労働」と「福祉」をめぐる新しい考え方

2004（平成16）年に厚生労働省より発表された「仕事と生活の調和に関する検討会議」報告書では、従来の高度経済成長とリンクした「会社中心の生活」とそれを支える働き方、「正社員という固定的な働き方と、非正社員というもう1つの固定的な働き方」を基盤としてきた社会は「物の豊かさ」を求めていた時代から「心の豊かさ」を指向するよう、変化しつつあるとしている。

しかし、一方で働く人たちは、「これから起こる雇用管理の急激かつ大幅な変化が、働く者が求める方向には向わず、不適応を起こす者が多数生じるのではないかというおそれ」により、「不安感」が強くなっていることも指摘している。

人口の高齢化だけでなく、過去に例のない少子化の進行は将来の労働力確保に大きな影響を及ぼすと考えられ、経済成長や社会保障制度の持続可能な社会の構築にとっては少子化対策が喫緊の課題となっている。少子化の要因の1つとしては女性の出産・子育て期においての離職、つまり、女性が子育てしながら働き続けることが困難な現状があげられる。

このように社会変動やそれに伴う働き方をめぐる認識が変化していくなかで、新しい「働き方」に影響を与える考え方の1つとして「ワー

クライフバランス」がある。

　「ワークライフバランス」にはさまざまな定義があるが、ここでは2007（平成19）年に関係閣僚、経済界、労働界、地方公共団体の代表などからなる「官民トップ会議」において策定された「仕事と生活の調和（ワーク・ライフ・バランス）憲章」では、ワークライフバランスにもとづいた社会を「国民一人ひとりがやりがいや充実感を感じながら働き、仕事上の責任を果たすとともに、家庭や地域生活などにおいても、子育て期、中高年期といった人生の各段階に応じて多様な生き方が選択・実現できる社会」としており、国民的な取り組みの大きな方向性を示している。

　具体的には、（1）「就労による経済的自立が可能な社会」として「経済的自立を必要とする者、とりわけ若者がいきいきと働くことができ、かつ、経済的に自立可能な働き方ができ、結婚や子育てに関する希望の実現などに向けて、暮らしの経済的基盤が確保できる」社会、（2）「健康で豊かな生活のための時間が確保できる社会」として「働く人々の健康が保持され、家族・友人などとの充実した時間、自己啓発や地域活動への参加のための時間などを持てる豊かな生活ができる」社会、（3）「多様な働き方・生き方が選択できる社会」として「性や年齢などにかかわらず、誰もが自らの意欲と能力を持って様々な働き方や生き方に挑戦できる機会が提供されており、子育てや親の介護が必要な時期など個人の置かれた状況に応じて多様で柔軟な働き方が選択でき、しかも公正な処遇が確保されている」社会を今後のあり方として示しており、これらの実現のため、政府、地域、企業、民間団体などがそれぞれ力を合わせ、取り組んでいくことが求められている。

　ワークライフバランスの確保については広範な取り組みが想定され、労働関係では育児休業や介護休業、休職者の復帰支援、看護休暇、配偶者出産休暇、年次有給休暇の積立制度、労働時間について、勤務時間のフレキシビリティ（フレックスタイム制度の導入、就業時間の繰り上げ・繰り下げなど）、短時間勤務制度、長時間勤務の見直し、勤務場所のフレキシビリティ（在宅勤務制度等）、転勤の限定など、多岐にわたった展開が求められ、労働関係以外の対応としては経済的支援、事業所内保育施設（企業主導型保育所）、再雇用制度、情報提供・

相談窓口の設置などの施策があげられている。

また、2003（平成15）年には「次世代育成支援対策推進法」が制定され、常時雇用する労働者が301人以上の企業に対し、労働者の仕事と子育ての両立支援に関する取り組みを記載した一般事業主行動計画を策定し、その旨を厚生労働大臣に届け出ることが義務づけられた。

さらに、今後の労働政策、福祉政策を考えるうえで、もう1つ押さえておきたい考え方の1つとして「ディーセントワーク（働きがいのある人間らしい仕事）」がある。「ディーセントワーク」は1999年の第87回ILO総会に提出された事務局長報告において初めて用いられた概念であるが、「ディーセント」とは「ちゃんとした、まともな、礼儀にかなった、慎みのある」という意味を含む言葉である。

この報告のなかで「今日のILOの第一次的な目標は、自由、公平、安全保障、人間の尊厳が確保された条件下で、男女が共にディーセントで生産的な仕事を得る機会を促進すること」とされ、現在のILOの活動目標となっている。ディーセントワークは国家レベルの課題で、その実現に向けては国別計画が策定されており、2009（平成21）年末現在で既に80以上の国でディーセントワーク国別計画の立案が終了または作業中の段階にある、とされている。

さらに、2008（平成20）年の第97回ILO総会で採択された「公正なグローバル化のための社会正義に関するILO宣言」では「持続可能な制度・経済的環境を創り出すことにより、雇用を促進すること」「持続可能で、各国の状況に適合した社会的保護－社会保障及び労働者保護－の方策を展開し強化すること」「社会対話と三者構成主義を促進すること」「労働における基本的原則及び権利を尊重し、促進し、実現すること」の4つの戦略目標が示された。

わが国では、2012（平成24）年に閣議決定された**日本再生戦略**においてディーセントワークの実現が示されるなど、今後の労働政策や福祉政策にも大きな影響を及ぼすと考えられる。

注

1）江口英一・田沼肇・内山昂編『現代の労働政策』大月書店、1981年、p.15

日本再生戦略
2012（平成24）年に閣議決定された、東日本大震災後の日本の再生のために定められた基本的国家戦略。わが国を他の国と比べ、先駆けて直面している超高齢社会、原発事故による深刻なエネルギー制約などのさまざまな困難を乗り越えるという意味で「フロンティア国家」として位置づけ、「共創の国」づくりをめざすものとしている。基本方針として、「震災からの復興と福島の再生を最優先」とする、「グリーン（エネルギー・環境）、ライフ（健康）、農林漁業（6次産業化）の重点3分野と担い手としての中小企業」への政策財源の優先配分、「2020年度までの平均で、名目成長率3％程度、実質成長率2％程度を目指す」ことをあげている。

2）林直道著「現代日本の経済（第3版）」青木書店、1982年、p.55

さらに深く学ぶために
1）高梨晶『転換期の雇用政策』東洋経済新報社、1982年
2）山口一男・樋口美雄編『論争 日本のワーク・ライフ・バランス』2008年、日本経済新聞出版社
3）雇用のあり方研究会編『ディーセント・ワークと新福祉国家構想』旬報社、2011年
4）労働政策研究・研修機構編『高齢者雇用の現状と課題（JILPT第2期プロジェクト研究シリーズ1）』労働政策研究・研修機構発行、2012年
5）伊藤修毅『障害者の就労と福祉的支援―日本における保護雇用のあり方と可能性』かもがわ出版、2013年

社会福祉実践との関連を考えるために
1）高齢者と就労の関係についてその意識や実態に関わる調査結果などを調べ、さらに深く考察して下さい。
2）高齢者だけでなく、低所得者を対象とした福祉政策と労働政策、障害者を対象とした福祉政策と労働政策などの制度のありようや調査結果などを調べ、考察して下さい。

参考文献
1）孝橋正一編『老後・老人問題』ミネルヴァ書房、1976年
2）下山房雄『高齢者の労働問題』労働科学研究所、1978年
3）高梨昌『転換期の雇用政策』東洋経済新報社、1982年
4）清家篤・山田篤裕『高齢者就業の経済学』日本経済新聞社、2004年
5）高木朋代『高年齢者雇用のマネジメント―必要とされ続ける人材の育成と活用』日本経済新聞、2008年
6）労働政策研究・研修機構『継続雇用等をめぐる高齢者就業の現状と課題』（労働政策研究報告書 No.120）労働政策研究・研修機構、2010年

第7章 福祉政策と関連政策

> ### column
> #### 「働く」ことの意味
>
> 　現代社会は、少子高齢化の波を受け人口減少が進み、将来、深刻な労働力不足に陥るとされている。それだけに労働力需要は高まっているといえる。
> 　しかし労働政策研究・研修機構が 2014 年1～2月に実施した「第2回日本人の就業実態に関する総合調査」によると過去 3 年間で落ち込んだり、やる気が起きないといったメンタルヘルス不調を感じたことが「ある」人が 25.7% と4分の1を占めており、メンタルヘルス不調になった人の 13.3%が職場を退職していた。
> 　人間にとって「働く」ことはその存在を意味づける最も基本的な活動であるが、それはより意味が変化してきている。一人ひとりが「人は何のために働くのか」という疑問を問い続けることが大切である。

第8章
相談援助活動と福祉政策の関係
福祉供給の政策過程と実施過程

この章で学ぶこと

　新カリキュラムにおける「出題基準」によると、「第8章　相談援助活動と福祉政策の関係」は、「福祉供給の政策過程と実施過程」が教育内容として想定されている。

　福祉供給とは、相談援助活動に限った場合、介護保険制度を例に取り上げると居宅介護支援、地域包括支援センター、介護保険施設などとなる。福祉供給の政策過程では福祉政策の立案により法律や政令、省令、通知などが政府・厚生労働省から出され、福祉政策にもとづいた福祉計画によって福祉供給につながる。

　介護保険制度を例に取り上げると、「ゴールドプラン21」のように国レベルで介護サービス基盤整備の計画が出され、これにもとづき、介護保険法に位置づけられた都道府県介護保険事業支援計画、市町村介護保険事業計画が地方自治体のレベルでそれぞれ策定されている。都道府県介護保険事業支援計画や市町村介護保険事業計画にもとづき、それぞれの地方自治体では在宅（居宅）サービス、介護保険施設など、計画的に予算の裏付けを取りながら介護サービスの基盤整備を行うことになっている。

　この介護保険事業計画により、市町村レベル、さらには日常生活圏域レベルまで、訪問介護・通所介護・短期入所生活介護などの居宅サービス、また、居宅介護支援、地域包括支援センター、介護老人福祉施設など介護保険施設他の福祉供給サービスが整備されることになっている。

　そこで、本章では、まず福祉供給の政策過程を法律、政令、省令、通知等の政策を理解する。次に、政策と予算の裏付けによる福祉供給の政策過程として、国・都道府県・市町村がそれぞれの策定する福祉計画について理解をする。そして、最後に、福祉供給の政策過程で整備された介護サービス基盤にもとづく相談援助活動（実施過程）について学ぶ。

第30回：相談援助活動と福祉政策の関係

学びへの誘い

第30回の「相談援助活動と福祉政策」では福祉供給の政策過程と福祉供給の実施過程に分ける。福祉供給の政策過程では法律・政令・省令などにもとづく行政府による政策立案等を理解し、次に福祉計画をみることにより、福祉供給の政策過程がどのように実施過程に結びついているのか学ぶ。そして、最後に、「福祉供給の実施過程」では福祉供給場面における相談援助活動の果たす役割を学習する。

1．福祉供給の政策過程

福祉供給の政策過程については、まず日本国憲法やこれを基本法とする各**法律**や**政令**、**省令**、通知などにもとづく行政府による政策立案と立法機能の理解が必要である。次に介護保険制度を取り上げ、「ゴールドプラン21」および「新ゴールドプラン」にもとづき、介護保険法に位置づけられた介護保険事業計画をみることにより、福祉供給の政策過程がどのように実施過程に結びついていくのか理解する。

（1）行政府と福祉供給に関する政策決定

第2次世界大戦は1945（昭和20）年8月15日、わが国は敗戦によって終戦を迎えた。翌1946（昭和21）年、戦争で荒廃した日本国土のなかで現在の憲法が誕生した。その日本国憲法は1946（昭和21）年に公布され、1947（昭和22）年に施行された。その第41条で「国会は、国権の最高機関であって、国の唯一の立法機関である」と定めている。

しかし、第73条6項では「この憲法及び法律の規定を実施するために、『政令』を制定すること。但し、政令には、特にその法律の委任がある場合を除いては、罰則を設けることができない」と定めている。憲法では、立法機能について法律は国会で制定するが、政令は内閣で制定することができることになっている。

また、国家行政組織法第12条1項では「各省大臣は、主任の行政事務について、法律若しくは政令を施行するため、又は法律若しくは政令の特別の委任に基づいて、それぞれの機関の命令として『省令』

法律
憲法より下位で、内閣や各省が発する政令、省令等より上位のもの。

政令
法律の規定を実施するため、制定された執行命令と呼ばれる政令、法律の委任にもとづいて制定される委任命令と呼ばれる政令がある。

省令
命令の1つで、各省の大臣が主任の行政事務について、法律、もしくは政令を施行するため、または法律、もしくは政令の特別の委任にもとづいて発する成文法。

を発することができる」と定めている。このように国会のみならず、内閣や各省庁において行政立法が法律により認められ、行政府も政策決定において立法機能を担うことができる。

介護保険法などの法律は国会で定められるが、内閣が制定する「介護保険法施行令」などの政令、厚生労働省各省庁で制定される「介護保険法施行規則」や「指定介護老人福祉施設の人員、設備及び運営に関する基準」などの省令は介護保険政策に対して効力を持つことになる。また、厚生労働省老健局など担当部局から地方自治体に出される「通知」によっても地方自治体の政策が方向づけられる。

行政府が法律にもとづく政令や省令、通知などの政策立案によって立法機能を担うことができ、厚生労働省が所管する介護保険法においては、介護サービス供給の計画である介護保険事業計画について、「介護保険事業に係わる保険給付の円滑な実施を確保するための基本的な指針」（要綱）が策定されることにより、細部にわたって中身を規定している。

（2）福祉供給と「ゴールドプラン21」

2000（平成12）年度に施行された介護保険制度は、21世紀において急速な人口の高齢化のなかで家族が介護のため、崩壊することにならないよう、要介護者などやその家族を国民全体で支えるためにつくられた。「ゴールドプラン21」は、介護保険制度が市町村の策定する介護保険事業計画に沿って円滑に実施されるよう、介護サービス基盤の整備を進めるものである。

また、要介護者以外の高齢者についても、できる限り介護が必要な状態にならないよう、介護予防や生活支援を行うほか、生きがいや健康づくりを計画的に進めるため策定されたものである（図表30－1・286頁）。

介護保険制度は、40歳以上の全国の国民から介護保険料を徴収するものである。介護保険料を国民から徴収するためには、被保険者が在住する市町村により、「保険あってサービスなし」では制度設計上、許されない。1961（昭和36）年、わが国は国民皆保険制度を実現したが、実態は過疎地においては現在も無医地区が少なからずある。介護保険

第8章 相談援助活動と福祉政策の関係　福祉供給の政策過程と実施過程

制度の施行はすべての市町村に介護サービスが存在していなくてはならないことを意味する。

そこで、国レベルの「ゴールドプラン21」が都道府県介護保険事業計画および市町村介護保険事業計画と連携し、全国の市町村に介護サービス基盤をつくることになった。しかし、実際には介護保険制度が施行する2000（平成12）年度の前年度である1999（平成11）年度までに「新・高齢者保健福祉推進十か年戦略（新ゴールドプラン）」により、かなりの介護サービス基盤が整備された（図表30-2）。

新・高齢者保健福祉推進十か年戦略（新ゴールドプラン）
1993（平成5）年度にとりまとめられた地方老人保健福祉計画において、1989（平成元）年度に策定された「ゴールドプラン」の目標を大幅に上回る高齢者介護サービス基盤の整備の必要性が明らかになった。そこで、高齢者介護対策のさらなる充実を目的として、「ゴールドプラン」の全面的な見直しを行い、当面、緊急に行うべき介護サービス基盤の整備目標を引き上げるとともに、今後、取り組むべき施策を新たに策定した戦略。

図表30-1　「ゴールドプラン21」策定の概要図

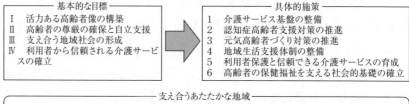

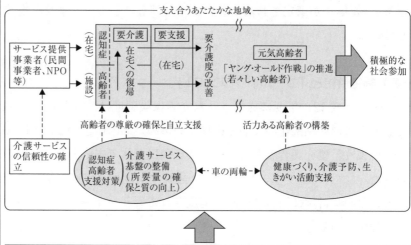

出所：厚生労働省「ゴールドプラン21」2000、p. 7

「ゴールドプラン21」および「新ゴールドプラン」は国レベルにおける介護サービス供給の政策である。これらは地方自治体が福祉供給の計画として策定する介護保険事業計画につながるものである。

図表30－2 「新・高齢者保健福祉推進十か年戦略」
（新ゴールドプラン）の進捗状況

区分		平成7年度予算 （ ）内は実績	平成8年度予算 （ ）内は実績	平成9年度予算 （ ）内は実績	平成10年度予算 [ ]内は補正予算 （ ）内は実績予想	平成11年度予算 [ ]内は 補正予算	新ゴールド プラン （平成11年度）
在宅サービス	訪問介護員 （ホームヘルパー）	92,482人 (95,578人)	122,482人 (118.779人)	151,908人 (136,661人)	167,908人 (157,711人)	178,500人	170,000人
	短期入所生活介護 （ショートステイ）	30,627人分 (33,034人分)	36,727人分 (38,619人分)	44,834人分 (43,566人分)	51,917人分 [4,885人分] (49,242人分)	63,000人分 [2,000人分]	60,000人分
	日帰り介護（デイサービス）／日帰りリハビリテーション（デイケア）	8,643か所 (6,401か所)	10,322か所 (7,922か所)	12,084か所 (9,616か所)	14,156か所 [850か所] (11,458か所)	17,150か所 [100か所]	17,000か所
	在宅介護支援センター	3,472か所 (2,651か所)	4,672か所 (3,347か所)	6,172か所 (4,155か所)	7,964か所 [600か所] (5,262か所)	10,000か所	10,000か所
	老人訪問看護事業所 （老人訪問看護ステーション）	1,500か所 (1,235か所)	2,300か所 (1,863か所)	3,200か所 (2,559か所)	4,100か所 (3,384か所)	5,000か所	5,000か所
施設サービス	特別養護老人ホーム	231,509人分 (233,560人分)	247,109人分 (249,017人分)	262,709人分 (262,961人分)	276,355人分 [12,800人分] (279,147人分)	300,000人分 [5,000人分]	290,000人分
	老人保健施設	165,811人分 (120,298人分)	191,811人分 (147,243人分)	220,811人分 (180,855人分)	249,811人分 (207,595人分)	280,000人分 [4,000人分]	280,000人分
	介護利用型軽費老人ホーム（ケアハウス）	30,700人分 (16,893人分)	38,200人分 (23,326人分)	51,350人分 (29,529人分)	64,500人分 [8,900人分] (37,492人分)	83,400人分 [1,500人分]	100,000人分
	高齢者生活福祉センター	240か所 (186か所)	280か所 (204か所)	320か所 (227か所)	360か所 [210か所] (243か所)	600か所 [200か所]	400か所

注 1）訪問介護員（ホームヘルパー）については、障害者プランで、1996（平成8）年度において8,000人、1997（平成9）年度において7,500人、1998（平成10）年度において8,600人、1999（平成11）年度において8,700人（累計32,800人）の上乗せが行われている。
  2）日帰りリハビリテーション（デイケア）の実績は、各年度の7月1日現在の数値。
  3）[ ]内は1998（平成10）年度補正予算、1999（平成11）年度予算の数値の別掲。
出所：厚生労働省『ゴールドプラン21』2000、pp.26－27

（3）福祉供給と介護保険事業計画

①介護保険事業計画とは

　介護保険事業計画は介護保険法第116～120条で大枠において規定され、細部では「介護保険事業に係る保険給付の円滑な実施を確保するための基本的な指針」（基本指針）において規定されている。この「基本指針」では、介護サービスを提供する体制の確保および地域支援事業の実施に関する事項、市町村介護保険事業計画、都道府県介護保険事業支援計画の作成に関する事項等について定められている。

②市町村介護保険事業計画と介護サービス供給過程

　市町村介護保険事業計画は厚生労働省の「基本指針」に沿い、3年を1期とする計画の策定を行い、要支援・要介護認定者数、介護保険

サービス量、介護保険事業費の実績・推計量などから構成することになっている。

ここでは、札幌市の第Ⅵ期介護保険事業計画（2015（平成27）～2017（平成29）年度）における年間の介護給付サービス提供量を例示する（図表30－3）。

図表30－3　札幌市における居宅介護サービスの提供量

（単位：人）

	見込み				
	平成26年度	平成27年度	平成28年度	平成29年度	平成37年度
訪問介護	12,794	13,357	13,803	14,187	18,953
訪問入浴介護	548	550	552	554	570
訪問看護	6,036	6,645	7,245	7,858	11,799
訪問リハビリテーション	1,128	1,267	1,407	1,549	2,363
居宅療養管理指導	8,421	9,865	11,324	12,799	19,800
通所介護	14,639	16,225	12,122	13,233	20,520
通所リハビリテーション	5,420	5,479	5,472	5,423	7,145
短期入所生活介護	2,191	2,435	2,675	2,918	4,488
短期入所療養介護	664	640	666	691	987
福祉用具貸与	16,751	18,804	20,846	22,921	35,045
福祉用具購入	376	384	402	419	597
住宅改修	345	342	334	323	411
居宅介護支援	30,012	32,259	34,335	36,371	54,697

※　利用者数は各年度の1月あたりの平均
出所：札幌市保健福祉局『札幌市第Ⅵ期介護保険事業計画』2015

札幌市介護保険事業計画では、居宅サービスを13に分類している。それぞれの各種居宅サービスにおいて、「見込み」として居宅サービス量を年度ごとに具体的に提示している。

これら数値によるデータにより、介護保険制度にもとづき、札幌市の居宅サービスが具体的に介護サービス供給の計画として、介護保険事業計画により位置づけられていることが理解できる。

③都道府県介護保険事業支援計画と介護サービス供給過程

介護保険法第118条では、都道府県は厚生労働省の「基本指針」に沿い、介護保険事業に係る保険給付の円滑な実施を支援する計画について、3年を1期として介護保険事業支援計画を策定することを定めている。

ここでは、北海道第Ⅵ期介護保険事業支援計画（2015（平成27）年）における施設サービスの達成予定を利用者数で例示する（図表30－4・291頁）。北海道はわが国の国土の34％を占めるため、高齢者保健福祉圏域を21圏域に分けている。北海道の大都市は札幌であるため、札幌圏域の施設サービス整備が最も高く利用者数の達成予定は高い。とくに介護福祉施設サービスの整備が最も高いと言える。

　このような数量によるデータから、北海道における介護保険制度にもとづく介護サービス提供基盤に関する計画、すなわち、福祉供給に関する計画が策定されるのである。行政による福祉供給に関する計画は福祉政策立案と関係し、福祉関係予算の確保にもつながる。

2．福祉供給の実施過程

（1）福祉供給場面における相談援助活動の果たす役割～介護保険を例に

　前節で示されたとおり、介護保険を例にとるならば、介護保険法によりその基本システムが規定され、具体的なサービスについては市町村・都道府県が策定する計画をよりどころとして、その確保や整備が図られる。民間活力と行政による基盤整備の結合の結果、地域に適切なサービスが誕生したとしても、これらを必要とする人々のもとに届けられなくては、せっかくのサービス、そして、その元となる政策も意味をなさない。

　そこで、社会福祉政策から生み出されたサービスを、これらを必要とする人々に届ける役目を果たすのが相談援助活動（**ソーシャルワーク**）である。

　介護保険制度では、要介護者などが介護サービスを利用する前提として、**ケアマネジメント**というソーシャルワークの関連技術の1つを活用することを基本としている。ケアマネジメントは「対象者の社会生活上での複数のニーズを充足させるため適切な社会資源と結びつける手続きの総体」[1]と定義される。対象者は利用者や家族で、社会資源にはフォーマル、インフォーマルなものがあるが、福祉政策にもとづくサービスはフォーマルな社会資源に位置づけられる。

　訪問介護（ホームヘルプサービス）、通所介護（デイサービス）、短

ソーシャルワーク
国際ソーシャルワーカー連盟が採択した定義によると、ソーシャルワーカーは人間の福利（ウェルビーイング）の増進をめざし、社会の変革を進め、人間関係における問題解決を図り、人々のエンパワーメントと解放を促してくものであり、ソーシャルワークとは人間と行動と社会システムに関する理論を利用し、人々がその環境と相互に影響し合う接点に介入し、人権と社会正義の原理を基盤としている。
その技術のレパートリーには、直接援助技術として個別援助技術（ケースワーク）、集団援助技術（グループワーク）、間接援助技術として地域援助技術（コミュニティワーク）、社会福祉調査法、社会福祉運営法、社会活動法、社会福祉計画法、関連援助技術としてネットワーク、ケアマネジメント、スーパービジョン、カウンセリング、コンサルテーションがある。

ケアマネジメント
地域ケアを進めるにあたり、生まれた援助技術。アメリカでは、ケースマネジメントとして病院を出た精神障害者が地域で生活するにあたり、支援していく技術として開発された。イギリスでは、国民保健サービス及びコミュニティケア法により、ケアマネジメントが制度化された。わが国では、在宅（老人）介護支援センターが最初の制度化されたケアマネジメント機関とされている。

期入所生活介護（ショートステイ）、福祉用具貸与（車いすなどのレンタル）、住宅改修など介護保険制度にもとづくこれらのサービスを利用したいと考えた高齢者は、まずは市町村から要介護認定を受ける必要がある。その認定を受けた高齢者は、在宅生活を継続するのであれば居宅介護支援事業者（ケアマネジメント機関）に連絡し、所属する介護支援専門員（ケアマネジャー）にケアマネジメントやサービスの提供を依頼することとなる。

　依頼を受けた事業所の介護支援専門員は利用者や家族のもとを訪ね、心身状況、環境などをつまびらかにすることにより、要介護者や家族がかかえるニーズを明らかにすると同時に、彼らの希望も確認する。この段階をアセスメント（事前評価）という。そして、利用者やその家族と介護支援専門員は今後の生活における目標を確認し、ニーズや希望に適した社会資源（介護保険のサービスを含む）の利用を確認する。これを書面にしたものがケアプランである。

　介護支援専門員はケアプランの原案を作成し、本人やその家族、および本人にサービスを提供するであろう事業者の担当者らが参加するサービス担当者会議と呼ばれる会議を開く。そこでの話し合いを踏まえ、必要に応じて修正したケアプランについて、利用者の同意が得てはじめてケアプランが確定する。介護支援専門員はこの決定されたケアプランにもとづき、サービス事業者との調整を図るが、これにより実際に各介護サービスの提供が開始されることとなる。

　その後、実際にケアプランどおり、サービスは提供されているのか、利用者や家族に状況の変化はないのか、新たなニーズは生じていないのかどうか、といったことを念頭に置きながらモニタリングを行う。その結果、必要があればアセスメントを再度実施し、以下、同様の流れを繰り返していくこととなる。

　また、各介護サービスの提供機関においても介護サービスそのものばかりではなく、たとえば、ショートステイではケースワーク、デイサービスではグループワークといった相談援助活動が展開されることになる。

図表 30 − 4　北海道介護保険事業支援計画の実績（2010（平成 22）年度）
　　　　　　サービス提供基盤推進状況

(単位：人)

圏　域	介護福祉施設サービス（介護老人福祉施設）			介護保険施設サービス（介護老人保健施設）		
	平成 27 年度	平成 28 年度	平成 29 年度	平成 27 年度	平成 28 年度	平成 29 年度
南　渡　島	1,926	1,930	1,959	1,393	1,396	1,401
南　檜　山	300	301	302	119	119	119
北渡島檜山	390	390	414	226	226	227
札　　　幌	6,189	6,553	6,871	5,332	5,339	5,423
後　　　志	1,257	1,259	1,369	1,088	1,089	1,090
南　空　知	1,252	1,279	1,289	958	987	1,014
中　空　知	916	919	907	479	479	538
北　空　知	344	349	352	178	179	180
西　胆　振	955	1,019	1,032	802	872	894
東　胆　振	801	849	901	651	665	679
日　　　高	547	547	557	258	259	254
上　川　中　部	1,637	1,657	1,675	1,241	1,247	1,249
上　川　北　部	633	657	674	293	301	310
富　良　野	294	301	308	123	131	135
留　　　萌	432	435	440	144	148	152
宗　　　谷	770	774	780	174	176	176
北　　　網	1,158	1,187	1,199	590	591	591
遠　　　紋	502	519	520	229	230	231
十　　　勝	1,598	1,615	1,620	1,331	1,357	1,418
釧　　　路	1,147	1,165	1,276	600	612	620
根　　　室	334	336	337	152	154	158
全　道　計	23,382	24,041	24,782	16,361	16,557	16,859

圏　域	介護療養施設サービス（介護療養型医療施設）		
	平成 27 年度	平成 28 年度	平成 29 年度
南　渡　島	255	256	256
南　檜　山	1	1	1
北渡島檜山	18	18	17
札　　　幌	1,671	1,571	1,570
後　　　志	556	478	476
南　空　知	192	187	184
中　空　知	297	297	297
北　空　知	54	56	59
西　胆　振	229	229	229
東　胆　振	184	183	183
日　　　高	9	9	8
上　川　中　部	394	377	377
上　川　北　部	19	18	18
富　良　野	21	21	21
留　　　萌	42	42	42
宗　　　谷	4	4	4
北　　　網	45	45	45
遠　　　紋	8	8	8
十　　　勝	86	72	71
釧　　　路	57	57	56
根　　　室	66	68	69
全　道　計	4,208	3,997	3,991

出所：北海道保健福祉部「北海道介護保険事業支援計画」2015

(2) 社会福祉政策を具現化する相談援助活動

　社会福祉政策と相談援助活動の関係について、太田義弘の概念の整理をもとにみてみよう。

　太田は、社会福祉（広義）を制度化された施策である狭義の「社会福祉」（太田は「社会福祉」と呼んでいるが、ここでは、以下、「社会福祉制度」という）と「社会福祉実践（ソーシャルワーク）」に分類している。そのうえで、社会福祉制度には法により制度化されたものと、ボランティアなどの非公式な社会制度からなるものとしている。すなわち、社会福祉政策は社会福祉制度（なかでも法制度化された社会福祉）に含まれるものと考えられる。そして、社会福祉政策を含む社会福祉制度という仕組みは、「思想や目的、理念を具体的な制度として構造化することに」[2] その特徴がある。社会福祉政策もまた、ある思想・目的・理念があり、それを現実化させるために構築した諸施策といえる。

　一方、ソーシャルワークとは社会福祉制度という構造を稼働させるものであり、逆にいうならば、社会福祉制度はソーシャルワークを通じ、機能するものである。すなわち、社会福祉（広義）がめざす思想・目的・理念を法や諸施策として構造化させた社会福祉政策（社会福祉制度）があり、それを前提とし、その目的などに向けて機能させていくものが相談援助活動（ソーシャルワーク）である。相談援助活動（機能）は社会福祉政策（構造）を基盤としながらも、それによって画一的に規定されるのではなく、政策的意図を汲み取ったソーシャルワーカーによって自律的に展開されるものであり、何よりも「自由で創造的な人生の自己実現を可能にする価値追究行動」を課題とするところに特性がある。ソーシャルワークと社会福祉制度の関係については、「機能が実践という効果を通じて価値に内面化されて、構造の内容を再構成する」[3] ものとされる。

(3) 社会福祉政策に還元する相談援助活動

　社会福祉政策と相談援助活動との関係について、以上を単純化して示すならば、「社会福祉政策→相談援助活動」となる。

　しかし、逆の側面もある。ソーシャルワーク実践（ソフト福祉）は、

個別的なミクロの問題解決をめざした援助活動であると同時に、そこから導かれた課題や成果をマクロの施策に反映する間接的な援助活動をも内包し、「制度・政策のハード福祉にソフト福祉をフィードバックするシステム関係から成り立つ」[4]。つまり、両者間の影響は「相談援助活動→社会福祉政策」という側面もある、ということである。

しかし、相談援助活動（ソーシャルワーク）は社会福祉政策の枠内だけで行われるものではない。

岡村重夫は、「法律による社会福祉」（社会福祉政策にもとづく相談援助活動を含むものと考える）が硬直化した援助活動に終始する側面を指摘したうえで、「法律によらない民間の自発的な社会福祉」は社会福祉理論に裏づけられた新しい社会福祉的援助の原則を実証し、また、「法律による社会福祉」の側がこれを謙虚に受け止め、法律として取り入れることが大切だと指摘している（以下、引用）。

　一定の資本主義経済の発達段階における社会・経済的条件によって規定される社会福祉の典型は、「法律による社会福祉」（statutory social service）である。（略）しかし法律による社会福祉が社会福祉の全部ではない。いな全部であってはならない。法律によらない民間の自発的な社会福祉（voluntary social service）による社会福祉的活動の存在こそ、社会福祉全体の自己改造の原動力として評価されなければならない。

　「法律による社会福祉」が法律の枠にしばりつけられて硬直した援助活動に終始しているときに、新しい、より合理的な社会福祉理論による対象認識と実践方法を提示し、自由な活動を展開できるのは自発的な民間社会福祉の特色である。それは財源の裏づけもなければ、法律によって権威づけられた制度でもない。しかしそのようなことは自発的な社会福祉にとって問題ではない。問題なのは、その社会福祉理論の合理性に裏づけられた新しい社会福祉的援助原則を、たとえ小規模であっても、これを実証してみせることであり、また「法律による社会福祉」の側がこれを謙虚に受けとめて法律を改正し、その時々の社会福祉全体をいかに発展させるかということである。

してみれば、社会福祉は、常に新しい処遇原則と合理的な援助方法を求めて発展するという仮定の上に立つ（略）。むしろ自発的な社会福祉活動がどのような援助原則を実践したか、そして「法律による社会福祉」の援助原則がそれによってどのような影響を受けたかということが重要な研究課題となるであろう。社会福祉法制度がそのまま社会福祉なのではない。社会福祉に関する限り、法律は常に越えられるものでなくてはならない[5]。

　以上を整理するならば、相談援助活動（ソーシャルワーク、社会福祉実践）には、社会福祉政策（法律による社会福祉）との関係で3つの側面がある。

　1つは、社会福祉政策（法律による社会福祉）を人々に届ける手段という側面である。介護保険や障害者総合支援法では、基本的に給付（サービス費）の前提としてケアマネジメントというソーシャルワークの一手法を導入しているが、これにより、ニーズにマッチしたサービスを利用者に届けることを可能にしている。また、生活保護制度でも金銭給付などだけでなく、ケースワークをはじめとした社会福祉実践がなされることにより、最低生活の保障と同時に「自立助長」というもう1つの政策目的も達成されることが企図されている。

　2つ目は、実践活動を通して見えてきた課題を社会福祉政策にフィードバックする、すなわち、現場の声を政策に反映させる側面である。この場合、現場で対クライエント（ミクロ・メゾ）に用いられる実践方法に加え、社会調査なども用いられる必要がある。社会調査により、現場の状況や課題を明確化、集約化し、その結果を政策主体などに示していくわけである。

　3つ目は、社会福祉の理念や基本原則をよりどころとする「法律によらない」社会福祉実践を行い、それが新たな「法律による社会福祉」を形成する、といった影響を与える側面である。これは2つ目と同様、やはり現場の声を政策に反映させるものだが、その現場というものが少なくともその段階では法律や政策にもとづくものではないものを指す。時代の変流により発生した新たな課題に社会福祉政策が追いつくには時差がある。あるいは政策が取り残したまま横たわっている問題

も存在する。そのような課題・問題に対し、政策に先んじて取り組んだうえで、ソーシャルアクション（これもソーシャルワークの１つ）によって世論を喚起したり、あるいは当該実践の効果測定を行い、それを公表することにより、政策に影響を与えるわけである。

　以上のようなミクロ、メゾ、マクロの好循環を図ることにより、社会福祉実践と社会福祉政策が有機的につながることが期待される。現在および未来の実践者（ソーシャルワーカー）には自分の仕事は社会福祉政策から期待されるミッションの遂行にあることを自覚するとともに、現状の枠（政策）の不十分、あるいは不都合な点に気づき、それを建設的に変える力が必要である。

注

1）白澤政和『ケースマネージメントの理論と実際－「生活」を支える援助システム－』中央法規出版、1992年、p.11
2）太田義弘『ソーシャル・ワーク実践とエコシステム』誠信書房、1992年、p.27
3）同上書、p.34
4）同上書、pp.45－46
5）岡村重夫『社会福祉原論』全国社会福祉協議会、1984年、pp.3－4

さらに深く学ぶために

1）太田義弘『ソーシャル・ワーク実践とエコシステム』誠信書房、1992年
　・社会福祉制度とソーシャルワークの関係性を整理した書である。
2）岡村重夫『社会福祉原論』全国社会福祉協議会、1983年
　・「法律による社会福祉」と「自発的社会福祉」の発展を論じた書である。
3）原田克己・大和田猛・島津淳『福祉政策論』医歯薬出版、2003年
　・福祉供給の政策過程を理解するうえで必要な「福祉政策論」について平易に解説した書である。

4）川村匡由・島津淳・佐橋克彦編著『福祉行財政と福祉計画』久美株式会社、2009年
・福祉供給の政策過程について具体的に解説した書である。

社会福祉実践との関連を考えるために

1）相談援助活動と社会福祉政策との関連性を踏まえたとき、どのような社会福祉援助活動（ソーシャルワーク）を展開していく必要があると考えるか、述べて下さい。

参考文献

1）太田義弘『ソーシャルワーク実践と支援過程の展開』中央法規出版、1999年
2）福祉士養成講座編集委員会編『社会福祉援助技術論Ⅰ』中央法規出版、2007年
3）川村匡由・島津淳・佐橋克彦編著『福祉行財政と福祉計画』久美株式会社、2009年

column
ニーズの判断

　社会福祉実践の1つの重要な役割にクライエントのニーズの充足がある。三浦文夫はニーズを「ある種の状態が、一定の目標なり、基準からみて乖離の状態にあり、そしてその状態の回復・改善等を行う必要があると社会的に認められたもの」[6]とし、また、小林良二は①社会生活を続けていくうえでその充足が必要と考えられ、②その充足については「社会」が何らかの責任を負わなければならず、③その把握は援助過程の出発点となる[7]ことをニーズの特徴としてあげている。

　では、そのようなニーズを判断するのはだれか。少なくとも公的サービスの前提となる「社会的ニーズ」は、「たんに当事者の主観的概念としてではなく、当事者を超えた「社会通念」や「専門家の判断」にもとづいて定まる」[8]。しかし、その場合でも次の議論を踏まえたい。

　武川正吾は、社会政策の対象は専門性や社会通念にもとづく「客観的必要」としつつも、利用者の主観的判断にもとづく「主観的必要」にも注意を払うべきとしている。それは①客観的な必要判定が誤謬に陥らない保証はない、②客観的な必要判定は必ずしも疑問の余地なく示されるとは限らない、③専門性等に基づく必要の判定は権力的なものとなりがちで、主観的判定はその克服に資するからである[9]。すなわち、「社会的ニーズ」は、最終的にはソーシャルワーカー等による「専門家の判断」にもとづくとしても、利用者の主観的ニーズにも十分に耳を傾けることを忘れてはならない。

　しかし、それは決して「専門家の判断」をしなくてよい、ということを意味するものではない。

索 引

数字

50年勧告 …………………………… 179
62年勧告 …………………………… 179
95年勧告 …………………………… 180
1547年法 …………………………… 64
2007年問題 ………………………… 203

英字

ADL ………………………………… 166
AFDC ……………………………… 79
AIDS ………………………………… 90
COS運動 ………………………… 65, 66
EU統合 ……………………………… 88
IL運動 ……………………………… 15
IT（情報技術）……………………… 152
NHS及びコミュニティケア法 …… 84, 87
NPO ……………………………… 24, 89
NPO法人 ………………………… 100, 228
PDCA（Plan-Do-Check-Action）… 215
QOL ………………………………… 163

あ

朝日訴訟 ………………………… 78, 162
アセスメント ……………………… 290
アダムズ …………………………… 67
新しい貧困 ………………………… 78
アドボカシー ……………………… 67
アムステルダム条約 ……………… 90
新たな貧困 ………………………… 143
あんしん賃貸住宅 ………………… 262
あんしん賃貸住宅支援事業 ……… 262

い

イエ ………………………………… 68
異業種交流 ………………………… 196
イギリス型福祉国家 ……………… 80
一番ヶ瀬康子 ……………………… 52
一般就労 …………………………… 143
一般平等処遇法 …………………… 88
井上友一 …………………………… 48
医療保護 …………………………… 72
医療保護法 ………………………… 72
インテグレーション ……………… 88

う

ヴォルフェンスベルガー …………… 57
ウルフェンデン報告 ……………… 219

え

英国病 ……………………………… 148
エーデル改革 ……………………… 86
駅前保育所 ………………………… 30
エリザベス救貧法 ……… 63, 124, 148
遠距離介護 ………………………… 143
エンゲル方式 ……………………… 81
エンパワメント …………………… 173

お

オイルショック …………………… 255
応益負担 ……… 100, 162, 165, 210, 244
応能負担 ………… 100, 165, 210, 242
大きな政府 ………………………… 143
大河内一男 ………………………… 49
大林宗嗣 …………………………… 49

索引

岡村重夫 …………………………… 50, 107
岡山孤児院 ………………………………… 70
小河滋次郎 ………………………………… 48
恩給や戦争犠牲者援護 …………………… 140
オンブズマン制度 ………………………… 90

か

カースト制 ………………………………… 153
介護給付 …………………………………… 235
介護サービス計画（ケアプラン）… 101, 233
介護支援専門員（ケアマネジャー）161, 233
介護の社会化 ……………………………… 190
介護ビジネス ……………………………… 152
介護保険 …………………………………… 90
介護保険事業計画 ………………………… 285
介護保険法施行規則 ……………………… 285
介護保険法施行令 ………………………… 285
賀川豊彦 …………………………………… 48
企業主導型保育所 …………………… 30, 280
格差縮小方式 ………………………… 81, 97
革新自治体 ………………………………… 82
活力ある福祉社会 ………………………… 94
家庭学校 …………………………………… 70
家庭奉仕員 ………………………………… 95
貨幣的ニーズ（ド）………………… 52, 112
河上肇 ……………………………………… 48
鰥寡孤独不具廃疾 ………………………… 68
官製市場 …………………………………… 37
官尊民卑 …………………………………… 199
官治行政 …………………………………… 199
官僚制 ……………………………………… 214

き

企画計画予算制度 ………………………… 185
企業年金 …………………………………… 192
企業の社会的責任 ………………………… 222
企業別労働組合 …………………………… 272
基準財政需要額 …………………………… 213

機能障害を有する人々の援助とサービスに関する法律（LSS）………………………… 88
基本的人権 ………………………………… 16
逆進性 ……………………………………… 165
救護法 ……………………………………… 71
（旧）生活保護法 ………………………… 76
救世軍 ……………………………………… 65
教育的博愛的事業 ………………………… 67
共助（互助） ……………………………… 145
行政改革 …………………………………… 143
行政型供給組織 …………………………… 190
行政処分 …………………………………… 240
行政処分性 ………………………………… 170
共同生活援助（グループホーム）……… 269
共同生活介護（ケアホーム）…………… 269
共同募金 …………………………………… 77
居宅介護住宅改修費 ……………………… 262
金融ビッグバン …………………………… 143

く

苦情解決 …………………………………… 247
区分支給限度基準額 ……………………… 235
グループホーム ……………………… 87, 98
グローバリゼーション …………………… 154
訓練等給付 ………………………………… 235

け

ケアプラン …………………………… 161, 290
ケアホテル ………………………………… 192
ケアマネジメント ………………………… 289
経済秩序外的存在 ………………………… 49
経済のグローバル化 ……………… 91, 143, 175
軽費老人ホーム …………………………… 265
契約制 ……………………………………… 11
契約制度 …………………………… 241, 244
契約入所方式 ……………………………… 29
ケインズ主義 ……………………………… 85
現業員 ……………………………………… 45

299

原罪 …………………………………… 62
現生活保護法 ………………………… 76
健兵健民政策 ………………………… 72
憲法第41条 …………………………… 284
憲法第73条6項 ……………………… 284
権利擁護 ……………………………… 245

こ

小石川養成所 ………………………… 68
公営住宅 ……………………………… 263
後期高齢者人口 ……………………… 260
公権力 ………………………………… 171
公私協働 ……………………………… 205
公私の役割分担 ……………………… 95
公衆衛生および医療 ………………… 140
厚生事業 ……………………………… 72
公的扶助 ……………………………… 140
公的扶助サービス論争 ……………… 78
高度経済成長 …………………… 141, 255
孝橋正一 ……………………………… 50
高福祉・高負担 ………………… 150, 154
高齢化社会 …………………………… 274
高齢化社会＝危機論 ………………… 21
高齢化率 ……………………………… 144
高齢者 ………………………………… 16
高齢社会福祉ビジョン懇談会 ……… 144
高齢者虐待防止法 …………………… 137
高齢者、障害者等の移動等の円滑化の促進に関する法律（バリアフリー新法）……… 262
高齢者福祉 …………………………… 140
高齢者福祉産業 ………………… 189, 192
高齢者保健福祉推進10か年戦略（ゴールドプラン）………………… 23, 96, 141
コーポレートシチズンシップ（企業市民意識）……………………………… 194
ゴールドプラン21 …………………… 96
国際障害者年 ………………………… 98
国際人権規約 ………………………… 56
国民皆保険・皆年金 ………………… 81

国民所得 ……………………………… 144
国民総動員体制 ……………………… 72
国民の家 ……………………………… 76
国民負担率 ……………………… 154, 161
国民保健サービス（National Health Service）……………………………… 74
国民保健サービス及びコミュニティケア法（NHS）………………………… 149
国民優生法 …………………………… 72
個人年金 ……………………………… 189
国家行政組織法 ……………………… 284
国家統治 ……………………………… 200
国庫支出金 …………………………… 199
国庫補助率 …………………………… 97
子ども・子育て応援プラン ………… 142
子ども・子育て支援法 ……………… 32
子どもの貧困 ………………………… 133
子供民生委員制度 …………………… 255
五人組 ………………………………… 68
個別性の原則 ………………………… 161
コミュニティオーガニゼーション … 150
コミュニティ・ケア ……………… 82, 86, 150
コミュニティケア改革 ……………… 149
コミュニティソーシャルワーカー … 173
コミュニティビジネス ……………… 141
コミュニティワーク ………………… 150
米騒動 ………………………………… 70
雇用対策 ……………………………… 140
雇用対策基本計画 …………………… 274
コロニー ……………………………… 81
今後の子育て支援のための施策の基本的方向について（エンゼルプラン）……… 100, 142

さ

サービス付き高齢者向け住宅 ……… 192
財形年金 ……………………………… 192
財政健全化 …………………………… 35
済世顧問制度 ………………………… 71
財政的福祉 …………………………… 181

索　引

在宅重度身体障害者住宅改造費 ……… 268
在宅福祉サービス ……………………… 96
最低生活（ナショナル・ミニマム）…… 74
査察指導員 ………………………………… 45
サッチャー政権 …………………………… 84
サッチャリズム ………………………… 149
真田是 ……………………………………… 52
参加型（相互扶助型）福祉供給組織 … 190
産業革命 ……………………………… 64, 69
産業の福祉化 …………………………… 196
三位一体の改革 …………………… 143, 213

し

シーボーム報告 ……………………… 78, 149
ジェネラリスト・アプローチ …………… 90
シェルタード・ハウジング ……………… 87
ジェンダー ……………………………… 174
支援費制度 …………………………… 99, 142
四箇院 ……………………………………… 68
慈恵政治 …………………………………… 68
自己決定 …………………………… 172, 245
自己選択 …………………………… 171, 172
市場原理 …………………………… 107, 152
次世代育成支援対策推進法 …………… 142
慈善（charity）…………………………… 62
慈善事業 ……………………………… 63, 228
慈善組織化協会 ………………………… 124
慈善の合理化・科学化 …………………… 66
自治事務 ………………………………… 212
市町村地域福祉計画 …………………… 172
失業 ……………………………………… 128
指定介護老人福祉施設の人員、設備及び運営に
　関する基準 ………………………… 285
児童愛護 ………………………………… 72
児童虐待防止法 …………………… 72, 136
児童相談所 ……………………………… 14, 43
児童の権利に関する条約 ……………… 56
児童福祉 ………………………………… 140
児童福祉施設最低基準 ………………… 29

ジニ係数 ………………………………… 229
資本主義（自由主義；市場原理主義）的モデル
　………………………………………… 149
嶋田啓一郎 ……………………………… 51
市民権 …………………………………… 180
市民福祉社会 …………………………… 207
社会関係の欠損 ………………………… 163
社会関係の不調和 ……………………… 163
社会権 …………………………………… 55
社会国家 ………………………………… 79
社会サービス法 ………………………… 86
社会事業 …………………………… 50, 70
社会事業活動 …………………………… 228
社会診断 ………………………………… 68
社会生活の基本的要求 …………… 107, 118
社会制度の欠陥 ………………………… 163
社会調査 ………………………………… 65
社会的ニード …………………………… 109
社会的入院 ………………………… 86, 95
社会的パートナーシップ ……………… 75
社会的排除 ……………………………… 102
社会投資国家 …………………………… 154
社会貧 …………………………………… 126
社会福祉 …………………………… 140, 181
社会福祉関係8法の改正 ………… 23, 96
社会福祉基礎構造改革 ……… 24, 241, 242
社会福祉基礎構造改革について（中間まとめ）
　………………………………………… 99
社会福祉基礎構造改革の基本方針 …… 99
社会福祉協議会 ………………………… 77
社会福祉協議会基本要項 ……………… 202
社会福祉士及び介護福祉士法 ………… 96
社会福祉事業 …………………………… 241
社会福祉事業団 ………………………… 204
社会福祉事業法 …………………… 77, 99
社会福祉事業本質論争 ………………… 77
社会福祉施設緊急整備5か年計画 …… 82
社会福祉士の倫理綱領 ………………… 59
社会福祉主事 ……………………… 12, 77
社会福祉の基礎構造改革について …… 24

301

| 社会福祉の固有性 …………………… 50
| 社会福祉の普遍化 …………………… 141
| 社会福祉法 ………………… 99, 242, 245, 246
| 社会福祉法人 ………………………… 77, 241
| 社会扶助 ……………………………… 91
| 社会法典 ……………………………… 80
| 社会保険 ……………………………… 88, 140
| 社会保険方式 ………………………… 142
| 社会保険料 …………………………… 208
| 社会保障 ……………………………… 140
| 社会保障給付費 ……………………… 144
| 社会保障構造改革 …………………… 23, 160
| 社会保障財政 ………………………… 160
| 社会保障・税一体改革大綱 ………… 209
| 社会保障制度に関する勧告（50年勧告） 140
| 社会保障体制の再構築（95年勧告）… 23
| 社会保障法（Social Security Act）…… 150
| 社会民主主義モデル ………………… 149
| 就学援助費 …………………………… 134
| 自由権 ………………………………… 55
| 住宅対策 ……………………………… 140
| 自由放任主義 ………………………… 65
| 住民運動 ……………………………… 82
| 住民活動主体の原則 ………………… 202
| 住民参加 ……………………………… 145
| 住民参加型在宅福祉サービス ……… 204
| 住民・市民自治 ……………………… 205
| 住民主体 ……………………………… 173
| 住民主体の原則 ……………………… 202
| 就労支援（ワークフェア）………… 85
| 受益者負担 …………………………… 95
| 儒教の精神 …………………………… 152
| 恤救規則（1874（明治7）年 ……… 69
| 需要 …………………………………… 106
| 準市場 ………………………………… 221
| 準市場化 ……………………………… 175
| 生涯学習 ……………………………… 254
| 障害基礎年金 ………………………… 98
| 障害者基本計画 ……………………… 98, 268
| 障害者基本法 ………………………… 98

障害者虐待防止法 …………………… 136
障害者権利条約 ……………………… 86
障害者支援費制度 …………………… 235
障害者自立支援制度 ………………… 235
障害者自立支援法 ………………… 24, 100, 142
障害者総合支援法 ………………… 25, 40, 237
障害者の社会参加 …………………… 86
障害者福祉 …………………………… 140
障害者プラン（ノーマライゼーション7か年戦略）……………………… 98, 142
障害を持つアメリカ人法（ADA）……… 87
償還払い式 …………………………… 264
小規模多機能型居宅介護 …………… 234
証拠に基づく政策立案 ……………… 185
少子高齢化 …………………………… 100
少子高齢社会 ………………………… 141
少年教護法 …………………………… 72
消費者の保護 ………………………… 194
情報の非対称性 ……………………… 245
省令 …………………………………… 284
職域的福祉 …………………………… 181
職工事情 ……………………………… 48
女工哀史 ……………………………… 48
女性運動 ……………………………… 88
所得の再分配 ………………………… 80, 229
処方的ニーズ ………………………… 113
自立支援 ……………………………… 12
自立支援プログラム ………………… 97
自立生活運動 ………………………… 58
シルバーサービス …………………… 96, 141
シルバーハウジング・プロジェクト … 263
白澤政和 ……………………………… 120
新救貧法 ……………………………… 64
新経済社会7か年計画 ……………… 94
新公共管理 …………………………… 184
人口減少 ……………………………… 141
新興国 ………………………………… 152
新・高齢者保健福祉推進十か年戦略（新ゴールドプラン）……………………… 96, 286
新自由主義（新保守主義）………… 84

索 引

心身障害対策基本法 …………………… 98
申請主義 ………………………………… 240
身体障害者更生相談所 ……………… 15, 42
診断的ニーズ …………………………… 113
人民相互の情誼 ………………………… 69

す

水準均衡方式 …………………………… 97
垂直的再分配 …………………………… 229
水平的再分配 …………………………… 230
スウェーデンモデル …………………… 150
スティグマ ……………………… 64, 80, 200

せ

生活課題 ………………………………… 107
生活権 …………………………………… 145
生活困窮者緊急生活援護要綱 ………… 76
生活困窮者自立支援法 ………………… 129
生活支援ニーズ ………………………… 110
生活ニーズ ……………………………… 110
生活の質的向上ニーズ ………………… 194
生活保護の算定方式 …………………… 81
清教徒革命 ……………………………… 64
生産性効率 ……………………………… 160
「生産的福祉」構想 ……………………… 153
精神保健福祉法 ………………………… 99
生存権 …………………………… 55, 162
成年後見制度 ……………… 102, 171, 246
政令 ……………………………………… 284
世代間再分配 …………………………… 230
絶対王政時代 …………………………… 64
絶対的貧困 ……………………………… 126
セツルメント …………………………… 125
セツルメント運動 ……………… 65, 67, 125
セルフヘルプ …………………………… 88
全国社会福祉協議会 …………………… 96
潜在的国民負担率 ……………………… 38
戦災復興 ………………………………… 141

戦時厚生事業 …………………………… 72
全体主義 ………………………………… 149
選択の自由 ……………………………… 89
選別給付 ………………………………… 84
選別主義 …………………… 164, 184, 240

そ

相対的貧困 ……………………………… 126
ソーシャルアクション ……………… 67, 205
ソーシャル・インクルージョン
　………………………… 87, 145, 205, 257
ソーシャル・インテグレーション …… 146
ソーシャルガバナンス ………………… 200
ソーシャルワーク ……………………… 289
租税 ……………………………………… 208
措置制度 ……………… 11, 77, 170, 200, 240

た

第2次臨時行政調査会（第2臨調）… 94, 143
第3の道 ………………………………… 149
待機児童 ………………………………… 30
対人社会サービス …………………… 79, 86
第三者評価 ……………………………… 248
タウンゼント …………………………… 78
高島進 …………………………………… 52
滝乃川学園 ……………………………… 70
竹内愛二 ………………………………… 51
竹中勝男 ………………………………… 51
脱施設化 ………………………………… 87
脱ゆとり教育 …………………………… 258
頼母子講 ………………………………… 204
多文化ソーシャルワーク ……………… 90
惰民 ……………………………………… 64
団塊世代 ………………………………… 203
男女格差 ………………………………… 88
男女共同参画 …………………………… 174

ち

地域援助技術	173
地域支援事業	101
地域生活支援事業	235
地域福祉	82
地域福祉の推進	142
地域包括支援センター	234
地域密着型サービス	101
小さな政府	21, 84, 143
知的障害者更生相談所	15, 43
知的障害者相談員	98
知的障害者通勤寮	98
チベット問題	152
地方交付税	199
地方交付税交付金	213
地方自治体社会サービス法	86
地方分権	192, 200
地方分権一括法	212
地方分権化	173
チャルマーズ	65
中央慈善協会	49
中央集権	192, 200
中央福祉人材センター	96
中東戦争	153
中福祉・中負担	155
長期生活支援資金（リバースモーゲージ）	97
徴兵	72
徴用	72
直接契約方式	101
賃金	272

つ

終の棲家	81
通知	285

て

R.ティトマス	181
低福祉・低負担	155
適正福祉・適正負担	154
デフレ	38
デモクラシー	71
天然資源	152

と

トインビーホール	125
当事者運動	98
特定施設入居者生活介護サービス	265
特定非営利活動促進法（NPO法）	100
特別養護老人ホーム	82
都道府県社会福祉協議会	96
都道府県福祉人材センター	96
隣組	72
隣友運動	65
ドルショック	255

な

ナーシングホーム	90
ナショナルオプティマム	145
ナショナルマキシマム	145, 191
ナショナルミニマム	13
生江孝之	49

に

ニーズ	106
ニード	106
日常生活自立支援事業	102, 246
日常生活用具給付制度	268
日本型福祉社会論	21
日本国憲法	54
日本再生戦略	280
日本的雇用慣行システム	272
ニューディール	75
ニューディール政策	150
認可型供給組織	190

人間裁判 …………………………… 162
認定こども園 ……………………… 31

ね

ネットカフェ難民 ………………… 102
年金改革 …………………………… 75

の

ノーマライゼーション …………… 15, 56
ノーマライゼーションの理念 …… 205

は

ハートビル法 ……………………… 264
S. バーネット夫妻 ………………… 125
売春制度（公娼制度）…………… 70
パイの論理 ………………………… 81
博愛事業 …………………………… 63
白豪主義 …………………………… 151
パターナリズム（paternalism）… 170
バブル崩壊 ………………………… 143
バリアフリー新法 ………………… 264
バリアフリー法 …………………… 264
ハルハウス ………………………… 67
N. E. バンク‐ミケルセン ………… 56
反射的利益 ………………………… 11
阪神・淡路大震災 ………………… 100
ハンセン病 ………………………… 72

ひ

非貨幣的ニーズ …………………… 52, 112
非自発的失業 ……………………… 128
ビスマルク社会保険 ……………… 149
人足寄場 …………………………… 68
一人っ子政策 ……………………… 152
ヒューマニズム …………………… 63, 70
ビルト・イン・スタビライザー … 20

貧困家族一時扶助（TANF）…… 85
貧困戦争 …………………………… 79
貧乏物語 …………………………… 48
貧民 ………………………………… 64

ふ

不安解消ニーズ …………………… 194
フィランソロピー ………………… 194
C. ブース …………………………… 125
ブース ……………………………… 65
フェミニズム ……………………… 88
付加的ニーズ ……………………… 145
福祉3法体制 ……………………… 76
福祉元年 …………………………… 20, 143
福祉官僚制 ………………………… 170
福祉権運動 ………………………… 79
福祉国家 …………………………… 148, 149
福祉国家の拡大 …………………… 79
福祉コミュニティ ………………… 205
福祉サービスの質 ………………… 247
福祉産業 …………………………… 188
福祉事務所 ………………………… 44, 77, 241
福祉社会 …………………………… 89, 149
福祉多元主義 ……………………… 89
福祉の産業化 ……………………… 196
福祉のパラダイム ………………… 207
福祉文化 …………………………… 203
福祉ミックス論 …………………… 153, 191, 219
福祉見直し論 ……………………… 21, 94, 160
福祉労働論 ………………………… 82
富士川游 …………………………… 49
婦人相談所 ………………………… 44, 174
負の所得税 ………………………… 182
普遍主義 …………………………… 164, 184, 241
ブラッドショー …………………… 111
ブレア ……………………………… 149
フレックスナー …………………… 68

へ

- ベヴァリッジ報告 …………… 74, 148
- ベーシック・インカム ………… 182
- ベビーホテル ………………… 228
- ベンクト・ニイリエ …………… 57

ほ

- 保育所 ………………………… 28
- 法定受託事務 ………………… 212
- 防貧事業 ……………………… 70
- 方面委員 ……………………… 71
- 方面委員制度 ……………… 48, 71
- 法律 …………………………… 284
- ホームレス特別措置法 ……… 102
- ホームレス（路上生活者） …… 143
- 補完性の原則 ………………… 149
- 北欧型福祉国家 ……………… 80
- 保健医療サービス法 …………… 86
- 母子及び父子並びに寡婦福祉 … 140
- 母子保護法 …………………… 72
- 布施屋 ………………………… 68
- 補充性の原則 ………………… 80
- 保守主義・コーポラティズム的モデル … 149
- 母性保護 ……………………… 72
- 細井和喜蔵 …………………… 48
- ホテルコスト ……………… 36, 212
- ボランタリズム ………………… 63
- ボランティア元年 ……………… 100
- 本質論争 ……………………… 77

ま

- マーケットバスケット方式 …… 81
- T.H. マーシャル ……………… 180
- マッキニーホームレス援助法 … 85
- マネタリズム ………………… 85

み

- ミーンズテスト（資力調査） …… 164
- 三浦文夫 ………………… 52, 109
- 見えない貧困 ………………… 78
- ミュルダール ………………… 80
- 三好豊太郎 …………………… 49
- 民間介護保険 ………………… 192
- 民生委員 ……………………… 71
- 民生委員・児童委員 ………… 163
- 民族社会主義 ………………… 149
- 民本主義 ……………………… 71

む

- 無医地区 ……………………… 285
- 無告の窮民 …………………… 69
- 武蔵野市福祉公社 …………… 95
- 無差別平等 …………………… 76
- 無私の愛 ……………………… 62
- 無認可保育所 ………………… 31
- ムラ …………………………… 68

め

- 名誉革命 ……………………… 64
- メディケア（医療保険） ……… 79
- メディケイド（医療扶助） …… 79
- 免罪符制度 …………………… 62

も

- もう1つのアメリカ …………… 79
- 持ち家率 ……………………… 260
- モニタリング ………………… 290
- もやい ………………………… 68

や

- 家賃責務保証制度 …………… 262

ゆ

ゆい	68
友愛訪問員	66
有効需要	106
有償在宅サービス	95
有償在宅福祉サービス	191
有料老人ホーム	189, 265
豊かな社会	79
ユニバーサルデザイン	268
ゆりかごから墓場まで	74

よ

要援護性	109
要救護性の社会的認識	52
養護老人ホーム	266
横山源之助	48
欲求段階説	167
予防給付	101

ら

ライフスタイル	141
ラウントリー	65
濫救	65

り

リタイアメントコミュニティ	189
リッチモンド	66, 68
良妻賢母	174
利用者主体	171
利用者負担	244
隣人愛	62

る

累進課税	80
ルター（Luther, M.）	63

れ

劣等処遇原則	58, 65, 200

ろ

漏救	65
老人医療費支給制度	20
老人福祉産業	192
老人保健施設	95
老人保健福祉計画	96
老人保健法	22, 95
老々介護	143

わ

ワーキング・プア	102, 129
ワークハウス	64
ワークフェア原理	166
「我が事・丸ごと」地域共生社会	214
渡辺海旭	49
割当（ラショニング）	230

編著者略歴

川村　匡由　　武蔵野大学大学院人間社会研究科教授
　　　　　　　早稲田大学大学院人間科学研究科博士学位取得
　　　　　　　日本社会事業大学客員研究員、つくば国際大学産業社会学部教授を経て現職に至る。

島津　　淳　　桜美林大学健康福祉学群社会福祉専修教授
　　　　　　　北海道大学大学院経済学研究科修士課程修了
　　　　　　　厚生労働省老健局老人福祉専門官、北星学園大学社会福祉学部教授等を経て現職に至る。

佐橋　克彦　　北星学園大学社会福祉学部教授
　　　　　　　北星学園大学大学院社会福祉学研究科後期博士課程単位取得
　　　　　　　北星学園大学博士（社会福祉学）
　　　　　　　北星学園大学社会福祉学部福祉計画学科専任講師を経て現職に至る。

西崎　　緑　　熊本学園大学社会福祉学部教授
　　　　　　　明治学院大学大学院社会学研究科博士課程前期修了、米国セントラルミシガン大学大学院政治学研究科修士課程修了、首都大学東京社会科学研究科修了、博士（社会福祉学）。九州看護福祉大学看護福祉学部専任講師、福岡教育大学教育学部教授、島根大学人間学部教授を経て現職に至る。

執筆者一覧

佐橋　克彦	（北星学園大学）	第1～7, 13～15, 18～20, 23, 24回
松倉真理子	（福岡教育大学）	第8回
西﨑　　緑	（熊本学園大学）	第9～11回
伊藤新一郎	（北星学園大学）	第12, 26回
川村　匡由	（武蔵野大学）	第16, 17, 21, 22回
清水　正美	（城西国際大学）	第25回
清原　　舞	（茨城キリスト教大学）	第27回
金　　美辰	（大妻女子大学）	第28回
原田　聖子	（江戸川学園おおたかの森専門学校）	第29, 30回
島津　　淳	（桜美林大学）	第30回

© Kawamura, Shimazu, Sahashi, Nishizaki 2018

現代社会と福祉
Contemporary society and welfare

2018年 3月30日 第1版第1刷発行
2023年 3月10日 第1版第3刷発行

編 著 　川村　匡由
　　　　島津　淳
　　　　佐橋　克彦
　　　　西﨑　緑

発行者 　田中　聡

発 行 所
株式会社 電気書院
ホームページ https://www.denkishoin.co.jp
(振替口座　00190-5-18837)
〒101-0051　東京都千代田区神田神保町1-3 ミヤタビル2F
電話(03)5259-9160／FAX(03)5259-9162

印刷　創栄図書印刷株式会社
Printed in Japan／ISBN978-4-485-30411-2 C3036

- 落丁・乱丁の際は、送料弊社負担にてお取り替えいたします。
- 正誤のお問合せにつきましては、書名・版刷を明記の上、編集部宛に郵送・FAX(03-5259-9162)いただくか、当社ホームページの「お問い合わせ」をご利用ください。電話での質問はお受けできません。また、正誤以外の詳細な解説・受験指導は行っておりません。

JCOPY 〈出版者著作権管理機構 委託出版物〉

本書の無断複写(電子化含む)は著作権法上での例外を除き禁じられています。複写される場合は、そのつど事前に、出版者著作権管理機構(電話: 03-5244-5088, FAX: 03-5244-5089, e-mail: info@jcopy.or.jp)の許諾を得てください。また本書を代行業者等の第三者に依頼してスキャンやデジタル化することは、たとえ個人や家庭内での利用であっても一切認められません。